Dorothea Metasch

Unlock it!

Dorothea Metasch

Unlock it!

Dein Schlüssel zur ersten Immobilie
Warum es sich lohnt, jetzt in morgen zu investieren – auch mit kleinem Startkapital

Mit Entscheidungshilfen und Checklisten zu Auswahl, Finanzierung, Sanierung und Co.

In Zusammenarbeit
mit Daniela Meyer und Astrid Zehbe

ARISTON

Sollte diese Publikation Links auf Webseiten Dritter enthalten,
so übernehmen wir für deren Inhalte keine Haftung,
da wir uns diese nicht zu eigen machen, sondern lediglich
auf deren Stand zum Zeitpunkt der Erstveröffentlichung verweisen.

Zum Schutz der Privatsphäre der handelnden Personen
wurden in einigen Fällen Namen verändert.

Im folgenden Buch haben wir uns bei der Verwendung genderinklusiver Sprachnormen wie bspw. dem sogenannten Gendersternchen an den Formulierungen der Autor*innen orientiert. Bei Verwendung des grammatischen, generischen Maskulinums sind nichtsdestotrotz, soweit nicht eindeutig anders angegeben, in allen Personengruppen und Bezeichnungen weibliche, männliche, non-binäre und fluide Personen mit eingeschlossen.

Bibliografische Information der Deutschen Bibliothek

Die Deutsche Bibliothek verzeichnet diese Publikation in der
Deutschen Nationalbibliografie; detaillierte bibliografische Daten sind
im Internet unter www.dnb.de abrufbar.

MIX
Papier | Fördert
gute Waldnutzung
FSC® C021956
FSC
www.fsc.org

Penguin Random House Verlagsgruppe FSC® N001967

2. Auflage

Umschlaggestaltung: favoritbüro München
Cover- & Autorinnenfoto: Christian Hasselbusch
Foto von Daniela Meyer und Astrid Zehbe: Marcus Witte
Layout und Satz: Kristian Kutschera
Druck und Bindung: Alcione Litotipografia S.r.l., Lavis
Printed in Italy

ISBN: 978-3-424-20280-9

Inhalt

Kapitel 3
Kapitalanlage: Werde zur Vermieterin

Kapitel 7
Abwicklung und Übergabe

Kapitel 8
Modernisieren, Renovieren & Sanieren

Kapitel 9

Kapitel 10

SPÄTI

»Suche nicht
erst nach einer
Immobilie,
wenn deine
Lebenssituation
perfekt ist,
sondern passe die
Wohnung deiner
Lebenssituation
an.«

KAPITEL 1

Get started – hurra, ich kaufe mir eine Wohnung!

Gibt es da auch Linsenchips?

Mein Start in die Welt der Immobilien

Eine Immobilie kauft man nur ein Mal im Leben und bleibt für immer dort wohnen. Diesen Glaubenssatz habe ich verinnerlicht, er wurde mir als Kind eingebläut. Kein Wunder also, dass meine Mutter in Begeisterungsstürme ausbrach, als ich gemeinsam mit ihr eine Dachgeschosswohnung im Berliner Westend besichtigte.

»Schau mal, Doro, hier kommt dann das Kinderzimmer hin!«, jubelte sie und lief weiter in den nächsten Raum, während ich noch verdattert auf die kahlen Wände des Rohbaus vor mir starrte. »Und dort kannst du einen Ankleidebereich einrichten!«, rief sie über die Schulter hinweg und fügte mit leuchtenden Augen hinzu: »Und um deine Küche kümmere ich mich auch.« Ich war sprachlos. Kind? Küche? Die Panik kroch mir den Nacken empor.

Ja, ich wollte eine eigene Immobilie – aber für meine aktuelle Lebenssituation! Warum eine Wohnung kaufen, die sich meine Eltern für mich erträumten? Viel wichtiger als die Frage nach dem Kinderzimmer war doch: Gab es hier um die Ecke einen Späti, um bei Bedarf meine Chipssucht zu befriedigen und mir nachts um drei noch eine Packung Linsenchips mit Paprikageschmack kaufen zu können? Und wer würde mich hier im hintersten Winkel der Stadt besuchen kommen?

Zu dieser Zeit lebten alle meine Kumpels und Freundinnen in angesagten Stadtteilen wie Mitte oder Prenzlauer Berg – am anderen Ende der City. So hatte ich mir meine Zukunft als Immobilienbesitzerin nicht vorgestellt. Also was wollte ich eigentlich selbst, wie genau sollte sie sein, meine erste eigene Wohnung?

Zu dem Zeitpunkt – im Spätsommer 2014 – hatte ich schon sage und schreibe fünfunddreißig Besichtigungstermine hinter mir. Ich war damals zweiunddreißig Jahre alt, und mein Entschluss stand fest: Ich kaufe mir meine eigenen vier Wände. Warum? Ich hatte gesehen, welche Vorteile es mit sich bringt, eine Immobilie sein Eigen zu nennen.

Bereits acht Jahre zuvor hatte ich ein Jahr lang bei Coca-Cola in Sydney gearbeitet. Alle meine australischen Kolleg*innen lebten im Eigenheim – ob selbst gekauft oder geerbt, ob in Manly am Strand, in einer kleinen Studentenbude in Darlinghurst oder im Skyscraper mit Pool auf dem Dach im Business District.

In meinem direkten Umfeld gab es kaum Mieter*innen. Ich dagegen musste umgerechnet fast 1000 Euro pro Monat für ein kleines Zimmer in einem Townhouse im Szeneviertel Surry Hills berappen, während meine neue Busenfreundin Bianca schon mit Anfang zwanzig ein Mini-Apartment mitten in Melbourne besaß. Klar, ihre Eltern hatten sie finanziell beim Kauf unterstützt, aber die monatliche Kreditrate von umgerechnet 750 Euro musste sie selbst abzahlen. Letztlich würde die Wohnung ihr gehören.

Ich dagegen hatte immer mehr das Gefühl, mein hart verdientes Geld jeden Monat zum Fenster hinauszuwerfen, ohne einen echten Gegenwert zu schaffen und am Ende etwas von langfristigem Nutzen zu haben. Biancas Ziel war es nämlich, direkt die nächstgrößere Wohnung zu kaufen, sobald sie ihren Kredit getilgt hatte. Ihr kleines Apartment wollte sie dann gegenüber der Bank als Sicherheit hinterlegen, um ein günstigeres Darlehen zu bekommen.

Sehr clever, dachte ich damals und begann darüber nachzudenken, ob ein Eigenheim auch etwas für mich wäre. Der Gedanke gab mir von Beginn an ein wohliges Gefühl von Sicherheit. Niemand kann mich vor die Tür setzen, wenn es meine eigene Wohnung ist. Ich habe absolute Gestaltungsfreiheit und kann mir mein Zuhause so einrichten, wie ich mag. Und zwar nicht nur mit einer Couch in meiner Lieblingsfarbe Gelb, sondern auch mit einer tollen Küche und Fliesen im Bad, die mir gefallen, anstelle von langweiligen Auslaufmodellen in Grau oder Weiß, die der Vermieter im Schlussverkauf geschossen hat.

Und noch etwas fiel mir bereits damals auf: Alle, die eine eigene Immobilie besaßen, fühlten sich kurz- wie langfristig gut abgesichert und machten sich weniger Sorgen um ihre finanzielle Zukunft. Es sprachen also gleich mehrere Argumente für den Kauf einer Immobilie.

Doch bis ich die über Jahrzehnte gelernten Vorurteile wie »Eigentum verpflichtet« oder »ein Haus ist ein Klotz am Bein« gänzlich abgelegt hatte und mir klar war, was ich eigentlich wollte, brauchte es noch einige weitere Jahre. Und einen Jobwechsel!

Doros DO's

Diese drei Fragen solltest du dir stellen, bevor du mit der Suche nach deiner selbst genutzten Traumwohnung beginnst.

1. Welche Glaubenssätze in Bezug auf den Immobilienkauf oder auch Besitz im Allgemeinen habe ich verinnerlicht?

Ich selbst habe lange geglaubt, dass eine eigene Wohnung ein Klotz am Bein ist und nur stinkreiche Menschen sich überhaupt eine Immobilie leisten können. Heute weiß ich, dass das nicht stimmt. Auch ohne Spitzengehalt kannst du dir je nach Standort und Größe eine eigene Immobilie kaufen, die ein entscheidender Baustein deiner Altersvorsorge sein und dich finanziell unabhängig machen kann. Darum solltest du dir deiner Vorurteile bewusst werden, denn nur so kannst du sie überwinden und eine klare, gut informierte Entscheidung treffen.

2. Wie sind meine aktuellen Lebensverhältnisse, und welche Art von Wohnung passt jetzt gerade gut zu mir?

Denk daran: Du kannst deine Wohnung, wenn du selbst darin gewohnt hast, nach zwei Jahren wieder verkaufen.[1] Und zwar steuerfrei! Du kannst sie auch als Sicherheit für die Bank nutzen, wenn du dir später ein Haus kaufen oder sie vermieten willst. Kauf eine Wohnung für dein aktuelles Ich, nicht für jemanden, der du vielleicht in zehn Jahren einmal sein könntest.

3. Welcher Stil – Altbau oder Neubau – und welche Lage – mitten in der City oder eher im Grünen – gefällt mir persönlich am besten?

Nimm gute Vorschläge an, lass dich von Expert*innen, Freund*innen und Familie beraten, aber nicht zu etwas überreden, das du selbst nicht fühlst. Überlege dir, wo du dich am wohlsten fühlst und was dir wichtig ist. Hättest du lieber Bars und Restaurants vor der Haustür oder einen Wald um die Ecke? Du bist die Person, die hier wohnen und happy sein will!

PS: Falls ihr euch gemeinsam als Paar eine Immobilie kaufen möchtet, beantwortet alle Fragen individuell und diskutiert sie dann. In jedem Fall solltet ihr euch möglichst einig sein, wenn ihr mit der Suche nach eurer Wohnung beginnt, sonst verschwendet ihr viel Zeit mit dem Besichtigen von Immobilien, die für den einen oder anderen ein absolutes No-Go enthalten.

Beispiel: Wenn einer von euch unbedingt eine Badewanne möchte, könnt ihr auch Wohnungen anschauen, die nur eine Dusche haben. Eine Badewanne kann man in den meisten Fällen – soweit der Platz es hergibt – nachträglich einbauen. Möchte einer von euch unbedingt einen Garten oder Balkon, haltet euch nicht mit der Besichtigung von Wohnungen auf, die weder das eine noch das andere haben. Denn beides wird sich nach dem Kauf in der Mehrzahl der Fälle nicht anbauen lassen.

Immobilienhaie beißen nicht!

Vom Brausekonzern zum Betongold

So richtig ging es mit meiner Immobilienleidenschaft erst im Jahr 2013 los. Ich hatte damals beschlossen, meinen sicheren Marketingjob mit Betriebsrente und Co. bei Coca-Cola zu kündigen. Mein Instinkt signalisierte mir ganz deutlich, dass meine Zeit in dem Konzern – so wunderbar sie auch gewesen sein mochte – nach acht Jahren vorbei war. Ich beschloss, zunächst niemandem davon zu erzählen und mich ganz in Ruhe und ohne Druck auf dem Arbeitsmarkt umzuschauen.

Über einen Bekannten lernte ich zufällig Nikolaus Ziegert kennen, den Gründer des Immobilienunternehmens Ziegert. Ganz ehrlich: Bis zu diesem Treffen fielen Immobilienmakler für mich in eine Kategorie mit Autoverkäufern und Versicherungsvertretern. Gegelte Haare, schlecht sitzende Anzüge, Slipper ohne Socken und immer ein einnehmendes Lächeln im gebräunten Gesicht.

Ziegert war anders. Auf den ersten Blick wirkte er unscheinbar, doch ich spürte sofort seine positive, starke Ausstrahlung. Zudem erinnerte er mich irgendwie an den Künstler Andy Warhol. Viel später, während eines gemeinsamen Businesstrips nach New York, merkte ich, dass es nicht nur mir so ging. Ständig sprach ihn jemand auf seine Ähnlichkeit mit Warhol an.

Bei unserem ersten Treffen saß er mir mit einer Tasse Yogi-Tee gegenüber und erzählte von der Idee, das Marketingteam seiner Firma komplett neu aufzustellen. Er wollte einen Neustart, einen Umbruch in der Branche. Es klang spannend, und ich ertappte mich bei dem Gedanken, ein Teil dieser Veränderung sein zu wollen, sodass ich die Art, wie Immobilien zukünftig in Deutschland vermarktet werden, entscheidend mitprägen könnte. Spontan sagte ich einem Kennenlernen mit von ihm ausgewählten Mitarbeitern im Berliner Büro für die kommende Woche zu.

Im Nachhinein frage ich mich manchmal, warum ich eigentlich keine Panik vor meiner eigenen Courage bekam. Immerhin hatte ich mich noch nie zuvor mit dem Thema Immobilienmarkt beschäftigt. Und plötzlich fand ich mich mitten im Bewerbungsprozess bei einer der größten Immobilienfirmen Berlins wieder. Was Ziegert überzeugte, war meine Marketingerfahrung bei einem Weltkonzern wie Coca-Cola.

Letztlich gab es für mich drei ausschlaggebende Gründe, den Job zu machen. Das Portfolio des Unternehmens war toll; ich wäre in jede einzelne der angebotenen Wohnungen selbst eingezogen und konnte mich daher mit der Firma identifizieren. Dann der Arbeitsweg: genau sechs Minuten zu Fuß. Ich habe die Zeit gestoppt! Und drittens: Nikolaus Ziegert und ich waren vom ersten Treffen an auf einer Wellenlänge. Wir konnten uns über Preisstrategien, neue Wege im Marketing, handkolorierte Immobilien-Exposés sowie über das Dekor von Porzellantassen unterhalten. Und über vegane Chips – eine Leidenschaft meines Chefs to be und im Jahr 2013 ein noch sehr exotisches Thema.

Einige Monate später fand ich mich in einem winzigen Büro vom Typ Abstellkammer direkt neben dem Druckerraum wieder.

Ich bin mir sicher, der Raum war fünf Minuten vor meinem Eintreffen noch schnell ausgeräumt und ein Schreibtisch hineingeschoben worden. Aber das machte mir nichts aus. Ich war schließlich hier, um mich von der Pike auf in ein völlig neues und sehr spannendes Thema einzuarbeiten: Immobilien!

Dreißig Makler*innen kopierten nebenan täglich ihre Exposés für die Kundentermine. Ich nutzte jede Gelegenheit, um Fragen zu stellen und zu Terminen mitzugehen, stapfte in Gummistiefeln und mit gelbem Helm über Baustellen, trank Schampus und Kurze auf Richtfesten, ging zu Akquiseterminen und begleitete Makler*innen an den Wochenenden zu Besichtigungen. Bei internen Meetings gab es Rote-Bete-Chips und zu Beginn meist eine vom Chef geführte Atemübung bei offenem Fenster.

In diesem Umfeld und Spirit bekam ich schon nach kurzer Zeit ein gutes Gefühl für Quadratmeterpreise, Bauqualitäten sowie die Chancen und Risiken eines Immobilieninvestments. Meine Ängste und Vorurteile wurden von Zahlen, Daten und Fakten zum Immobilienmarkt, zu Renditen und finanziellen Möglichkeiten aus dem Weg geräumt. Einen besseren Zugang zur Welt der Wohnungen und Häuser hätte ich mir – auch für meine persönliche Situation – nicht erträumen können. Nach nur vier Monaten bei Ziegert stand darum für mich fest: Ich kaufe mir meine eigene Wohnung!

Doros DO's vor dem Start

1. Nimm einen Kassensturz vor! Sei dir über deine finanzielle Situation im Klaren. Mach eine genaue Aufstellung deiner Vermögenswerte, deiner monatlichen Einnahmen und Ausgaben.

2. Kläre deinen Finanzierungsrahmen bei einer unabhängigen Finanzierungsberatung wie der Interhyp oder Dr. Klein. Du musst wissen, was du dir leisten kannst, wie viel Eigenkapital du hast, wie hoch die monatlichen Kreditraten sein können. *Alles zur Finanzierung deiner Immobilie liest du in Kapitel 4.*

3. Überlege dir, ob du eine Immobilie zur Selbstnutzung oder als Kapitalanlage kaufen willst. An dieser Stelle ist auch die Finanzierungsfrage wichtig: Bei einer

Wohnung, in der du selbst wohnst, musst du auch die Kreditraten selbst abzahlen. Kannst du die Wohnung gut vermieten, hast du Einnahmen durch die Miete und kannst davon bestenfalls die monatlichen Raten begleichen.

Beispiel: Wenn du nur Budget für eine Einzimmerwohnung hast und gleichzeitig einen super Mietvertrag für eine Zweizimmerwohnung, dann gehe Richtung Kapitalanlage – kauf dir die Einzimmerwohnung, vermiete sie und bleibe selbst erst mal zur Miete wohnen.

4. Bevor du mit der Suche nach deiner Immobilie beginnst, plane genügend Zeit ein, um die benötigten Unterlagen zusammenzustellen und eine Finanzierung anzufragen.

Was, die willst du kaufen?!

Emotionen bei der Wohnungswahl

Wer mich gut kennt, der weiß, ich vertraue auf mein Bauchgefühl – egal wie klein oder groß die Entscheidung ist, die ich treffen muss. Das mag nach emotionalem Kitsch klingen, aber meine innere Stimme hat mich noch nie im Stich gelassen. Darum höre ich auch beim Immobilienkauf auf sie und kaufe nicht, wenn mein Bauchgefühl nicht stimmt – egal wie begehrenswert andere Menschen die Immobilie finden mögen.

Eine Wohnung zu kaufen – insbesondere bei meiner ersten Suche – war darum auch leichter gesagt als getan. Ich glaube nicht, dass ich damals im Jahr 2014 zu wählerisch war oder naiverweise etwas wollte, das es auf dem Markt einfach nicht gab. Aber irgendwie hatte es auch nach fünfunddreißig Besichtigungen bei keiner der Immobilien, die ich mir angeschaut hatte, so richtig klick gemacht. Viele der Wohnungen waren wunderschön, aber mein Gefühl stimmte einfach nicht. Oder nur zu 95 Prozent.

Nun fragst du dich vielleicht, was der Wohnungskauf denn bitte mit Gefühl zu tun hat. Für mich eine Menge. Ich muss mir bei jeder Immobilie, die ich kaufe, vorstellen können, dass ich selbst dort eines Tages wohne – auch wenn ich die Immobilie als reine Kapitalanlage nutzen und vermieten möchte. Ich will zudem ein klares Bild davon haben, wer dort einziehen könnte. Welcher Person werden die knarrenden Holzdielen, die hellrosa Fliesen im Bad, der verwinkelte Flur oder die anthrazitfarbene Küche gefallen? Wer würde die Lage der Wohnung zu schätzen wissen? Und würden sich die neuen Mieter*innen über die Kiezkneipe auf der anderen Straßenseite, den Baum vorm Fenster und die Tramstation vor der Tür freuen oder sie eher als Lärmbelästigungen und Lichtblocker wahrnehmen?

Bei der Wahl meiner ersten Wohnung habe ich mich besonders schwergetan, denn ich wollte selbst dort einziehen. Meine Wohnung sollte Geborgenheit und Sicherheit vermitteln, aber auch besonders sein. Ich wollte in einem Altbau wohnen, mit hohen Decken, Stuck, Dielen und Flügeltüren. Zudem war mir die Lage wichtig. Immerhin ist sie in hohem Maße entscheidend für den aktuellen Wert der Immobilie und die weitere Wertentwicklung – also auch wichtig für einen möglichen Wiederverkauf nach einigen Jahren.

Doros DO's

Erste Einschätzung der Wohnlage

1. In erster Linie musst du dich mit der Lage deiner Immobilie identifizieren können und gerne dort leben wollen. Aber bedenke auch, dass du deine Wohnung vielleicht einmal verkaufen oder vermieten möchtest. Die Lage sollte also möglichst so gewählt sein, dass du bei Bedarf problemlos einen Käufer oder Mieter findest.

2. Kläre deine persönlichen No-Gos und halte dich daran! Mach eine Liste, was für dich auf keinen Fall infrage kommt. Das könnte eine stark befahrene Straße sein, eine Bar im Haus oder eine schlechte Verkehrsanbindung. Wenn du dann in eine Wohnung kommst, die so schön ist, dass du sie Hals über Kopf kaufen willst, schau auf deine Liste und überprüfe deine No-Gos.

3. Informiere dich immer gut über die Umgebung, in der deine Wunschimmobilie liegt. Mach zu verschiedenen Tageszeiten einen Spaziergang durch die Nachbarschaft, sprich vielleicht auch mal mit zwei, drei Leuten, die schon in dem Haus wohnen. Informiere dich online oder in der Presse zur Geschichte und Entwicklung der Gegend. Vielleicht wird der Bezirk bald durch neue Bauprojekte oder eine S-Bahn-Anbindung aufgewertet. Vielleicht ist es aber auch so, dass der schöne Schein trügt und du bald ab 6 Uhr morgens Fluglärm aushalten musst, weil in der Nähe ein neuer Flughafen entsteht oder es aktuell schon Bürgerinitiativen gegen Fluglärm dort gibt.

Mehr zum Thema Lage einer Immobilie erfährst du in Kapitel 4.

Ausgerechnet die Lage meiner ersten Immobilie war es dann, die bei einigen meiner Vertrauten, mit denen ich meine Wohnungssuche immer wieder diskutierte, Kopfschütteln auslöste. Bei einigen sogar völliges Unverständnis.

Berlin-Kreuzkölln, die Grenze zwischen den hippen Stadtteilen Kreuzberg und Neukölln. Ein Kiez, der in den Medien immer mal wieder als Problemgegend eingestuft wird. Ausgerechnet hier schlug mein Herz das erste Mal schneller, als ich eine Wohnung betrat. Es war mein vierundvierzigster Besichtigungstermin, und ich hatte die Hoffnung auf meine Traumwohnung schon fast aufgegeben.

Zu der Zeit gab es weder Podcasts noch Instagram-Accounts zu Themen wie Wohnungskauf oder Immobilienfinanzierung. Aber ich hatte im Büro immerhin dreißig Makler*innen im Rücken sowie seriöse Finanzierungsberater*innen, die ich regelmäßig mit meinen Fragen löchern konnte. Jeden Montag war Suppentag im Office. Unser Chef, selbst ein passionierter Veganer, spendierte für alle vegane Köstlichkeiten. Das war immer der perfekte Treffpunkt und meine beste Gelegenheit, um mich mit den Makler*innen auszutauschen.

Anfangs war ich für die meisten von ihnen nur das blonde Cola-Mädchen mit den PowerPoint-Charts. Doch mit der Zeit merkten sie, dass ich mich wirklich intensiv in das Immo-Thema hineinzufuchsen begann. Mich interessierte so vieles! Ich fragte einfach alles, was ich wissen wollte, und schämte mich nicht für vermeintlich dumme Fragen. Denn nur so erfährt man all die kleinen, aber wichtigen Details, die nötig sind, um ein derart komplexes Thema zu durchdringen und nach und nach zu einer Expertin auf dem Gebiet zu werden.

Am spannendsten war für mich zu erfahren, welche Immobilien die Makler*innen selbst besaßen und warum sie die eine Wohnung gekauft und die andere – die in meinen Augen genauso schön aussah – nicht genommen hatten. Ich stellte schnell fest, dass es die eine perfekte Strategie, die für jeden und jede von uns passt, nicht gibt. Egal, für welche Immobilien sich meine Kolleg*innen letztlich entschieden, sie waren mit ihren Entscheidungen bis dato alle mehr als zufrieden. Na ja, bis auf Jochen. Er hatte Stress, da der Bauträger der Altbausanierung pleiteging und zwar eine Balkontür eingebaut hatte, dann aber kein Geld mehr da war, um auch die Balkone anzubauen. Zudem wurde auch der Hausflur nicht mehr renoviert, und man hatte jedes Mal das Gefühl, man würde eine Baustelle betreten, wenn man zu Besuch kam. Aber ansonsten war seine Wohnung wirklich sehr schön, und Jochen lud seine liebsten Kolleg*innen regelmäßig zu Drinks und Snacks ein. Ich habe daraus gelernt: Checke unbedingt die Reputation und die Referenzprojekte gewerblicher Verkäufer, bevor du in ein Bauprojekt investierst!

»If you don't feel it, don't do it!«

Meine Idee, Eigentum zu kaufen, fanden sowohl die Makler*innen in unserem Büro als auch meine Freund*innen und Familienmitglieder smart. Dennoch waren viele von der Wahl meiner ersten Immobilie nicht sonderlich angetan. »Also, mir wäre es hier etwas zu – sagen wir mal – cool«, meinte eine Freundin, als sie das erste Mal mit mir vor dem graffitibesprühten Altbau stand. Und ein Kumpel erkundigte sich nach einem Rundgang durch die Wohnung: »Stört es dich nicht, dass die Dielen so knarren?«

Heute – das muss ich ihnen zugutehalten – geben beide offen zu, dass ich damals den richtigen finanziellen Riecher hatte, als ich meine erste Wohnung kaufte. Der Wert meiner ersten Immobilie hat sich seither nämlich schon verdoppelt. Und da ich selbst dort lebe, könnte ich die Wohnung auch bereits nach zwei Jahren steuerfrei verkaufen, wenn ich das Geld bräuchte. So viel Geld in der gleichen Zeit mit einem normalen Job zu verdienen, ist so gut wie unmöglich.

Damals waren es allerdings nicht nur enge Vertraute, die Kritik und Zweifel an der Wahl meiner ersten Wohnung äußerten. »Kreuzkölln? Really?«, war die Reaktion der meisten Leute in meinem Umfeld. Ich gebe zu, der Kiez ist nicht gerade dafür bekannt, besonders glamourös zu sein.[2] Hippies, Hipster, Studenten, Esoteriker und die größte türkische Community Deutschlands sorgen hier für einen bunten Multikulti-Vibe, der mir aber sehr gut gefällt.

»Zieh doch lieber in den Prenzlauer Berg, da ist es viel gepflegter. Oder nach Charlottenburg, von dort kannst du zu Fuß zum Kudamm«, bekam ich immer wieder zu hören. Und es stimmte ja auch, was die Leute mir rieten. Dennoch hatten meine Emotionen beim Betreten der insgesamt dreiundvierzig Wohnungen, die ich in den empfohlenen Stadtteilen Prenzlauer Berg, Charlottenburg, Mitte und Co. bereits besichtigt hatte, nie gestimmt.

Erst bei besagter Nummer vierundvierzig war ich hin und weg. Es war – man muss es einfach so sagen – Liebe auf den ersten Blick, als wäre ich nach Hause gekommen. Mein Bauchgefühl stimmte sofort zu 100 Prozent. Das war die Wohnung, die ich unbedingt wollte. Meine Wohnung!

Wodka Tonic auf Lebenszeit:

Die Würfel sind gefallen – endlich Eigentümerin

Bevor ich mich für den Kauf entschied, war ich jobbedingt bereits mehrfach in »meiner« Wohnung gewesen und hatte mich schon zu Beginn völlig unerwartet Hals über Kopf in sie verliebt. Meine ehemalige Firma verkaufte damals alle Einheiten im gesamten Haus.

Vor dem offiziellen Vertriebsstart fand wie üblich eine Begehung mit den Makler*innen statt, zu der auch ich eingeladen war. Meinen Lieblingsmakler Jens – er machte den meisten Umsatz und hatte viel Erfahrung in der Branche – zog ich spontan ins Vertrauen und zeigte ihm während der Begehung die Wohnung meines Herzens. Ich weiß noch, dass ich jedes Wohnungsdetail aufgeregt mit meinem ersten iPhone knipste, um mir alles später in Ruhe anzusehen.

Erwartungsvoll sah ich Jens an, nachdem ich ihm mein Kaufinteresse verkündet hatte. »Mann, Doro, die willst du kaufen? Bist du verrückt geworden? Viel zu teuer, total verschnitten!«, lautete sein vernichtendes Urteil. Ich war wie vor den Kopf gestoßen. Hatte er denn nicht den fantastischen Stuck gesehen? War er denn nicht über die romantisch knarrenden Holzdielen gelaufen? Fühlte er denn nicht diese besondere Energie, die meine Wohnung ausstrahlte? Obwohl ich mir so sicher gewesen war, ließ ich mich nun doch verunsichern. Eine zweite Profimeinung musste her.

Zum Glück war mein Kumpel Jörg sofort zur Stelle. Als Interior-Designer kennt er sich mit ungewöhnlichen Grundrissen aus und hat immer tolle Ideen, um selbst die verwinkeltsten Räume zu gestalten.

Kritik annehmen!
Hör dir Ratschläge und Kritik von Profis und dir vertrauten Menschen an, und überprüfe im stillen Kämmerlein, ob sie vielleicht recht haben. Lass dich von anderen Meinungen und Geschmäckern aber nicht verunsichern, sondern hol dir noch eine Zweit- oder Drittmeinung ein, jedoch bitte immer nur von Menschen, die ehrlich sind. Es nützt nichts, wenn du eine Person fragst, die dir nach dem Mund redet oder neidisch auf dich ist.

Ich schickte ihm den Grundriss der Wohnung und mindestens drei Dutzend Handyfotos. Seine erste Reaktion unterschied sich grundlegend von Jens' Maklermeinung. »Unbedingt kaufen!«, textete er mir per WhatsApp zurück. So etwas hatte er bei keiner der anderen von mir besichtigten Wohnungen gesagt. Mir fiel ein riesiger Stein vom Herzen!

Zwei Tage später traf ich mich mit ihm in der Wohnung, plante eine Raumaufteilung und stellte überrascht fest, dass gerade komplizierte Grundrisse auch Vorteile haben können. Denn meine Wohnung ist dadurch sehr individuell.

Ohne Jörgs Input hätte ich mir vielleicht reinreden, mich verunsichern lassen und wäre nicht meinem Bauchgefühl gefolgt. Das wäre ein großer Fehler gewesen. Denn bis heute fühle ich mich in meinen eigenen vier Wänden – so verwinkelt sie auch sein mögen – sauwohl. Ich habe die Entscheidung nie bereut, eine Wohnung zu kaufen, die nicht jedem, aber mir gefällt. Dafür lade ich Jörg bis heute bei jedem Besuch zu seinem Lieblings-Drink Wodka Tonic in die Ankerklause ein.

Doros DO's

Emotionen beim Immobilienkauf

1. Höre auf dein Bauchgefühl, vor allem dann, wenn es Nein zu einer Wohnung sagt. Eine Immobilie zu kaufen – zumal eine, in der du selbst leben willst –, muss gut durchdacht sein. Ich sage nur: If you don't feel it, don't do it!

2. Überprüfe dein Bauchgefühl kritisch! Bei einer so großen Entscheidung wie dem Kauf einer Wohnung können die Emotionen schon mal überkochen. Darum: Prüfe immer anhand deiner – vorher mit kühlem Kopf erarbeiteten – Checklisten, ob die Wohnung wirklich die meisten deiner Kriterien erfüllt und ob vielleicht doch eins deiner No-Gos gegen einen Kauf sprechen würde.

3. Du bist dir sicher, das ist deine Wohnung? Bleib erst mal cool. Der Verkäufer muss nicht gleich wissen, dass du total aus dem Häuschen bist. Vielleicht kannst du den Preis ja noch etwas verhandeln. Das gelingt eher, wenn dir nicht auf der Stirn geschrieben steht: »Ich würde alles tun, um diese Wohnung zu bekommen!«

4. Wenn der Preis feststeht, bleib auf jeden Fall dran. Signalisiere dein verbindliches Interesse, indem du deine Unterlagen direkt zur Verfügung stellst und dich immer wieder telefonisch oder per Mail nach dem aktuellen Stand und den benötigten Dokumenten erkundigst.

5. Versuche nicht daran zu denken, dass es Interessent*innen gibt, die womöglich einen besseren finanziellen Background haben. Das bringt dich nicht weiter. Konzentriere dich stattdessen auf dich und das, was du tun kannst: gut kommunizieren, schnell sein und alle Unterlagen bereithalten.

Betongold forever:

Eine Entscheidung fürs Leben

Am 1. Juni 2015 saß ich zum ersten Mal in meinem Leben beim Notar. Mir war gar nicht klar gewesen, dass er wirklich alles vorliest, was in dem zwanzig Seiten langen Kaufvertrag steht. Die Nacht zuvor hatte ich kaum geschlafen. Die Nervosität hatte mich immer wieder wach gerüttelt. Machte ich gerade den größten Fehler meines Lebens? Würde ich hoch verschuldet, bankrott wie eine Kirchenmaus in Altersarmut versinken, weil die Kreditzahlungen mein spärliches Einkommen verschlangen? Würde ich mir mit so einem Finanzklotz am Bein trotzdem noch mein täglich Brot leisten können, ganz zu schweigen von neuen Klamotten, Flat White to go und Urlaub?

Viel zu früh stand ich an besagtem Tag beim Notar auf der Matte und schämte mich dann etwas, weil ich fast eine Stunde lang im Flur warten musste. Irgendwie hatte ich mir mehr Glamour vorgestellt. Vielleicht eine Fanfare beim Unterzeichnen des Vertrags. Oder zumindest etwas Applaus und Sekt zum Anstoßen. Stattdessen gab es lauwarmen Kaffee und für jeden ein kleines Hanuta, das ich nicht aß, sondern vor Aufregung auf meiner Untertasse zerbröselte.

Ich hatte mich für diesen besonderen Anlass extra schick gemacht und mir ein neues, hellblaues Kleid gekauft. Das Kleid habe ich heute immer noch, aber ganz ehrlich: Das Geld hätte ich mir damals sparen können, denn Jeans hätten es auch getan. Dem Notar war es herzlich egal, wie ich gekleidet war.

»Wohneigentum ist Empowerment.«

Auch wenn der Tag nicht die Dramatik aufwies, die ich mir zuvor ausgemalt hatte, ist er mir in sehr guter Erinnerung geblieben, denn er markiert eine entscheidende Veränderung in meinem Leben: Aus Doro, der Mieterin, wurde Doro, die Eigentümerin. Und diesen Schritt habe ich bis heute nicht bereut. Im Gegenteil freue ich mich immer noch, dass ich mich damals getraut und daran geglaubt habe, die richtige Entscheidung zu treffen.

Abgesehen davon, dass ich seither drei weitere Immobilien gekauft habe, hat sich der Wert meiner ersten Wohnung, aufgrund eines sehr guten Kaufzeitpunktes – ich habe es ja bereits verraten – mittlerweile verdoppelt. Demgegenüber hatte ich zuvor als Mieterin bis zu meinem Wohnungskauf fünfzehn Jahre lang insgesamt fast 200.000 Euro an fremde Menschen gezahlt.

Doros Reality Check

Rechne dir einmal aus, wie viel Miete du in den vergangenen Jahren bereits gezahlt hast oder noch zahlen wirst, wenn du weiter Mieter*in bleibst. Wenn du zum Beispiel 850 Euro Miete (kalt) pro Monat zahlst, sind das 10.200 Euro im Jahr. Nach fünfzehn Jahren summiert sich deine Miete dann sage und schreibe auf 153.000 Euro. Geld, das du auch in eine Immobilie investieren und mit dem du einen Kredit abbezahlen kannst.

Dass meine Wohnung so an Wert zugelegt hat, ist natürlich auch ein marktbedingter Glücksfall und nicht immer garantiert. Dennoch spricht vieles dafür, dass der Wert von Immobilien – insbesondere in guten Citylagen – auch in Zukunft gute Prognosen hat.[3] Glaubst du nicht? Dann lies mal folgende Fakten.

Facts & Figures: Was für eine Wertsteigerung von Wohnungen in guten Lagen spricht

Fact 1

Wohnraum wird immer knapper, da vor allem in größeren Städten im Verhältnis zur Anzahl der Menschen, die dort bereits leben und noch zuziehen, nicht genügend Wohnungen neu gebaut werden.
Berlin zum Beispiel hat eine Leerstandsquote von unter 1 Prozent.[4] Das heißt, dass weniger als 1 Prozent der Wohnungen in der Stadt unbewohnt sind. Gleichzeitig wächst die Bevölkerung der Stadt seit Jahren; 2021 wuchs Berlin um 16.241 Einwohner*innen.[5] Um all diesen Menschen eine Wohnung anbieten zu können, bräuchte man laut Berliner Stadtentwicklung bis zum Jahr 2030 mindestens 194.000 neue Wohnungen. Historisch betrachtet werden aber nur 10.000 bis maximal 20.000 neue Wohnungen pro Jahr gebaut. Das heißt, dass die Chancen, eine freie Wohnung zu ergattern, weiter abnehmen und infolgedessen Mieten und Quadratmeterpreise steigen.[6]

Fact 2

Die Menschen werden immer älter und bleiben länger in ihren Wohnungen wohnen. Zudem gibt es insgesamt immer mehr Ein- oder Zwei-Personen-Haushalte. 2040 wird jede*r vierte Deutsche in einem Ein-Personen-Haushalt leben.[7] Das heißt: Es werden mehr Wohnungen für kleinere Haushalte benötigt. Dadurch verknappt sich das Angebot an freien Wohnungen weiter.

Fact 3

Ein niedriges Angebot bei gleichzeitig hoher Nachfrage treibt bekanntlich die Preise. Doch keine Nachfrage ohne Kaufkraft. Umso höher diese ist, desto attraktiver ist der Immobilienmarkt einer Stadt, da die Menschen in der Lage sind höhere Preise für Wohnraum zu bezahlen.

Fact 4

Eine hohe Kaufkraft kommt nicht von ungefähr: Regionen, die heute boomen, haben dies der Tatsache zu verdanken, dass sich in der Vergangenheit oft zahlreiche Unternehmen angesiedelt haben, die Jobs schaffen. Die hohe Dichte an Arbeitgebern sorgt dafür, dass die Arbeitslosenquote tendenziell niedriger ist. Gleichzeitig sind die Durchschnittsgehälter oft höher. Beides wirkt sich positiv auf die Kaufkraft einer Region aus.

Fact 5

Menschen wollen nicht nur arbeiten, sie wollen auch leben und sich wohlfühlen. Städte und Regionen, die das bieten, sind gefragt. So wirkt sich auch die Lebensqualität positiv auf die Immobilienpreise aus.

Ländervergleich –

woanders geht es doch auch!

Trotz der offensichtlich guten Gründe, die für die weitere Wertsteigerung von Immobilien und damit für den Kauf einer Wohnung sprechen, tun wir Deutschen uns wahnsinnig schwer damit. Seit meiner Zeit in Australien, wo alle meine Kolleg*innen eine eigene Immobilie besaßen, habe ich mich immer wieder gefragt, warum ein Immobilieninvestment für uns in Deutschland eine solche Hürde darstellt. Ein Vorgang, der nicht nur in Australien, sondern auch in vielen anderen Ländern der Erde als völlig normal und unspektakulär angesehen wird – egal ob man nun in der eigenen Immobilie lebt, sie vermietet oder irgendwann auch wieder verkauft, um sich räumlich zu vergrößern oder zu verkleinern.

Während ich mit Kolleg*innen und Freund*innen in Spanien, den Niederlanden, Großbritannien oder den USA ein Alltagsgespräch im Plauderton über meine Immobilieninvestments führen kann, bricht vielen hierzulande schon beim Gedanken daran, eine eigene Wohnung zu besitzen und sie vielleicht sogar noch vermieten zu müssen, der Schweiß aus. »Was da alles schiefgehen kann!«, sagte jüngst meine Freundin Daniela und listete auch sogleich Mietnomaden, Messies und eine Vielzahl von anderen Problemen auf – vom tropfenden Wasserhahn bis hin zur unbezahlbaren Heizungsanlage, die noch vor dem Winter ausgetauscht werden soll. Und natürlich die Sorge, dass man seine Kreditraten nicht mehr zahlen kann und die eigene Immobilie von der Bank zwangsversteigert wird.

Ich bleibe bei solchen Argumenten relativ entspannt. Abgesehen davon, dass echte Horrorszenarien in der Realität nur selten vorkommen, gibt es einige grundlegende Tipps, die du beherzigen kannst, um Katastrophen, aber auch kleinere Unannehmlichkeiten zu vermeiden oder gut vorbereitet darauf zu reagieren.

Anteil der Menschen, die in einem Haushalt im Eigentum oder zur Miete leben, 2020

Quelle: Eurostat

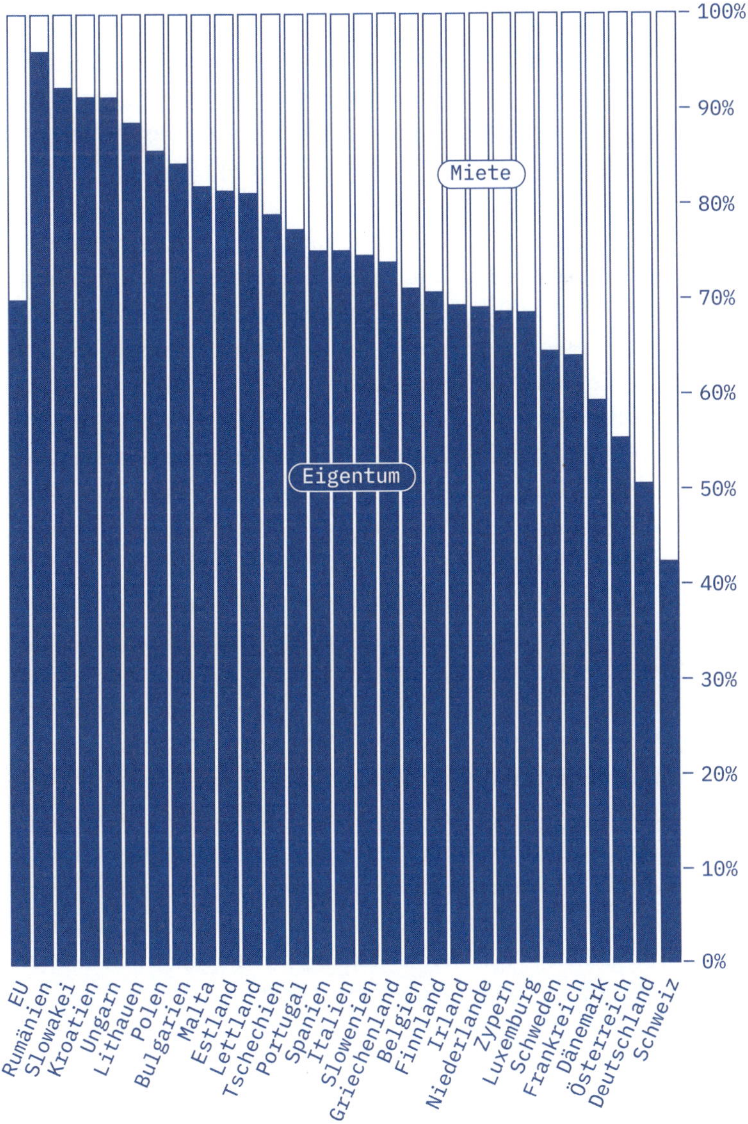

Deutschland ist im EU-Vergleich Schlusslicht, wenn es um die Eigenheimquote geht. Während im EU-Durchschnitt 70 Prozent aller Bürger*innen in den eigenen vier Wänden leben, tun das hierzulande nur rund die Hälfte der Menschen. Der Rest wohnt zur Miete.

Ich konnte es anfangs kaum glauben und finde diese Zahlen auch nach wie vor ziemlich erschreckend. Denn gerade in unsicheren Zeiten (wie sie aktuell gegeben sind) kann eine eigene Wohnung oder ein eigenes Haus ein entscheidender Bestandteil der Altersvorsorge sein und das Leben planbarer machen.

Ob man im Alter mietfrei wohnen kann, weil der Kredit bis dahin abgezahlt ist, mit den Einnahmen aus einer vermieteten Wohnung die eigene Rentenlücke schließt oder die große Familienimmobilie verkauft, um im Alter den eigenen Lebensstandard erhalten zu können – eine Immobilie ist für mich eine sehr sichere, wenn nicht die sicherste Geldanlage.

Überrascht haben mich die Spitzenreiter dieser Übersicht: Die ersten drei Plätze der Länder mit der höchsten Eigentumsquote belegen nämlich Rumänien (96,1 Prozent), die Slowakei (92,3 Prozent) und Kroatien (91,3 Prozent). Im Mittelfeld liegen Portugal (77,3 Prozent), Spanien (75,1 Prozent) und Italien (75,1 Prozent). Das finde ich sehr spannend, vor allem, weil ich in Gesprächen immer wieder höre, dass sich ohnehin nur sehr gut abgesicherte, wohlhabende Menschen mit hohem Einkommen oder geerbtem Vermögen eine eigene Immobilie leisten können. Doch die Zahlen belegen,[8] dass vor allem in Ländern mit eher geringem Pro-Kopf-Einkommen die Eigentumsquote sehr hoch ist.

Eine Erklärung dafür ist, dass andere Länder verschiedene politische und steuerliche Anreize zum Kauf von Immobilien schaffen, die deutsche Politik aber eher das Mieten propagiert und fördert. Zudem sind die Grunderwerbsteuer sowie Kaufnebenkosten hierzulande vergleichsweise hoch, während man Hypothekenzinsen für eigengenutzte Immobilien leider nicht absetzen kann.

Facts & Figures: Gründe für die niedrige Wohneigentumsquote in Deutschland

Fact 1

Hohe Grunderwerbsteuer

In Deutschland beträgt die Grunderwerbsteuer zwischen 3,5 und 6,5 Prozent vom Kaufpreis. Der Kauf von Wohneigentum lohnt sich also vor allem für den Staat, denn sobald eine Immobilie verkauft wird, fällt eine solche Steuer von bis zu 6,5 Prozent an.
Anders dagegen zum Beispiel in den Niederlanden: Für eine eigengenutzte Wohnung liegt die Grunderwerbsteuer hier bei gerade einmal 2 Prozent, für weitere Wohnungen und Häuser dann bei 8 Prozent.[9] Für Menschen, die erstmals Eigentum kaufen und unter fünfunddreißig Jahre alt sind, entfällt die Steuer gänzlich! *(Mehr zur Grunderwerbsteuer in Kapitel 4.)*

Fact 2

Weitere Kaufnebenkosten

Die Kosten, die zusätzlich zum eigentlichen Kaufpreis anfallen – etwa Maklergebühr oder Notarkosten –, sind ebenfalls erheblich (siehe Kapitel 4). Sie können zusammen mit der Grunderwerbsteuer bis zu ca. 12 Prozent des Kaufpreises ausmachen. In anderen Ländern liegen sie meist deutlich niedriger. In den Niederlanden etwa betragen die Nebenkosten 3 Prozent vom Kaufpreis.[10]

Fact 3

Hohe Baukosten

In Deutschland werden beim Bauen vergleichsweise sehr hochwertige Materialen verwendet. Ja, das ist einerseits toll, denn es sorgt dafür, dass wir lange Freude an unseren Immobilien haben. Aber natürlich hat Qualität auch ihren Preis. Die vielen Bauauflagen sowie lange Wartezeiten zur Genehmigung von Bauanträgen tun ihr Übriges, um die Kosten weiter in die Höhe zu treiben. Auf Bauanträge in den Niederlanden dagegen muss die entsprechende Behörde innerhalb von acht Wochen reagieren, sonst darf man mit dem Bauen einfach starten.[11]

Fact 4

Spekulationssteuer

Immobilien, die man vermietet, kann man hierzulande erst nach zehn Jahren wieder steuerfrei verkaufen; eine selbst genutzte Immobilie nach zwei Jahren. Vor Ablauf dieser Frist fällt beim Verkauf eine Spekulationssteuer an, die bis zu 45 Prozent des möglichen Verkaufsgewinns ausmachen kann. Eine Immobilie ist also recht unflexibel handelbar und oft nur mit Einbußen wieder zu Cash zu machen.[12]

Die Kosten, die in Deutschland neben dem Kaufpreis entstehen, haben auch mich erst einmal abgeschreckt und verunsichert. Doch ich kann euch schon jetzt verraten: Wohneigentum wird auch gefördert, und der Staat bietet eine Vielzahl von Zuschüssen und Möglichkeiten, entstandene Kosten wieder abzusetzen (siehe Kapitel 4: Förderung von Wohneigentum). Zudem kannst du durch die Vermietung deiner Immobilie gute Renditen als Eigentümer*in erzielen. *Alles zum Thema Vermieten und Rendite liest du in Kapitel 3.*

KAPITEL 2

Eigennutzung: Nie wieder Miete zahlen

Mentales Wellbeing:

Wohneigentum macht glücklich(er)!

Ich lebe mittlerweile seit sieben Jahren in meiner eigenen Wohnung und habe den Kauf noch keine Sekunde bereut. Das liegt nicht nur an der Wertsteigerung, die meine Immobilie seither erfahren hat, sondern auch an der großen persönlichen Zufriedenheit, die ich durch das Leben im Wohneigentum empfinde.

Schon der Einzug hat sich anders angefühlt. Denn ich bin nicht mal wieder in irgendeine Mietwohnung gezogen, sondern in meine eigenen vier Wände. Beim Umzug ging ich viel vorsichtiger mit allem um und achtete darauf, keine Kratzer in den Boden zu machen und mit sperrigen Möbeln nicht an den Wänden anzuecken.

Jeden Morgen, wenn ich aufwache, sehe ich durch die Flügeltüren gegenüber meinem Bett den wundervoll aufgearbeiteten Stuck im Wohnzimmer. Diesen Blick kann mir niemand mehr nehmen. Es ist einfach großartig, dass ich meine Wohnung ganz genau so gestalten und einrichten konnte, wie ich es mir immer gewünscht habe. Die Auswahl der Vintage-Fliesen für das Badezimmer, das Streichen der Wände mit unterschiedlichen Farben in jedem Zimmer, die Planung meiner Küche – all das hat mir so viel Spaß gemacht.

Bis heute mag ich es sehr, meine Wohnung zu stylen, regelmäßig sogar umzustylen, denn einmal im Jahr bekomme ich einen Rappel und hänge fast alle Bilder um, rücke Regale von links nach rechts und platziere Vasen, Bücher & Co. neu.

Auch das Pflegen macht mehr Freude, denn ich investiere damit in den Werterhalt meines eigenen Besitzes. Für den Dielenboden verwende ich die passende Holzpflege und nicht wie früher einen Billigreiniger vom Discounter. Auch die Küche ist in meiner eigenen Immobilie stets viel aufgeräumter als das Modell »Braune Pressspanplatte« in meiner Charlottenburger Mietwohnung.

Insgesamt bin ich überzeugt, dass mein Wandel von Doro, der Mieterin, zu Doro, der Eigentümerin, zu meinem mentalen Wellbeing beigetragen hat. In meiner vorherigen Mietwohnung hatte ich ständig Stress mit meiner Vermieterin, die mir zuletzt wegen Eigenbedarf kündigen wollte, um die Miete weiter zu erhöhen. Das war ein mieses Gefühl und hat bei mir dazu geführt, dass ich mich nie so richtig wohl und sicher mit meiner Wohnsituation gefühlt habe.

»Das Zuhause in Lockdown-Zeiten war tagsüber Office, abends Spa, Restaurant und Disco.«

Allein das Wissen, dass mich nun niemand mehr einfach vor die Tür setzen kann, dass ich hier im Alter mietfrei wohnen könnte und dass ich – sollte ich einmal in finanzielle Not geraten – meine Wohnung genauso gut mit einer sicheren Rendite verkaufen könnte, beschert mir eine zuvor nie gekannte innere Ruhe. Durch den Besitz meiner eigenen Immobilie fühle ich mich unabhängig – finanziell, aber auch vom angespannten Mietmarkt.

Mit meiner ganz persönlichen Rendite, meinem Glücksgefühl als Eigentümerin, bin ich übrigens nicht allein. Studien belegen, dass das Leben im Eigenheim vielen Menschen zu einem Gefühl von Sicherheit und Wohlbefinden verhilft.

In Lockdown-Zeiten hat das eigene Zuhause für viele noch einmal an Bedeutung gewonnen. Die eigenen vier Wände waren plötzlich nicht nur ein sicherer Ort, sondern auch Homeoffice, Kita, Schule, Gym, Restaurant, Disco und Spa.

Facts & Figures: Wohlbefinden durch Wohneigentum

Ich habe euch einige Fakten aus einer wissenschaftlichen Erhebung der Uni Hohenheim zusammengetragen, die mein eigenes Gefühl sehr gut widerspiegeln:[13]

Wohneigentum macht glücklich

- ⟶ 60 Prozent der Immobilienbesitzer gaben an, sehr glücklich zu sein.
- ⟶ 43 Prozent der Mieter gaben an, sehr glücklich zu sein.
- ⟶ 36 Prozent der Mieter sind der Meinung, sie wären glücklicher mit Wohneigentum.
- ⟶ 80 Prozent der Käufer würden sich erneut für den Immobilienkauf entscheiden, 65 Prozent davon für dieselbe Immobilie.

Die größten Glücksmomente für Käufer

- ⟶ die Entscheidung für die Immobilie,
- ⟶ der Kauf,
- ⟶ der Einzug (der allergrößte Glücksmoment),
- ⟶ die letzte Ratenzahlung.

Da tropft doch was?

Eigentum verpflichtet

Ich werde immer wieder von Freunden und meiner Community gefragt, ob – trotz der positiven Effekte für den Lifestyle, die eine eigene Immobilie mit sich bringt – der Stress nicht doch überwiegt. Diese Frage kann ich aus meiner Sicht klar mit Nein beantworten.

Ja, es stimmt, man hat auch Verpflichtungen, muss sich kümmern, Handwerker meist selbst organisieren und etwas mehr vorausplanen, um auch die Kosten, die eine selbst genutzte Immobilie mit sich bringt, im Blick zu behalten. Als Eigenheimbesitzer*in musst du Betriebskosten wie Straßenreinigung und Müllentsorgung nämlich selbst zahlen beziehungsweise die Abgaben mit den anderen Eigentümer*innen im Haus teilen. Dazu kommen die jährliche Grundsteuer, Versicherungen, Kosten für Reparaturen oder Sanierungen sowie die Pflege von Gemeinschaftseigentum, etwa einem Garten.

Gerade am Anfang begegnet man einigen Herausforderungen. Das bisher schlimmste Erlebnis in meinem Zuhause hatte ich vier Wochen nach meinem Einzug. Es war Samstag, und ich hatte mich gerade gemütlich mit dem neuen AD Magazin und einem Flat White in den Wohnzimmererker gesetzt, da bemerkte ich eine kleine Wasserlache auf dem Fußboden. Erst dachte ich, ich hätte etwas verschüttet. Doch als die kleine Lache nach dem Wegwischen gleich wieder da war, stellte ich mit Entsetzen fest, dass es über mir tropfte – aus meiner frisch sanierten, wunderschönen Stuckdecke!

Ich war so geschockt, dass ich in Tränen ausbrach. Es war Wochenende, und ich konnte niemanden erreichen. Das Tropfen beschleunigte sich. Der Eimer, den ich aufgestellt hatte, füllte sich immer rascher. Also rief ich den Notdienst an, der auf einem Aushang im Hausflur angegeben war. Zum Glück war er schnell zur Stelle und konnte die Quelle des Wassers finden.

Zwei Etagen über mir wurde saniert, die Handwerker hatten einen Fehler gemacht, und so hatte sich das Wasser schon durch zwei Decken gearbeitet. Weil ich den Schaden rechtzeitig entdeckt hatte, konnte Schlimmeres verhindert werden. Zwei Wochen lang pusteten lärmige Trocknungsgeräte durch meine Wohnung. Zudem musste meine Decke neu gestrichen werden. Dann war alles wieder in Ordnung.

Mein Learning: Man muss die Risiken, die der Immobilienbesitz mit sich bringen kann, auf dem Schirm haben, sich informieren und absichern. Zu viele Sorgen sollte man sich aber nicht machen, da die allermeisten Eventualitäten nicht eintreten und man sich zudem darauf vorbereiten kann. Ich habe dir ein paar Dinge aufgelistet, die du von Beginn an in deine Überlegungen mit einbeziehen solltest, wenn du eine Wohnung kaufst, um selbst darin zu leben.

Risiken einschätzen und abfedern

Risiken richtig einschätzen

Das größte Risiko besteht darin, dass du irgendwann den Kredit nicht mehr zahlen kannst, wenn du zum Beispiel deinen Job verlierst. Im schlimmsten Fall musst du die Wohnung dann verkaufen, oder sie wird zwangsversteigert. Darum schätze unbedingt deine Finanzen realistisch ein, und sorge für eine gute Finanzierung. Alles, was du dazu wissen musst, findest du in Kapitel 4.

Notgroschen

Als Immobilienbesitzer*in solltest du immer einen großzügig berechneten Notgroschen auf dem Konto haben. Denn wenn es einen Schaden in der Wohnung gibt, zum Beispiel die Elektrik streikt oder gar ein Wasserrohr bricht, kannst du nicht einfach den Vermieter anrufen, sondern musst dich selbst kümmern. Auch bezahlen musst du natürlich selbst – ob Ersatzteile oder Handwerker.

Unvorhergesehene Ereignisse

Niemand mag mit Schicksalsschlägen planen, aber sie können passieren. Scheidung, Krankheit, Jobverlust, Umzug. Darum solltest du – vor allem, wenn du gemeinsam mit deinem Partner oder deiner Partnerin kaufst – klar planen, was im Fall der Fälle mit der Immobilie passiert, wer von euch dort wohnen bleibt, ob verkauft oder vermietet wird. Einige Risiken lassen sich zudem gut mit Versicherungspolicen abdecken, etwa mit einer Risikolebensversicherung, falls ein Partner stirbt.

Gemeinschaftseigentum

Ein weiteres Risiko sind größere Reparaturen am Gemeinschaftseigentum, wie zum Beispiel eine neue Heizungsanlage oder der Anbau eines Fahrstuhls. Wenn die Instandhaltungsrücklage – das ist eine zweckgebundene Rückstellung für Reparaturen, die pro Quadratmeter berechnet wird – in der Kasse der Eigentümergemeinschaft nicht reicht, werden die Kosten auf die Eigentümer*innen umgelegt, und jeder muss in die sogenannte Sonderumlage anteilig einzahlen. Aber in den meisten Fällen geschieht das nicht über Nacht, sondern du hast Monate oder sogar Jahre, um dich darauf vorzubereiten.

Mein Tipp: Bevor du eine Wohnung kaufst, checke genau, wie viel Geld in der Kasse ist und ob die Rücklagen realistisch berechnet sind. Sieh dir unbedingt alle Unterlagen genau an, insbesondere die letzten drei Protokolle der Wohneigentümerversammlung. Hellhörig musst du zum

Beispiel werden, wenn das Gemeinschaftseigentum seit Jahrzehnten nicht saniert wurde, der Keller nass ist oder du den baldigen Austausch der uralten Heizung direkt nach dem Kauf mitfinanzieren musst und sich das finanziell nicht für dich rechnen würde.

Gebäudeversicherung

In unserem Haus hatten wir 2016 einen großen Wasserschaden. Das hätte leicht ein Kostengrab werden können, aber zum Glück griff die Gebäudeversicherung, sodass die Eigentümergemeinschaft nichts zahlen musste – abgesehen natürlich von den Versicherungsbeiträgen, die sich die Eigentümergemeinschaft teilt.

Mein Tipp: Lass dir vor dem Kauf der Wohnung unbedingt den Versicherungsschein der Gebäudeversicherung schicken und prüfe, was genau alles abgesichert ist.

Wertentwicklung

Wenn die Lage deiner Wohnung nicht gut gewählt ist, kann es sein, dass der Wert der Immobilie nicht steigt, sondern im Laufe der Jahre konstant bleibt oder sogar fällt. Dies kann auch passieren, wenn die zuvor gute Umgebung plötzlich industriell genutzt, eine Tankstelle auf der anderen Straßenseite oder eine Autobahn nebenan gebaut wird.
Alle Eventualitäten kann man im Vorfeld nicht klären, aber erkundige dich, was auf dem leeren Grundstück gegenüber gebaut werden soll. Wenn du dich in der Stadt oder im Bezirk nicht auskennst, recherchiere, ob große Bauvorhaben in der Gegend geplant sind, die den Wert deiner Immobilie mindern oder aber auch steigern könnten. Du kannst zum Beispiel einen Blick in den Bebauungsplan werfen, um zu sehen, welche Pläne es für leere Flächen in der Nähe gibt.

Wirtschaftslage

Der Immobilienmarkt könnte sich durch politische Entscheidungen oder unvorhersehbare Wirtschaftslagen landesweit verändern und Eigentum unattraktiver machen. Wenn es plötzlich nicht mehr so viele potenzielle Käufer gibt, etwa aufgrund steigender Zinsen, sinken die Preise zum Beispiel bei Bestandsimmobilien aufgrund mangelnder Nachfrage. Dieser Fall wäre ungünstig, wenn du ausgerechnet in dem Moment schnell die eigenen vier Wände verkaufen musst.

Langfristig, über viele Jahre betrachtet, haben sich Immobilienmärkte aber immer wieder stabilisiert, und nur wenige Käufer würden wahrscheinlich sagen: »Hätte ich mal lieber drei Jahre mit dem Kauf gewartet.« Andere Kleininvestoren kaufen gezielt auch antizyklisch, da es mehr Auswahl, Prüfungszeit und Verhandlungsspielraum gibt.

Teil eines Ganzen:

Die Eigentümergemeinschaft

Als Eigentümer*in einer Immobilie – egal, ob du sie selbst bewohnst oder vermietest – bist du Mitglied einer Wohneigentümergemeinschaft (kurz: WEG). Die WEG entsteht durch das gemeinschaftliche Teil- und Miteigentum an einer Wohnimmobilie. Dir gehört also zwar eine Wohnung in einem Haus, aber Flächen wie der Garten, das Treppenhaus, der Keller, die Fassade und so weiter gehören allen Eigentümer*innen gemeinsam.

Anders als beim Kauf eines Einfamilienhauses, nach dem dir sowohl Haus als auch Grundstück gehören, kannst du nicht alle Entscheidungen alleine treffen, denn du bist nur Miteigentümer*in. Gemeinsam mit den anderen Eigentümer*innen bildet beziehungsweise besitzt die Eigentümergemeinschaft 100 Prozent der Stimmrechte.

Meistens wird der jeweilige Anteil des Einzelnen anhand der Quadratmeterzahl der Wohnung berechnet, geteilt durch die Gesamtwohnfläche des Gebäudes. Im Wohneigentumsgesetz sind alle Rechte und Pflichten des Einzelnen festgeschrieben. Die WEG trifft sich einmal pro Jahr zu einer Versammlung gemeinsam mit der Hausverwaltung. Die Eigentümerversammlung ist das höchste Beschlussorgan der Gemeinschaft und ein Pflichttermin. Hier werden gemeinsam Beschlüsse gefasst und wichtige Themen diskutiert – zum Beispiel die Abrechnung des Wohngelds für das vergangene Jahr, anstehende Reparaturen oder die Verteilung von Aufgaben.

Eine mögliche Aufgabe ist es, Mitglied des Beirats zu sein. Der Beirat wird von den Eigentümer*innen berufen. Er erledigt und kontrolliert mithilfe des Verwalters alle administrativen Aufgaben rund um die Immobilie, beispielsweise den Wirtschaftsplan, die Abrechnung, Rechnungsangelegenheiten, Verträge mit Dienstleistern, Erteilung von Aufträgen in Absprache mit der Verwaltung.

Bei der jährlichen Eigentümerversammlung musst du übrigens nicht unbedingt persönlich anwesend sein – vor allem, wenn du vielleicht mehrere Wohnungen besitzt und keine Zeit hast, an jeder Versammlung teilzunehmen. Du solltest dich aber von einer von dir bevollmächtigten Person vertreten lassen. Um einen Beschluss durchzusetzen, bedarf es in der Regel keiner einvernehmlichen Entscheidung, sondern lediglich einer Mehrheit. Wenn du also nicht erscheinst beziehungsweise keine Vertretung schickst, werden vielleicht Beschlüsse gefasst, die nicht in deinem Interesse liegen.

Ich würde dir auf jeden Fall dazu raten, zur Eigentümerversammlung zu gehen. Hier lernst du die anderen Eigentümer*innen kennen und kannst – auch wenn sie vielleicht nicht mit im Haus wohnen, sondern ihre Wohnung vermieten – eine persönliche Beziehung zu ihnen aufbauen. In unserem Haus haben wir zum Beispiel eine gemeinsame WhatsApp-Gruppe, um einander zu informieren oder zu helfen.

Eine Lifestyle-Entscheidung?

Kaufen als Altersvorsorge

Eine eigene, selbst bewohnte Wohnung ist in erster Linie eine Lifestyle-Entscheidung, für mich aber auch eine gute Altersvorsorge – sofern man in einer guten Lage kauft, in der über die Jahre noch mit einer Wertsteigerung zu rechnen ist.

Ich weiß, dass viele Expert*innen den Kauf einer Wohnung zur Eigennutzung nicht als Kapitalanlage sehen und lediglich Immobilien, die man kauft, um sie zu vermieten, in diese Kategorie einsortieren. Die Diskussion darum, ob ein selbst bewohntes Eigenheim zur Altersvorsorge taugt oder nicht, ist uralt und wird teils erbittert geführt.

Natürlich verstehe ich die Argumente, die hinter der Einschätzung stecken, selbst bewohntes Eigentum sei keine Kapitalanlage. Eine Immobilie, die man kauft, um sie zu vermieten, zahlt sich quasi von selbst ab. Die monatlichen Mieteinnahmen können zur Tilgung der Kredit- und Zinszahlungen sowie für Reparaturarbeiten oder Rücklagen genutzt werden. Im besten Fall liegen sie sogar höher als die Ausgaben, und du machst von Beginn an Gewinn, generierst mit der Immobilie also auch noch ein kleines oder größeres Nebeneinkommen.

Nach zehn, zwanzig oder dreißig Jahren ist eine solche Wohnung dann – ohne, dass man selbst viel Geld in die Hand nehmen musste – komplett abgezahlt (siehe dazu auch Kapitel 3: Fremdkapitalhebel). Alles, was von nun an als Miete hereinkommt, ist Einkommen. Abziehen muss man lediglich noch die Kosten für die Instandhaltung. Zudem hat man als Vermieter*in auch Steuervorteile und kann zum Beispiel anfallende Reparaturen, Sanierungs- oder auch Zinskosten steuerlich geltend machen.

Solche Steuervorteile hat man bei einer Eigentumswohnung, in der man selbst lebt, ebenso wenig wie die regelmäßigen Mieteinnahmen. Die eigene, selbst bewohnte Immobilie aber pauschal ausschließlich als Lifestyle-Entscheidung abzutun, finde ich schwierig. Denn es sprechen – bei allen Risiken – viele Faktoren dafür, dass es sich bei einer selbst genutzten Immobilie (auch) um eine Altersvorsorge handelt. Hauptsächlich sind das: mietfreies Wohnen im Alter, wenn der Kredit abgezahlt ist, sowie der Inflationsschutz, den eine Immobilie bietet.

Immobilien als Inflationsschutz

Immobilien gelten als wertstabile Geldanlage. Sie sind Sachwerte und bieten als solche einen effektiven Schutz vor Inflation, da ihr Wert in Zeiten der Geldentwertung – ebenso wie die Preise für andere Produkte – steigt.[14] *Gleichzeitig verliert aber das Geld an sich an Wert.*

*Durch die Preissteigerung der Immobilie wird die Geldentwertung ausgeglichen. Das gilt sowohl für vermietete als auch für selbst genutzte Immobilien. Allerdings: Aktuell sehen wir erste Korrekturen am Markt, nachdem es seit über zehn Jahren immer weiter bergauf ging. Die Wohnimmobilienpreise sinken im einstelligen Prozentbereich trotz Inflation, und auch Verhandeln bei Bestandsimmobilien ist hier und da möglich. Potenzielle Käufer*innen halten sich wegen der (prozentual) stark gestiegenen Zinsen zurück, da die Situation Verunsicherung und ein allgemeines Abwarten auslöst.*

Grundsätzlich bestimmen Angebot und Nachfrage die Preise am Markt – das gilt natürlich auch für Immobilien. Von welchen Faktoren das Angebot an Wohnungen sowie die Nachfrage von Käufer:innen oder Mieter:innen abhängen, siehst du in der Grafik.

Wie ergibt sich ein Wohnungspreis?

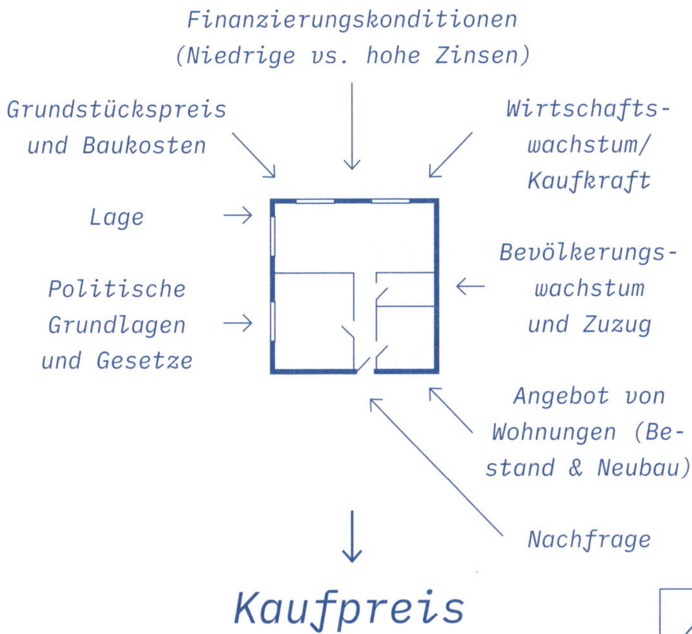

»Rede über Immobilien
und betrachte
sie als Altersvorsorge.«

Und das soll sich lohnen?

Kaufen versus Mieten – ein Realitätscheck

Ob es sich mehr lohnt zu kaufen, um in der eigenen Immobilie zu leben, oder zu mieten, hängt von vielen verschiedenen Faktoren ab – dem Kaufpreis der Immobilie, den Zinsen, der vergleichbaren Miete und vielem mehr. Das Argument, dass man statt der Miete lieber eine monatliche Kreditrate zahlt und damit nicht die Altersvorsorge seines Vermieters, sondern seine eigene füttert, ist weitverbreitet – auch ich fühle mich damit wohler.

Allerdings ist dieser Ansatz allein zu kurz gedacht. Die monatlichen Kreditraten können nämlich auch höher liegen als eine vergleichbare Miete – vor allem in Zeiten steigender Zinsen. Zudem fallen beim Immobilienkauf auch Nebenkosten an. Dieses zusätzliche Geld könntest du als Mieter*in auch gewinnbringend investieren, beispielsweise am Aktienmarkt.

Auf lange Sicht könntest du damit vielleicht sogar besser fahren, als wenn du eine Immobilie kaufst. Stehst du Anlageklassen wie Aktien und anderen Wertpapieren jedoch eher skeptisch gegenüber, kennst dich damit nicht aus und hast dein Geld am liebsten einfach auf deinem Konto, dann wäre es womöglich besser, eine Immobilie zu kaufen. In Anbetracht der aktuell hohen Inflation verliert dein Geld auf dem Konto nämlich stetig an Wert. Immobilien sind hingegen normalerweise ein guter Inflationsschutz.

Es gibt gute Online-Rechner, mit denen du schnell ermitteln kannst, ob sich der Kauf eines Eigenheims für dich lohnt oder ob du zumindest vorläufig besser Mieter*in bleibst. Schau zum Beispiel hier mal vorbei: drklein.de/kauf-mietrechner

Eine Rechnung für sich selbst aufzustellen, kann bei der Einschätzung helfen. Hier ein fiktives Beispiel, damit du für dich selbst nachrechnen kannst, wann ein Wohnungskauf auch bei Eigennutzung eine gute Altersvorsorge ist und wann eher nicht.

	Miete	Kauf
Kaufpreis	0 €	300.000 €
Kaufnebenkosten*	0 €	36.000 €
Laufzeit	20 Jahre	20 Jahre
Zinssatz	-	3 %
Eigenkapital	90.000 €	90.000 €
Fremdkapitalbedarf	-	246.000 €
Monatliche Kaltmiete/Rate	1200 €	1364 €
Instandhaltungsrücklagen pro Monat	0 €	100 €
Ersparnis Miete ggü. Rate + Instandhaltung	264 €	

Wir haben hier mit den maximalen Kaufnebenkosten von ca. 12 Prozent gerechnet (Maklercourtage, Grunderwerbsteuer, Notar- und Grundbuchgebühren).
Hinweis: Betriebskosten wurden nicht berücksichtigt, weil sie sowohl bei Miete als auch bei Kauf anfallen.

In unserem Beispiel haben sowohl Mieter*in als auch Käufer*in ein Startkapital von 90.000 Euro und wenden monatlich einen Betrag von 1464 Euro auf. Der Betrag der Mieter*in setzt sich aus einer Miete von 1200 Euro sowie einer Sparrate von 264 Euro zusammen, der der Käuferin aus Kreditrate plus Instandhaltungsrücklage. Wenn die Mieterin ihr Startkapital von 90.000 Euro zu 5 Prozent in Aktien investiert und die Differenz von 164 Euro aus Miete und Rate sowie die 100 Euro Instandhaltungsrücklage – also 264 Euro insgesamt – ebenfalls jeden Monat anlegt, käme sie nach zwanzig Jahren auf ein Endkapital von etwa 346.386 Euro.

Die Käuferin zahlt in der gleichen Zeit ihre Immobilie ab. Wie hoch der Wert nach zwanzig Jahren ist, kann man natürlich nur schätzen. Um die Rechnung zu vereinfachen, gehe ich davon aus, dass er exakt im Rahmen der von der Europäischen Zentralbank angestrebten Inflation von 2 Prozent steigt. Das ist natürlich eine eher konservative Schätzung.

In diesem Fall ist die Immobilie nach 20 Jahren dank des Zinseszinseffektes rund 445.000 € wert, also rund 145.000 € mehr als zum Kaufzeitpunkt. Die Immobilienbesitzerin hat somit nach zwanzig Jahren mit ihrem Investment ein höheres Endkapital erzielt, wobei ihr Geld in der Immobilie steckt. Das Geld der Mieterin wurde in Wertpapiere investiert, die sie schneller oder auch nur in Teilen zu Cash machen kann. Das ist bei einer Immobilie nicht ohne Weiteres möglich. Dafür wohnt die Käuferin nach zwanzig Jahren mietfrei, die Mieterin muss weiterhin Miete zahlen.

Erst wenn der Unterschied zwischen Miete und Rate bei rund 500 Euro liegt und die Miete zwanzig Jahre lang gleich bleibt, würde es sich mehr lohnen, zu mieten als zu kaufen. Aber du siehst auch, die Rechnung enthält viele Komponenten, die man nicht genau vorhersehen, sondern nur schätzen kann.

Bei mir hat sich der Kauf auf jeden Fall gelohnt. Ich werde meine selbst genutzte Wohnung nach fünfzehn Jahren abgezahlt haben und ab dann mietfrei wohnen. Natürlich ist mietfreies Wohnen allein noch keine ausreichende Altersvorsorge, aber ein guter Baustein, der dazu beitragen kann, insbesondere als Frau nicht von Altersarmut betroffen, sondern finanziell unabhängig zu sein.

Man kann eine Eigentumswohnung zwar nicht scheibchenweise verkaufen und von den Ausschüttungen leben, wie es zum

Beispiel bei einer langfristigen Geldanlage mit Aktien möglich ist. Aber es ist ein Unterschied, ob du zusätzlich zu den monatlichen Lebenshaltungskosten im Alter auch noch eine Miete berappen musst. Sollte man sich die Miete im Alter dann plötzlich nicht mehr leisten können, ist es zudem vermutlich sehr mühsam oder gar unmöglich, eine neue, günstigere Mietwohnung mit guter Anbindung und im gewohnten Umfeld zu finden.

Wer in guter Lage gekauft hat, kann sich zudem nach zehn, zwanzig oder dreißig Jahren über eine Wertsteigerung freuen. Auch ein Verkauf und der Umzug in eine günstigere Wohnung würden sich in einem solchen Fall lohnen. Von den Gewinnen könnte man im Alter leben oder sich sogar noch den einen oder anderen Traum erfüllen.

»Mach so viele Besichtigungen wie möglich – auch, wenn nur vier von fünf deiner Kriterien matchen.«

Späti, Stuck und Südbalkon:

Eigennutzung – kenne deine Präferenzen

Wie du schon weißt, habe ich meine erste eigene Wohnung zur Eigennutzung gekauft. Mittlerweile besitze ich drei weitere Wohnungen zur Vermietung. Beides ergibt für mich aus unterschiedlichen Gründen Sinn, und die Kombi fühlt sich für mich sehr gut und finanziell smart an. Worauf du beim Kauf einer selbst genutzten Wohnung Wert legen solltest, ist jedoch etwas ganz anderes als die Kriterien für den Kauf einer Wohnung zum Vermieten. Ich habe dir darum hier eine Liste der wichtigsten Überlegungen zusammengestellt, die du beim Kauf deiner selbst genutzten Immobilie bedenken musst.

Über die Lage deiner Wohnung haben wir bereits gesprochen. Du musst dich in dem Umfeld deiner Wohnung selbst wohlfühlen. Zudem sollte die Lage so gewählt sein, dass du langfristig mit einer Wertsteigerung rechnen kannst, falls du die Wohnung irgendwann wieder verkaufen möchtest.

Überlege dir, was du in deiner unmittelbaren Nachbarschaft brauchst. Bist du eher der Typ Lieferservice, oder machst du deine Einkäufe gern auf einem Wochenmarkt? Nutzt du die öffentlichen Verkehrsmittel, oder ist die Parkplatzsituation relevanter? Wünschst du dir Cafés und Restaurants direkt in deiner Straße, oder ist es dir lieber, wenn das Leben erst ein paar Straßenzüge weiter tobt? Und wo ist eigentlich der nächste Hausarzt und ein Fitnessstudio?

Gerade wenn du selbst in der Wohnung leben möchtest, nimm dir Zeit und bewege dich viel in deiner neuen Umgebung. Ich bin stundenlang im Umkreis von 1500 Metern auf und ab gelaufen. Je nach Lebenssituation solltest du auch an Kitas und Schulen denken.

Nachbarn, egal ob Miteigentümer*innen oder Mieter*innen, kannst du dir nicht aussuchen. Wenn du in ein Penthouse ziehst, wo nur ein weiterer Nachbar auf dem gleichen Flur ist, wohnst du grundsätzlich ruhiger als zum Beispiel im ikonischen Berliner Le-Corbusier-Haus mit 377 Eigentumswohnungen – auch liebevoll Wohnmaschine genannt.

Über mir wohnte zum Beispiel ein Friseur, der sein Geld vor allem im Home-Salon verdiente. Deshalb musste er jeden Tag gründlich saugen. Leider tat er das bevorzugt nachts um halb zwei – direkt über meinem Schlafzimmer. Und das im Altbau. Ich habe mich damals nicht getraut, ihn darauf anzusprechen. Heute würde ich es tun. Zum Glück ist er nach fünf Monaten umgezogen.

Versuche herauszufinden, wer deine neuen Nachbarn sind. Insbesondere über und neben dir. Wenn du zum Beispiel viel im Homeoffice bist und eine quirlige Familie im Altbau über dir wohnt, musst du emotional darauf vorbereitet sein, dass es oft lebhaft zugeht. Oder dich gegen einen Kauf entscheiden. Ein Risiko ist natürlich, dass sich diese Faktoren jederzeit ändern können – zum Besseren wie zum Schlechteren.

Erkundige dich vor dem Kauf deiner selbst genutzten Wohnung auch danach, wie die Eigentümerstruktur im Haus ist. Leben dort vor allem Eigentümer*innen in ihren eigenen Wohnungen, oder gehört einer Person oder Firma fast das ganze Haus, und deine zukünftigen Nachbarn sind hauptsächlich Mieter*innen? Im ersten Moment scheint das egal zu sein, aber langfristig kann es einen großen Unterschied ausmachen.

Als Eigentümer*in hast du ein Stimmrecht und kannst bei allen Entscheidungen mitbestimmen. Erfahrungsgemäß hat man aber gegen einen großen Haupteigentümer wenig Chancen, eine eigene Idee durchzusetzen oder eine Sanierungsmaßnahme abzuwenden, die man nicht mittragen will. Besser geht das – auch wenn es gelegentlich zu langwierigen Diskussionen kommen kann – mit vielen einzelnen Eigentümer*innen, da die Interessen meist ähnlich gelagert sind und man direkt miteinander reden kann.

Zudem habe ich die Erfahrung gemacht, dass es schön ist, einen hohen Eigentümeranteil unter den Nachbarn zu haben. Niemand ist nur auf der Durchreise, alle geben sich im Umgang miteinander mehr Mühe, behandeln die Immobilie insgesamt pfleglicher, tauschen auch mal ein Flurlicht selbst aus oder geben Bescheid, wenn ein Problem schnell behoben werden muss. Mieter*innen, die ohnehin nur zwei, drei Jahre bleiben wollen, ist es hingegen vielleicht egal, ob die Wände im Flur bei ihrem Ein- und Auszug Macken bekommen oder der Hausflur mit Graffiti besprüht wurde, weil nachts die Haustür offen stand.

In der Teilungserklärung (aus ihr geht hervor, welche Rechte und Pflichten die Eigentümer*innen in einem Mehrfamilienhaus haben; siehe Glossar), die du vor dem Kauf vom Verkäufer bekommst, steht, wie die Wohnungen in dem Haus genutzt werden dürfen – nur privat oder auch gewerblich. Hier geht es nicht darum, dass jemand Homeoffice macht, sondern ob zum Beispiel eine Arztpraxis oder eine Agentur mit Laufkundschaft über dir einziehen oder im Erdgeschoss ein Restaurant eröffnen kann. Lies dir darum die Teilungserklärung gut durch, für mich ist sie das Herzstück der Kaufunterlagen.

Ich selbst habe vor lauter Emotionen nicht bemerkt, dass ich immer nur bei perfektem Wetter besichtigt habe. Und in der Sommerzeit, wo die Sonne höher steht als im Winter. So musste ich nach Einzug im Herbst feststellen, dass ich ein gutes Beleuchtungskonzept brauche, um im grauen Berliner Winter nicht die Freude an der Wohnung zu verlieren. Mich stört das heute nicht weiter, aber anfangs habe ich mich schon etwas über mich selbst geärgert.

Darum schau dir die Wohnung unbedingt auch an einem trüben Tag oder bei Regen an. Zudem kannst du Apps nutzen (zum Beispiel Sunseeker), die dir den Sonnenstand und die Lichteinfallsrichtung zu verschiedenen Tages- und Jahreszeiten anzeigen.

Wenn die eigenen vier Wände auch noch alterstauglich sein sollen, empfehle ich eher, in einen Neubau zu ziehen. Faktoren wie

Barrierefreiheit, ein Aufzug, Türen, die nach außen aufgehen, und moderne Features in der Haustechnik sind hier eher gegeben als im Altbau.

Oft kann man sich in jungen Jahren die Traumwohnung, in der man den Rest seines Lebens verbringt, irgendwann vielleicht mit Kindern lebt und die auch noch altersgerecht ist, nicht leisten. Trotzdem solltest du dich unbedingt schon früh mit dem Thema Immobilienkauf auseinandersetzen. Du kannst dich schließlich »hocharbeiten«.

Das heißt, du startest mit einer kleinen, günstigen Wohnung, die du irgendwann verkaufst, um das Geld als Eigenkapital für die nächste Immobilie zu nutzen. Oder du vermietest sie und verwendest die Einnahmen zur Abzahlung deines nächsten Kredits. Und wenn das Geld dafür nicht ganz reicht, belastest du sie zusätzlich als Sicherheit für die Bank, damit du für die nächstgrößere Wohnung einen guten Kredit bekommst.

So kannst du deine Wohnungsgröße regelmäßig erhöhen und stellst nicht mit Mitte vierzig fest, dass du mindestens 150 Quadratmeter für dich und deine Familie brauchst, aber der Kaufpreis unerschwinglich ist.

Lass dich nicht von Verkäufer*innen oder Makler*innen verunsichern, die so tun, als müsstest du alles über Baujahr, Dämmungsdicke und Heizungsart schon beim ersten Besichtigungstermin wissen. Wichtig ist, dass du ganz ungeniert alle wichtigen Fragen stellst, die dir auf der Seele brennen – und natürlich auch die entsprechenden Antworten bekommst.

Das war im Plan nicht eingezeichnet:

Selbst bauen

Vom Austausch mit meiner Netzwerkpartnerin, der bekannten Fachanwältin für Baurecht, Autorin und Moderatorin Manuela Reibold-Rolinger (@Bauglueck), weiß ich, dass ein Haus zu bauen im Vergleich zum Wohnungskauf die weit größere Herausforderung ist – vor allem, wenn man es selbst machen will. In ihrem Buch Das war im Plan nicht eingezeichnet erzählt sie von ihren krassesten, tragischsten und skurrilsten Erlebnissen als Bauretterin.

Ich habe Manuela deshalb gebeten, dir als Bauexpertin mit dem folgenden Bericht einen kleinen Einblick in das Thema sowie einige ihrer Hands-on-Tipps zu geben. Los geht's!

»Wer ein Haus selbst bauen will, muss vor allem eines sein: achtsam!«

Bauglück mit Manuela Reibold-Rolinger

Hat es in Zeiten steigender Zinsen und Baukosten überhaupt noch Sinn zu bauen? Aus meiner Sicht als Fachanwältin für Baurecht sage ich: Ja! Vorausgesetzt, man hält sich an einige Regeln und verfügt über eine gesicherte Finanzierung.

Den Preis bestimmt letztlich der Markt, und auch in Hochzinsphasen – Anfang der 2000er-Jahre – haben Menschen Häuser gebaut, obwohl das Geld für Zinsbeträge von 6 bis 8 Prozent sehr teuer war. Weil die Menschen, die sich diese Zinssätze leisten konnten, immer weniger wurden, gingen die Nachfrage sowie die Häuserpreise zurück.

So wird sich die Lage auch in den kommenden Jahren entwickeln. Die Baupreise für Stahl, Beton und Holz haben beispielsweise ihren Zenit bereits überschritten und sinken wieder. Häuser werden dadurch günstiger.

Gleichzeitig hat die Zeit der niedrigen Zinsen den Markt übersättigt. Jeder hatte genug, eher zu viel. Die Gier nach noch mehr Geld hat dazu geführt, dass mehr und mehr Aufträge angenommen und die Fachkräfte und Kapazitäten weniger wurden. Nun wird sich aus meiner Sicht dieses Übermaß in Luft auflösen und der Markt wieder in ruhige Fahrwasser kommen. So viel zu meiner Einschätzung der aktuellen Lage und Entwicklung.

Ganz unabhängig von den äußeren Gegebenheiten erhoffen sich viele Bauherr*innen immer wieder finanzielle Ersparnisse und eine Beschleunigung des Bauablaufs, indem sie selbst bauen. Leider ist hier meiner Erfahrung nach oft das Gegenteil der Fall. Was es genau kostet, was zu beachten und zu berechnen ist, möchte ich dir darum hier kurz aufzeigen.

Ganz am Anfang muss dir als Bauherr*in klar sein, dass ohne Unterstützung durch Architekten, baubegleitende Qualitätskontrollen, juristische Grundberatung und eigenes Wissen sehr viel falsch laufen kann. Manch eine*r hätte besser die Finger vom Selberbauen gelassen und ein Bauunternehmen beauftragt. Wenn du dir aber sicher bist, dass der Hausbau in Eigenregie klappen wird, kannst du dir natürlich den Wunsch nach einem individuellen Eigenheim erfüllen, das nach deinen Bedürfnissen gestaltet ist. Aber: Ein Haus selbst zu bauen, heißt nicht, alles allein zu schaffen. Es bedeutet vielmehr, den Hausbau selbst zu organisieren und gegebenenfalls einige Arbeiten als Eigenleistung einzubringen.

Als Laie in Deutschland ein Haus vollständig selbst zu planen und zu bauen, ist zudem gar nicht erlaubt. Du brauchst bereits für die Baugenehmigung die Mitwirkung eines planvorlageberechtigten Architekten oder Bauingenieurs. Der Grund: Um eine Baugenehmigung zu erhalten, sind sogenannte Genehmigungsplanungen wie Bauzeichnungen und Berechnungen zu beachten. Diese dürfen nur von Personen angefertigt werden, die eine Planvorlageberechtigung haben.

Somit brauchst du bereits ab der Planungsphase Fachleute, mit denen du eng zusammenarbeitest. Und auch danach bist du weiter auf Unterstützung angewiesen – ob du selbst Hand anlegen möchtest oder nicht. Wenn du nicht über fundiertes Fachwissen verfügst, solltest du den Rohbau sowie die Sanitär- und Elektroinstallationen lieber von Profis durchführen lassen, um langfristig Baumängel zu vermeiden. Spätestens wenn du mit der aktiven Planung beginnst, muss zudem ein Baugrundstück vorhanden sein.

Selbst bauen kann zwar Kosten sparen, ob sich dies in Anbetracht der meist längeren Bauzeit aber tatsächlich rechnet, ist fraglich. Nach meiner Erfahrung kostet das Bauen in Eigenregie sehr viel mehr Zeit und Nerven und vor allen Dingen mehr körperliche Kraft, als sich die meisten Bauherr*innen vorstellen können.

Einen Hausbau kannst du nur selbst angehen, wenn du es schaffst, das gesamte Bauvorhaben, die Vergabe und die Bauüberwachung zu koordinieren und zu organisieren. Zudem muss – wie auch bei einem Hausbau mit Generalunternehmen oder Bauträger – genügend Kapital vorhanden sein. Das bedeutet: Die Baufinanzierung und auch die Baukosten sollten bereits vor Beginn der Bauplanung geklärt werden.

Hier hilft es, sich einen Finanzierungsplan zu erstellen. Kosten sparen kannst du, indem du sogenannte Eigenleistungen einbringst, die bei der Baufinanzierung teilweise sogar als Eigenkapital angerechnet werden. Dadurch reduziert sich dann auch die Darlehenssumme. Um dies zu tun, brauchst du aber vor allem Zeit – ein wichtiger Faktor, den viele bei der Planung völlig unterschätzen. Willst du selber bauen, musst du mit vielen Hundert Stunden Arbeit für die Eigenleistung und die Koordination der Gewerke rechnen, wodurch sich die Bauzeit sehr schnell verdoppeln kann.

Typische Fehler, die ich beim Bauen in Eigenregie immer wieder sehe, sind: die Verantwortung abzugeben und ohne eigene Vorbereitung einfach loszubauen, Verträge ungeprüft zu unterschreiben, Bauverträge ohne eigenes Grundstück zu kaufen, keine Qualitätskontrollen durchführen zu lassen, sich keine eigene Kompetenz anzueignen und zudem die eigenen Fähigkeiten und das eigene Durchhaltevermögen völlig zu überschätzen.

Checkliste

Damit du weißt, welche Voraussetzungen du für einen Hausbau in Eigenregie unbedingt mitbringen musst, habe ich dir hier eine Checkliste zusammengestellt:

- [ ] professionell geprüfte Baufinanzierung
- [ ] Grundstück bereits vorhanden
- [ ] Bauvertrag juristisch geprüft
- [ ] Baubegleitung frühzeitig organisiert
- [ ] Baugenehmigung vorhanden
- [ ] eigenes Wissen erworben (zum Beispiel einen Bauherrenführerschein bei bauglueck.de erwerben)

- [ ] Disziplin, Belastbarkeit und Resilienz
- [ ] Organisationstalent und Teamfähigkeit
- [ ] offene und klare Kommunikation
- [ ] handwerkliches Geschick
- [ ] Zeit, um Meilensteine zu feiern und kurze Auszeiten zu nehmen
- [ ] Bereitschaft, sich technische und anwaltliche Hilfe zu holen

Grundsätzlich muss dir klar sein: Du kannst nicht alles selbst machen. Es ist darum schlau, dich fit zu machen und ein Team aus Fachleuten zusammenzustellen. Du brauchst unbedingt eine unabhängige Finanzierungsberatung, eine Baubegleitende Qualitätskontrolle (BBQK), Jurist*innen, die auf Verbraucherbaurecht spezialisiert sind, Architekt*innen und Bodengutachter*innen. Die Errichtung des Rohbaus gehört zudem immer in die Hände von professionellen Fachleuten.

Welche handwerklichen Eigenleistungen du dann selbst erbringen kannst, hängt ganz von deinen Fähigkeiten ab. Einfache Arbeiten wie Malern, Tapezieren oder das Verlegen von Teppich, Laminat und Co. kannst du vermutlich selbst machen. Wer vom Fach ist, kann zum Beispiel auch das Dach dämmen, Zimmertüren einsetzen, das Haus verputzen oder Elektro- und Sanitärarbeiten vornehmen.

Diese Arbeiten solltest du aber wirklich nur angehen, wenn du weißt, was du tust, denn Mängel, die hier auftreten, können im Nachhinein richtig teuer und teilweise sogar lebensgefährlich sein.

Ich empfehle den meisten Menschen, die zu mir kommen, zumindest einen Großteil der Aufgaben dem beauftragten Bauunternehmen zu überlassen. Das erspart in der Regel einiges an zeitlichem Aufwand. Zudem übernimmt das Bauunternehmen für von ihm ausgeführte Arbeiten eine fünfjährige Garantie für mögliche Mängel, die später auftreten.

Checkliste

Hier habe ich dir eine Checkliste für den richtigen Bauablauf und die Reihenfolge beim Bauen auf deinem eigenen Grundstück mit einem Bauunternehmen zusammengestellt:

- [ ] Bauherrenführerschein machen
- [ ] Finanzierung klären
- [ ] Grundstück erwerben
- [ ] Baugenehmigung einholen
- [ ] Bodengutachten einholen
- [ ] Baubegleitende Qualitätskontrolle (BBQK) und Vertragsprüfung einholen
- [ ] Bauvertrag unterzeichnen
- [ ] BBQK, Präsenz auf der Baustelle zeigen
- [ ] regelmäßige Baubesprechungen mit dem Unternehmen
- [ ] Verhandeln auf Augenhöhe: Wie du als Bauherr*in in den Vertragsgesprächen und auf der Baustelle richtig agierst, kannst du zum Beispiel in einem meiner Webinare lernen

Leider passiert es immer wieder, dass Menschen sich beim Bauen übernehmen. Um dir zu verdeutlichen, was ich meine, und dir noch ein Rechenbeispiel mit an die Hand zu geben, will ich dir hier von einer Familie berichten, die zu mir kam, nachdem ihr Bauvorhaben bereits total schieflief.

Familie Mai war überzeugt, Baukosten in Höhe von 35.000 Euro durch Eigenleistung einsparen zu können. Doch ihre Rechnung war viel zu optimistisch. Wenn man 35.000 Euro aus dem Angebot eines Unternehmens einsparen will, muss man etwa 15.000 Euro für Material veranschlagen. Das Unternehmen hatte für seine Arbeiten insgesamt 20.000 Euro kalkuliert. Geht man von einem üblichen Stundenlohn von 50 Euro für eine Fachkraft aus, dann hat das Unternehmen bei 20.000 Euro etwa vierhundert Stunden für die Arbeiten eingeplant, verteilt auf mehrere Arbeiter*innen.

Als Privatperson muss man die veranschlagten Stunden verdoppeln, da man als Laie diese Zeit mindestens braucht. Das gilt auch für Arbeiten wie Malern und Tapezieren. Will man nach der Arbeit abends jeweils vier Stunden auf der Baustelle schuften – was natürlich auf Dauer extrem anstrengend ist –, muss man realistisch gesehen zweihundert Tage am Stück arbeiten, bis der Lohn für achthundert Arbeitsstunden abgearbeitet ist. Und eins ist klar: Die Materialkosten fallen sowieso an. Es ist also insgesamt eine Milchmädchenrechnung.

Genau wie bei Familie Mai führen bei vielen Bauwilligen die Ausreizung des finanziellen Rahmens sowie die falsche Einschätzung der eigenen Resilienz oft zu sehr schwerwiegenden Bauablaufstörungen bis hin zum Baustopp. Nachfinanzierungen und familiärer Streit kommen häufig dazu. Nicht selten gibt es sogar existenzbedrohende Situationen, Ehekrisen und auch Todesfälle.

Ich möchte hier niemandem das Bauen ausreden, aber bevor du planst, ein Haus in Eigenregie zu errichten, muss dir klar sein, welche Verantwortung – nicht zuletzt für dich selbst und deine Familie – du damit übernimmst. Du musst bereit sein, dich auf das Lebenswerk Hausbau so gut vorzubereiten wie auf einen Marathon, und dir immer wieder vor Augen führen, was geht und was du lieber den Fachleuten überlässt. Zudem schützen regelmäßige Gespräche mit dem Bauunternehmen, eine klare Kommunikation und die ständige Präsenz auf der Baustelle vor Baukrisen.

KAPITEL 3

Kapitalanlage: Werde zur Vermieterin

Von wegen passiv:

Immobilien als Business Case

So wie mein erster Wohnungskauf mich zur stolzen Eigenheimbesitzerin machte, wurde ich durch den zweiten zur glücklichen Vermieterin. Seither habe ich noch zwei weitere Einzimmerapartments gekauft, die ich vermiete. Zwei meiner vermieteten Immobilien habe ich leer stehend erworben, grundlegend saniert und renoviert, teilweise möbliert und dann geeignete Mieter*innen gesucht und gefunden. Der Aufwand war vergleichsweise überschaubar.

In einer Wohnung lebte bereits ein Mieter. Das hatte den Vorteil, dass die Wohnung – in einer entwicklungsstarken Berliner Lage – dadurch sehr günstig war. Für 26 Quadratmeter habe ich damals – das war 2017 – unter 100.000 Euro bezahlt.

Grundsätzlich kann man davon ausgehen, dass eine bereits vermietete Wohnung in Berlin rund ein Drittel günstiger ist, als wenn sie unvermietet verkauft würde. Ein Nachteil ist aber, dass die Mieteinnahmen oft sehr niedrig sind. Ich erziele mit der Wohnung zum Beispiel aktuell keine Rendite, da mein Mieter noch einen alten Mietvertrag hat.

Langfristig rechne ich aber mit einer deutlichen Wertsteigerung. Falls der Mieter irgendwann ausziehen sollte, werde ich die Wohnung sanieren und einen deutlich höheren Mietpreis erzielen können. Zudem wäre die Wohnung nach einer Sanierung etwa drei Mal so viel wert wie aktuell. Ich könnte sie also irgendwann auch zu einem deutlich höheren Preis wieder verkaufen.

Fun Fact am Rande: Ich habe die vermietete Wohnung vor dem Kauf nicht gesehen und sie quasi blind gekauft. Es gibt nicht einmal Fotos. Beim Besichtigungstermin war ich auf einer Geschäftsreise. Meine Mutter hat die Wohnung damals für mich angeschaut, sodass ich immerhin eine vertraute Person hatte, die mir ein ehrliches Feedback geben konnte. Ich kenne nur das Haus, den Grundriss und eine ähnliche Wohnung zwei Etagen höher.

Auch wenn ich allen Erstkäufer*innen eher davon abraten würde, direkt eine vermietete Wohnung zu nehmen – und dann auch noch ungesehen –, fühle ich mich bis heute mit meiner Entscheidung wohl, da die Immobilie für mich eine reine Kapitalanlage ist und keinerlei Emotionen involviert sind.

Zudem ist diese Immobilie mein einziges etwas spekulativeres Investment. Du solltest dich also nur auf ein derartiges Wagnis einlassen, wenn du dich auskennst, das Potenzial des Kaufobjekts gut einschätzen kannst und weitere sichere Geldanlagen besitzt.

Achtung!

*In vielen Städten besteht ein Kündigungsschutz von zehn Jahren bei Eigenbedarf, wenn die Wohnung vor der Umwandlung von Miet- in Eigentumswohnung schon vermietet war. Kapitalanleger*innen planen deshalb bei vermieteten Wohnungen eher mit einer langfristigen Wertsteigerung als mit einer kurz- oder mittelfristigen Mietrendite. Du kannst deine Mieter*innen, die bereits zum Zeitpunkt deines Kaufs in der Wohnung lebten, also erst nach zehn Jahren wegen Eigenbedarfs kündigen. Ab dann startet die reguläre Kündigungsfrist – in diesem Fall wären das neun Monate.*

Grundsätzlich muss ich sagen, dass ich gerne Vermieterin bin und mir die Aufgabe die allermeiste Zeit auch Spaß macht. Natürlich muss man sich kümmern, etwa wenn in der Wohnung etwas kaputt ist. Und es gibt auch Fälle, in denen es wirklich unangenehm werden kann. Ich sage nur Madenbefall *(mehr dazu in Kapitel 9).*

In der Mehrzahl der Fälle hält sich der Aufwand jedoch in Grenzen. Das liegt vielleicht auch daran, dass ich eine eher stille Vermieterin bin. Ich habe mit meinen Mieter*innen so viel Kontakt wie nötig, aber so wenig wie möglich. Ich bin der Meinung, dass es auch den Mieter*innen so am liebsten ist. Wer will schon, dass die Vermieterin alle naselang auf der Matte steht?

Unser Verhältnis beschränkt sich auf die jährliche Nebenkostenabrechnung und eventuelle Reparaturen, denn ich bin weder der Typ »Weihnachtspostkarte«, noch möchte ich eine enge persönliche Beziehung zu meinen Mieter*innen aufbauen. Letztlich ist es eine Geschäftsbeziehung, die rational läuft.

Meine Mieter*innen haben meine Handynummer und private E-Mail-Adresse und wissen, dass sie mich im Fall der Fälle jederzeit kontaktieren können. Damit möchte ich auch vermeiden, dass mir ein Wasserrohrbruch erst Montag um neun Uhr gemeldet wird, weil die Mieterin sich nicht getraut hat, mich am Wochenende zu stören.

Meine Erfahrung hat mir gezeigt, dass sich Mieter*innen nur melden, wenn es wirklich etwas zu besprechen gibt – und das kommt insgesamt für meine drei vermieteten Wohnungen vielleicht drei bis vier Mal im Jahr vor.

Das Rennen um die Rendite:

Vermögensaufbau durch Vermietung

Würde ich die Wohnung verkaufen, in der ich heute lebe, hätte ich dank einer außergewöhnlich guten Marktentwicklung in den letzten Jahren eine Rendite von mehr als 100 Prozent. Mit kaum einer anderen seriösen Anlageform sind derartige Gewinne zu realisieren. Aber eine Wohnung kann natürlich auch regelmäßige Renditen abwerfen, indem man sie vermietet, so wie ich es mit meinen drei anderen Wohnungen tue.

Bevor ich sie gekauft habe, habe ich mir darum sehr genau überlegt, wie viel Rendite sie mir wann bringen werden. Denn auch wenn ich mich bei der Höhe der Miete an die gesetzlichen Vorgaben halte, möchte ich langfristig ein passives Einkommen durch die Vermietung meiner Wohnungen erzielen.

Rendite – was ist das überhaupt?

Als Rendite bezeichnet man den Ertrag einer Geldanlage, der innerhalb eines bestimmten Zeitraums – in der Regel ein Jahr – erzielt wird. Hast du beispielsweise 1000 Euro eingesetzt und erhältst dafür nach einem Jahr 30 Euro, liegt deine Rendite bei 3 Prozent.

Das ist allerdings ein sehr einfaches Beispiel. Bei Immobilien müssen mehrere Faktoren berücksichtigt werden, um deine Rendite zu ermitteln. Ganz allgemein berechnest du die Mietrendite aus den Mieteinnahmen am Ende eines Jahres relativ zu den gesamten Ausgaben für eine Immobilie.

Hier unterscheidet man zwischen Brutto- und Nettomietrendite. Bei der Bruttomietrendite wird nur der Kaufpreis in Relation zum Jahresmietpreis gesetzt. Bei der Nettomietrendite hingegen werden zusätzlich alle Ausgaben mit einbezogen, die beim Kauf oder bei Vermietung anfallen. Letztere ist aus meiner Sicht geeigneter, um sich ein realistisches Bild von einem Investment zu machen.

Die Faustformel dazu lautet:

$$\frac{100 \text{ x Jahresnettokaltmiete}}{\text{Kaufpreis der Immobilie inklusive Kaufnebenkosten}} = \text{Rendite in \%}$$

Angenommen, der Kaufpreis deiner Immobilie lag inklusive der Nebenkosten bei 280.000 Euro. Nehmen wir zudem an, du generierst von deinen Mieter:innen eine monatliche Nettokaltmiete von 650 Euro. Pro Jahr sind das dann 7800 Euro. Diese 7800 Euro multiplizierst du mit 100. Das ergibt 780.000. Deine Nettomietrendite liegt somit bei 2,8 Prozent.

Aber ist das eine gute Rendite? Tatsächlich kann die Höhe der Rendite je nach Lage deiner Wohnung sehr variieren. Früher hieß es immer, dass eine gute Rendite bei etwa 4 bis 6 Prozent Nettomietrendite pro Jahr liegt. Diese Werte sind aber – vor allem in großen Städten – derzeit durch hohe Kaufpreise kaum mehr zu erreichen.

Beim Kauf meiner jüngsten Wohnung habe ich mich darum mit der Immobilienexpertin Indra Schormann ausgetauscht, deren Tipps ich hier und an anderen Stellen des Buches mit dir teilen möchte. Indra hat im Alter von neunundzwanzig Jahren ihre erste Immobilie mit einem Startkapital von nur rund 10.000 Euro gekauft. Da sie selbst kein Eigenkapital hatte, holte sie sich ihren Bruder mit ins Boot und kaufte mit ihm zusammen.

Von da an machte sie das Vermieten von Wohnungen nach und nach zu einem Business Case, um ihre Altersvorsorge abzusichern. Sie gründete Project Treehouse, eine Plattform für Immobilieninvestments, mit der sie vor allem Frauen mit ihrer Erfahrung dabei unterstützt, Immobilien als Altersvorsorge zu kaufen. Heute hat sie mehr als siebzig Immobilien in ihrem Portfolio. Ich habe mit Indra unter anderem darüber gesprochen, welche Kriterien und Maßstäbe ich ganz aktuell zugrunde legen muss und mit welchen Renditen ich noch rechnen kann.

Indras Insights:

Wann ist eine Rendite eine gute Rendite?

Das hängt sehr stark vom Standort ab, vom Zustand und vom Vermietungsstatus der Wohnung. Der klassische Satz »Unter einer Rendite von XY darf man nicht kaufen« funktioniert einfach nicht mehr. In Berlin oder Hamburg würde ich eine Wohnung auch bei einer Anfangsnettorendite von 2,5 Prozent kaufen, in anderen Städten und weniger gefragten Lagen auf gar keinen Fall. Die Rendite ist immer Spiegel des Risikos. Je sicherer ein Standort ist, umso niedriger sind die Renditen.

Gibt es eine Rendite, unter der du nicht investieren würdest?
Ich habe lange nicht unter 3,5 Prozent investiert – einfach weil nur so die Miete auch die Rate der Bank getragen hat. Diese Zeiten sind aber lange vorbei und spätestens mit den Zinserhöhungen von 2022 auch unmöglich geworden.

Ist es denn okay, mal eine Weile »draufzuzahlen« und den Kredit nicht mit den Mieteinnahmen abzahlen zu können?
Aus meiner Sicht schon, und seit den Zinssteigerungen ist es für viele auch gar nicht mehr anders möglich. Wer wenig Eigenkapital hat, zahlt zwangsläufig eine höhere Rate. Man muss sich allerdings sicher sein, dass man sich die Zuzahlung auch so lange leisten kann, bis die Miete erhöht wird. Denn anders als bei einem normalen Sparplan lässt sie sich nicht einfach pausieren. Ich betrachte das Geld, das ich in solchen Fällen draufzahle, aber nicht als Verlust, sondern als mein Immobilien-Sparschwein.

Das klingt nach einem großen Risiko.
Das Wichtigste ist, dass man von Anfang an jede Wohnung genau kalkuliert. So wird das Risiko überschaubar. Kauft man mehrere Wohnungen mit hohen Zuzahlungen, so muss man aufpassen, dass man weiter finanzierbar bleibt. Banken finden es irgendwann nicht mehr so gut, wenn man monatlich zu viel aus eigener Tasche draufzahlen muss. Doch bei einer Wohnung mit dem Potenzial, zum Beispiel bei einer Neuvermietung auf das ortsübliche Mietniveau zu kommen, fällt meist ein Großteil dieser Zuzahlung wieder weg. Natürlich darf man nicht übersehen, dass die Zinsen auch weiterhin steigen können und sich dies bei einer Refinanzierung auf die dann zu zahlende Rate auswirken wird. Auch für Reparaturen oder Sonderumlagen würde ich immer noch eine separate Reserve zurücklegen.

Welche Renditen sind denn heute überhaupt noch realistisch?
Ich sage in Berlin und Hamburg immer: Wenn du mit einer legalen Miethöhe 3 Prozent netto bei Bestandsimmobilien erreichst, musst du die Wohnung kaufen. Bei Neubau ist das anders. Vorausgesetzt

natürlich, dass mit der Wohnung sonst alles okay ist. Im Ruhrgebiet kannst du noch gut 4 bis 6 Prozent Rendite erreichen. Und es gibt sicher auch noch Städte und Gebiete in Deutschland, wo mehr geht. Dort ist dann allerdings auch das Risiko höher, weil die Zukunftsprognosen des Standorts unklar sind.

Indra hat mir noch mal die Augen dafür geöffnet, dass ich beim Immobilienkauf wirklich langfristig denken muss. Klar, Renditen, wie sie vielleicht vor zehn oder zwanzig Jahren an einigen Orten Deutschlands zu holen waren, sind heutzutage nicht mehr ohne Weiteres machbar. Dennoch lohnt der Immobilienkauf. Insgesamt bin ich überzeugt, dass man durch das Investieren in Eigentumswohnungen ein stattliches Vermögen aufbauen kann. Es ist daher kein Wunder, dass Immobilien – egal wie entspannt oder schwierig der Markt gerade ist – zu jeder Zeit eine Anlageklasse mit großem Potenzial waren und noch immer sind und dass es mit dem richtigen Know-how auch in schwierigen Zeiten noch gute Chancen auf dem Immobilienmarkt gibt.

Weniger ist mehr:

Profitiere vom Fremdkapitalhebel

Für mich gibt es keine sinnvollere und leichtere Art, Kapital anzulegen und Vermögen aufzubauen, als über die Vermietung einer oder mehrerer Wohnungen. Das wichtigste Stichwort ist hier der Fremdkapitalhebel, auch Leverage-Effekt genannt. Leverage kommt aus dem Englischen und bedeutet Hebel. Dieser Hebeleffekt sorgt dafür, dass Immobilieninvestments so rentabel sind und du darüber mit relativ wenig Eigenkapital ein großes Vermögen aufbauen kannst.

Du profitierst vom Leverage-Effekt, wenn du eine Wohnung, die schon vermietet ist oder die du noch vermieten willst, mit einem möglichst geringen Eigenkapital kaufst und dir den Großteil des Geldes über einen Kredit von der Bank leihst. Diesen Kredit zahlst du mit den Mietzahlungen für deine Wohnung nach und nach ab. So hast du – je nachdem, was die Immobilie gekostet hat und wie hoch du die Miete ansetzen kannst – in fünfzehn, zwanzig oder dreißig Jahren eine abbezahlte Immobilie, für die du selbst, abgesehen vom eingebrachten Eigenkapital, kaum etwas bezahlt hast.

»Nutze den Hebel!« Der Leverage-Effekt

Am besten versteht man den Hebel- oder Leverage-Effekt an einem Beispiel: Angenommen, der Kaufpreis deiner Wohnung beträgt 500.000 Euro. Wir nehmen zudem an, dass die Miete, die du mit der Wohnung erwirtschaften kannst, nach Abzug aller Ausgaben bei 18.000 Euro netto pro Jahr liegt, was wiederum einer Mietrendite von 3,6 Prozent entspricht. Hättest du die 500.000 Euro bar gezahlt, läge die Rendite auf das von dir eingebrachte Eigenkapital bei 3,6 Prozent. Wenn du hingegen nur 100.000 Euro an Eigenkapital selbst einbringst und 400.000 Euro an Fremdkapital zu 3 Prozent aufnimmst, kostet dich das 12.000 Euro an Zinsen (3 Prozent von 400.000 Euro) pro Jahr. Ziehst du die Zinsen von den Mieterträgen in Höhe von 18.000 Euro ab, bleiben jährlich 6000 Euro Gewinn übrig. Auf dein eingesetztes Kapital von 100.000 Euro bedeutet das also eine Rendite von 6 Prozent jährlich. Das sind 2,4 Prozent mehr, als hättest du die Wohnung bar gezahlt.

Vor diesem Hintergrund entscheiden sich viele Investoren, so auch Indra, möglichst wenig Eigenkapital einzubringen. Man muss aber berücksichtigen, dass der Zinssatz, den die Bank aufruft, mit der Eigenkapitalquote – also der Höhe des selbst eingebrachten Kapitals – sinkt oder steigt. Hier musst du also prüfen, wie viel Eigenkapital sinnvoll ist. Gerade in Jahren mit extrem niedrigen Zinsen lohnte es sich, nur wenig Eigenkapital einzubringen. 100- oder sogar 110-Prozent-Finanzierungen (Kaufpreis plus Kaufnebenkosten) waren an der Tagesordnung.

Die Zeiten ändern sich gerade. Dennoch macht der Leverage-Effekt Immobilieninvestments noch immer attraktiv. Es ist sinnvoll, die Hebelwirkung zu maximieren, aber der Kredit sollte auch so gestaltet werden, dass du dich wohlfühlst. Und viele Menschen – da bin ich keine Ausnahme – tun das mit einer 100-Prozent-Finanzierung eher nicht.

Extrem profitiert haben Menschen, die zu Niedrigzinszeiten eine Wohnung zur Vermietung gekauft haben. Aber nur weil die Zinsen aktuell wieder steigen, heißt das nicht, dass du vom Fremdkapitalhebel nicht mehr profitieren kannst. Wichtig ist, dass die Mietzahlungen mindestens so hoch sind wie deine monatliche Kreditrate. Ein wenig draufzuzahlen muss aber ebenfalls kein Dealbreaker sein – vor allem, wenn du davon ausgehen kannst, dass du deine Immobilie bei einem Mieter*innen-Wechsel teurer vermieten kannst, die Kreditsumme dann komplett durch die Miete getragen wird oder du sogar Gewinn machst.

Du musst dir – je nachdem, wie dein finanzieller Background aussieht – ausrechnen, wie viel du gegebenenfalls monatlich draufzahlen könntest, ohne in finanzielle Schwierigkeiten zu geraten. Auch ich zahle bei einer meiner vermieteten Wohnungen pro Monat rund 250 Euro drauf und betrachte dieses Investment als eine Art Sparschwein. Denn das Geld ist ja nicht verloren, sondern fließt in meine Immobilie, die spätestens, wenn sie abgezahlt ist, eine gute Rendite abwerfen wird. In dem Moment, in dem dein Kredit abgezahlt ist, ist jeder weitere Euro, den du an Miete einnimmst, dein Gewinn.

Eine vermietete Wohnung ist somit auch eine gute Altersvorsorge, da du die monatlichen Mieteinnahmen irgendwann nutzen kannst, um deinen Lebensunterhalt zu finanzieren. Alternativ kannst du sie natürlich auch wieder verkaufen und dir vom Erlös im Alter etwas gönnen. Diese Möglichkeit solltest du aber nur in Betracht ziehen, wenn du entweder eine größere Summe Geld dringend brauchst oder weitere vermietete Wohnungen oder andere Geldanlagen hast, die dir deine Rente finanzieren. Ansonsten gilt mein Motto:

»If you don't have to, never sell!«

Wie schaffst du das bloß?

Zeitlicher Aufwand einer Vermietung

Wenn man eine Wohnung gekauft hat, um sie zu vermieten, ist der Zeitaufwand anfangs etwas größer. Er sinkt jedoch, sobald die Immobilie vermietet ist. Natürlich kommt es auch auf die Menge der Wohnungen an, die man vermietet, sowie auf die eigenen zeitlichen Ressourcen. Je nachdem, wie viele Stunden pro Woche man arbeitet, kann man die Vermietung von ein bis zehn Wohnungen sicherlich noch relativ entspannt alleine stemmen. Um den Zeitaufwand zu minimieren, kann man die Vermietung unabhängig von der Zahl der Wohnungen auch durch eine Sonderverwaltung organisieren. Meist bietet auch die eigene Hausverwaltung diesen Service gegen ein Entgelt an.

Ist die Immobilie einmal in deinem Besitz, musst du zunächst alle Verwaltungsaufgaben erledigen und eine Struktur schaffen, damit wichtige Dinge nicht vergessen werden und dann doch zu Stress führen. Dazu zählt zum Beispiel, einen Dauerauftrag für das Hausgeld einzurichten und den Termin für die jährliche Wohneigentümerversammlung fest einzuplanen.

Step-by-Step-Checkliste – Aufgaben bei einer Vermietung

□ Miete definieren

Schau dir dazu den Mietmarkt an. Wie viele Wohnungen werden in der Gegend aktuell vermietet? Gibt es eher viele, oder ist das Angebot knapp? Was kosten andere Wohnungen in der Lage mit ähnlichen Ausstattungen, Quadratmetern et cetera? Wie viel Miete musst du generieren, um deinen Kredit möglichst gut abzahlen zu können? Falls in der Lage deiner Wohnung die Mietpreisbremse gilt: Vergewissere dich, dass die Miete, die du nehmen möchtest, auch rechtens ist und von deinen Mieter*innen nicht angefochten werden kann. In einem solchen Fall musst du die zu viel eingenommene Miete nämlich zurückzahlen. Auch nach Jahren noch.

□ Angebot online stellen

Ich empfehle dir für eine schnelle und einfache Vermietung die gängigen Immobilienportale wie ImmoScout24 oder auch eBay- Kleinanzeigen, da Inserate hier kostenfrei sind. Achte auf eine möglichst detaillierte Beschreibung deiner Wohnung und stelle gut belichtete Fotos – auch von individuellen Details deiner Immobilie – online. Überlege dir gut, ob du deine private Handynummer im Inserat angibst, denn es kann sein, dass dein Telefon nicht mehr aufhört zu klingeln und du auch Wochen später noch Anrufe oder WhatsApp-Nachrichten von Interessent:innen bekommst, die sich deine Nummer gespeichert haben.

Mein Tipp: Erstelle für die Vermietung deiner Wohnung(en) eine eigene E-Mail-Adresse, an die alle Bewerber*innen schreiben können. So trennst du die Vermietung deiner Wohnung(en) von deinen beruflichen oder privaten Mails. Über diese Mailadresse könntest du auch im Anschluss jegliche Kommunikation mit Mieter:innen und der Hausverwaltung regeln.

☐ Besichtigung der Wohnung

Mir ist es wichtig, die Besichtigungstermine selbst zu machen, da ich mir einen persönlichen Eindruck von den Bewerber*innen machen will. Wer wenig Zeit hat oder viele Wohnungen vermietet, kann auch ein Maklerbüro beauftragen.

Unterlagen prüfen

Lass dir von den potenziellen Mieter*innen unbedingt alle wichtigen Unterlagen mitbringen oder per Mail zuschicken. Dazu gehören:

- ☐ die Mieterselbstauskunft,
- ☐ ein Scan vom Personalausweis oder Reisepass (jeweils Vorder- und Rückseite),
- ☐ eine Schufa-Auskunft, die nicht älter ist als drei Monate,
- ☐ eine Mietschuldenfreiheitsbescheinigung,
- ☐ ein Nachweis über ein regelmäßiges Einkommen wie zum Beispiel die Kontoauszüge der letzten drei Monate, ein aktueller Arbeitsvertrag oder bei Studierenden eine Bürgschaft der Eltern,
- ☐ gegebenenfalls ein polizeiliches Führungszeugnis. Ich persönlich habe bislang auf Letzteres verzichtet, da ich

an meine Menschenkenntnis und mein gutes Bauchgefühl glaube, aber es ist auch absolut legitim, ein Führungszeugnis zu verlangen.

□ Mietvertrag aufsetzen

Da es abgesehen von einem Standardmietvertrag noch zahlreiche andere Varianten gibt, schau dir zu diesem Thema bitte meine ausführlichen Erläuterungen auf den folgenden Seiten an.

□ Verwaltung einer Kaution

In jedem Fall solltest du von deinen Mieter*innen eine Kaution nehmen, denn auch wenn die allermeisten Mieter:innen deine Wohnung und bei einer möblierten Wohnung auch deine Möbel pfleglich behandeln werden, gibt es dennoch Fälle, in denen Mieter*innen einen Schaden anrichten, für den sie selbst aufkommen müssen. Die Mietkaution dient also dazu, deine Forderungen als Vermieterin abzusichern.
Natürlich darfst du nach einem Auszug deiner Mieter*innen die Kaution nur aus gutem Grund einbehalten. Dazu zählen neben durch die Mieter*innen verursachten Schäden oder nicht vorgenommenen Schönheitsreparaturen auch offene Zahlungen, die du mit der Kaution verrechnen kannst. Zudem kannst du die Kaution normalerweise mindestens drei bis sechs Monate einbehalten, wenn noch eine Betriebskostenabrechnung ansteht. Die Höhe der Kaution darf bei maximal drei Nettokaltmieten liegen.

□ Monatliche Zahlungseingänge

Entweder lässt du dir die Warmmiete für deine Wohnung – also die Kaltmiete plus die Nebenkosten – von deinen Mieter*innen monatlich auf dein privates Konto überweisen, oder du richtest dir für alle Dinge rund ums Thema Vermieten ein separates Konto ein, um einen besseren Überblick zu behalten. Das ist vor allem sinnvoll, wenn du mehrere Wohnungen vermietest. Von diesem Konto kannst du dann auch gleich das Wohngeld auf das Konto der Wohnungseigentümergemeinschaft einzahlen. Grundsätzlich gilt: Die Miete muss spätestens am Dritten jeden Monats auf deinem Konto sein. Auch das Wohngeld solltest du immer direkt zu Beginn des Monats zahlen.

□ Termine mit den Mieter*innen

Ich vereinbare mit meinen Mieter*innen immer einmal pro Jahr einen kurzen Termin in der jeweiligen Mietwohnung. Es geht mir dabei gar nicht darum zu kontrollieren, ob die Wohnung auch ordentlich ist, sondern ich möchte den Zustand der Wohnung im Blick behalten und eventuelle Renovierungsarbeiten besprechen.
Grundsätzlich hast du als Vermieter*in nur das Recht, deine vermietete Wohnung zu betreten, wenn dafür ein wichtiger Grund vorliegt. Das könnte zum Beispiel ein drohender Schaden durch einen Wasserrohrbruch oder die Besichtigung zwecks geplanter Modernisierungsarbeiten sein. Einen Termin musst du als Vermieter*in mindestens drei bis vier Tage zuvor ankündigen. Einfach klingeln und Einlass verlangen geht nicht, denn es ist die Wohnung deiner Mieter*innen, und sie haben das Hausrecht. Hat man ein gutes Verhältnis zu seinen Mieter*innen, wird ein zuvor abgesprochener Besuch aber sicherlich kein Problem sein – zumal ja beide Seiten von einem guten Austausch profitieren und auch die Mieter*innen bei einem Besuch Gelegenheit haben, mögliche Missstände anzusprechen oder dir als Vermieter*in Probleme in der Wohnung oder im Haus direkt zu zeigen.

Fisch sucht Fahrrad:

*Passende Mieter*innen finden*

Nachdem du eine Wohnung zur Vermietung gekauft hast, besteht deine Hauptaufgabe als Vermieter*in erst einmal darin, geeignete Mieter*innen zu finden. Wie du dabei vorgehst, erläutere ich dir hier Step by Step.

Wo schalte ich ein Inserat?

Natürlich kannst du überall, wo du selbst nach Wohnungen suchst, deine Wohnung auch anbieten (siehe oben). Neben den klassischen Immobilienportalen bin ich ein Fan davon, Mieter*innen über Social Media zu suchen.

Tatsächlich habe ich all meine Mieter*innen bislang über einen Post in meinem Instagram-Kanal gefunden – und zwar in Echtzeit. Kaum hatte ich den Text mit allen wichtigen Eckdaten plus eine Handvoll Fotos gepostet, stapelten sich auch schon mehrere Dutzend Interessenbekundungen in meinem Posteingang. Ein Plus war für mich, dass ich mir auf den Profilen der Bewerber*innen direkt einen ersten Eindruck von der jeweiligen Person verschaffen konnte.

Social Media sind daher für mich ein alternativer Weg, um das eigene Netzwerk zu schaffen. Und irgendwie gibt es immer jemanden, der jemanden kennt, der eine Wohnung sucht. Natürlich brauchst du dafür einen entsprechenden Account und einige Follower, die deinen Post lesen und vielleicht sogar teilen.

Dich extra bei Instagram und Co. zu registrieren, nur um eine Wohnung zu vermieten, wäre zu aufwendig. Wenn du allerdings bereits einen Account hast, kannst du hier zeitsparend und kostenlos dein Inserat einstellen.

Wie organisiere ich die Besichtigungen?

Wie du bereits weißt, sind mir persönlicher Kontakt und mein Bauchgefühl sehr wichtig. Ich mache daher meine Besichtigungstermine selbst, treffe aber zuvor eine Auswahl und lade erst mal höchstens fünf Bewerber*innen zu einem persönlichen Termin ein, da ich Massenbesichtigungen nicht mag. Es kann sehr unübersichtlich und stressig werden, wenn plötzlich zwanzig, dreißig oder mehr Leute gleichzeitig durch deine Wohnung flanieren.

Vor allem wenn du eine möblierte Wohnung vermietest, können Besichtigungen mit einer großen Menge von Leuten auch dazu führen, dass Einrichtungsgegenstände beschädigt werden oder – wie es einer Freundin von mir passiert ist – kleinere Dekogegenstände abhandenkommen. Zudem wirst du kaum Gelegenheit haben, dir einen Eindruck von einzelnen Interessent*innen zu machen, oder dich im Nachhinein noch an einzelne Bewerber*innen erinnern können.

Klar, es ist effizienter, die Besichtigungstermine alle an einem Tag zu machen. Aber vereinbare mit den Interessenten unterschiedliche Uhrzeiten und je nach Größe der Wohnung jeweils 15- bis 30-Minuten-Slots.

Es bringt nichts, drei Dutzend Menschen durch deine Wohnung zu führen. Entscheide anhand der Anschreiben sowie der Unterlagen, die du erhalten hast, welche Bewerber*innen zu dir und deiner Immobilie passen würden.

Ich checke vor dem Besichtigungstermin meine potenziellen Neumieter*innen auch einmal online aus. Ja, es ist erlaubt, die Namen zu googeln. Immerhin stellt ihr diesen Menschen eure Wohnung zur Verfügung und seid dann oft über Jahre mit ihnen in regelmäßigem Kontakt.

Mein Prinzip bei der Auswahl der Bewerber*innen: Wer kommuniziert schnell, verbindlich, fehlerfrei und mit allen wichtigen Angaben wie Mailadresse, Handynummer, Adresse? Zudem finde ich zwei bis drei persönliche Sätze zur eigenen Person gut, um einen ersten kurzen Eindruck zu bekommen.

Beim Termin achte ich darauf, ob die Bewerber*innen pünktlich sind oder zumindest Bescheid geben und sich entschuldigen, falls sie sich verspäten. Klingt vielleicht altmodisch, gehört für mich aber zu den absoluten Standards des Miteinanders und gibt mir einen ersten Hinweis darauf, wie eine Person tickt, mit der ich vielleicht in Zukunft öfter werde kommunizieren müssen. Sympathie und Auftreten sind für mich insgesamt wichtiger als die Unterlagen oder ein Euro mehr Miete pro Quadratmeter.

Besonders schön fand ich übrigens die Story meines guten Freundes Hendrik. Er hat neulich seine Zweizimmerwohnung im Berliner Stadtteil Neukölln vermietet. Da er selbst bereits in vielen Ländern der Welt gelebt und gearbeitet hat, stand bei ihm das Thema Diversity ganz oben auf der Agenda. Fünfundsiebzig Bewerbungen waren bei ihm eingegangen, zehn Kandidat*innen wollte er zu einer Besichtigung einladen.

Es war ihm extrem wichtig, niemanden aufgrund des Geschlechts, der Herkunft, des Alters oder des Berufs zu bevorzugen oder auszuschließen. Er achtete bei seiner Auswahl also darauf, Menschen unterschiedlichen Geschlechts, verschiedener Nationalitäten, Alters- und Berufsgruppen zu berücksichtigen. Er vermietete letztlich an eine zweiunddreißigjährige Peruanerin, die nun in Berlin lebt und bei Zalando arbeitet. Ich war begeistert von dieser weltoffenen Herangehensweise bei der Vermietung und werde es beim nächsten Mal genauso machen.

Mietersuche per Makler*in

Falls du selbst keine Zeit und Lust hast, geeignete Mieter*innen zu suchen und mit den Bewerber*innen durch deine Wohnung zu stapfen, kannst du natürlich – genau wie beim Verkaufen einer Wohnung – einen Makler oder eine Maklerin beauftragen.

Hier gilt das sogenannte Bestellerprinzip. Das heißt, dass die Person, die das Maklerbüro beauftragt, auch für die Dienstleistung zahlen muss. Als Vermieter*in darfst du diese Kosten nicht auf deine Mieter*innen umlegen, kannst sie aber von der Steuer absetzen. Die Höhe der Provision ist frei verhandelbar, allerdings darf sie nicht mehr als zwei Nettokaltmieten zuzüglich Mehrwertsteuer betragen. In der Regel liegt sie, meist abhängig von der Miethöhe, zwischen einer und zwei Nettokaltmieten plus Steuer. Das Maklerhonorar wird übrigens erst dann fällig, wenn der/die Makler*in zum Abschluss eines Mietvertrags auch tatsächlich beigetragen hat.

No risk, no fun:

Risiken einer Vermietung

Jede Vermietung bringt neben Renditen auch Risiken mit sich. Die meisten von ihnen kannst du umgehen, indem du dich gut informierst, richtig absicherst oder fachlich beraten lässt. Hier erfährst du alles über die gängigsten Risiken und wie du sie umschiffen kannst.

Leerstand

Leerstand bedeutet Mietausfall und wird damit zum Risiko bei der Vermietung. Es kann vorkommen, dass du deine Wohnung nicht direkt nach dem Kauf oder bei einem Mieter*innen-Wechsel wieder vermieten kannst und die Immobilie einige Wochen oder gar Monate leer steht, du also Mietausfälle verschmerzen musst.

Abgesehen davon, dass du für einen solchen Fall einen Notgroschen auf dem Konto haben solltest, ist es wichtig, bereits vor dem Kauf deiner Immobilie abzuschätzen, wie einfach und gut du sie wirst vermieten können. Eine Recherche auf den einschlägigen Online-Portalen gibt dir einen ersten Überblick, wie viele Wohnungen in der Gegend bereits angeboten werden, ob es eher Wohnungsmangel oder bereits ein Überangebot gibt.

In guten Lagen, vor allem in größeren Städten, sollte es allerdings nie ein Problem sein, eine Wohnung zu vermieten, da hier oft Wohnungsnotstand herrscht und du vermutlich eher der Schwierigkeit ausgesetzt sein wirst, aus Dutzenden von Bewerbungen deine Mieter*innen auszuwählen.

Wichtig: Sobald du weißt, dass du eine Wohnung kaufen wirst oder deine Mieter*innen ausziehen, kümmere dich sofort um die nötigen Maßnahmen für eine (Neu-)Vermietung, und vergeude keine unnötige Zeit. Prüfe auch, ob sich deine Wohnung möbliert vielleicht besser vermieten lassen würde, weil sie etwa in einer bei Expats beliebten Gegend liegt. Ein Leerstand kostet dich bares Geld – auch wenn du die Kosten von der Steuer absetzen kannst. Lass dich dazu auf jeden Fall steuerlich beraten, und denke bei deiner nächsten Steuererklärung daran, einen möglichen Leerstand anzugeben.

Mietausfall

Ich habe ja schon erklärt, dass sich ein Investment in Immobilien deshalb besonders lohnt, weil du im Grunde durch die Mieteinnahmen deinen Kredit abbezahlst. Was aber, wenn die Mietzahlungen nicht wie erwartet kommen?

Im besten Fall haben deine Mieter*innen einfach vergessen zu überweisen, und eine freundliche Erinnerung klärt das Problem schnell. Auch für finanzielle Engpässe bei Mieter*innen, weil sie zum Beispiel gerade ihren Job verloren haben, findet man zumeist in einem persönlichen Gespräch eine Lösung, die für beide Seiten machbar ist. Es gibt allerdings auch Mieter*innen, die mutwillig dauerhaft keine Miete zahlen.

Wem es wichtig ist, sich vor derartigen Fällen zu schützen, der kann eine Mietausfallversicherung abschließen. Je nach Vertrag deckt sie einen Mietausfall von drei bis zwölf Monaten ab, in manchen Fällen sogar bis zu vierundzwanzig Monate. Achtung: viele dieser Versicherungen sind auf einen Höchstbetrag gedeckelt und greifen auch erst, wenn alle rechtlichen Schritte durchexerziert sind und man trotz Abmahnungen, Kündigung, Räumungsklage,

Urteil und Vollstreckung die ausstehenden Zahlungen von den Mieter*innen nicht erhalten hat.

Säumige Mieter*innen wieder loszuwerden, ist gar nicht so leicht und kostet Nerven. Keinesfalls darfst du eigenmächtig die Wohnung räumen und die Schlösser austauschen. Damit machst du dich strafbar. Ganz grundsätzlich solltest du nach folgender Reihenfolge vorgehen, dich aber spätestens ab Schritt drei fachanwaltlich beraten lassen, um keine Fehler zu machen und deine Anschreiben richtig zu formulieren.

Checkliste: Wenn deine Mieter*innen nicht zahlen

1. Wer schreibt, der bleibt: Schick eine E-Mail, in der du freundlich, aber bestimmt an die fehlende Mietzahlung erinnerst und eine Frist setzt. In den meisten Fällen handelt es sich um ein Versehen, das schnell geklärt ist. Ein zusätzlicher Anruf nach der Mail kann nicht schaden.

2. Sind deine Mieter*innen nicht erreichbar, reagieren nicht auf deine Anrufe oder Mails oder zahlen auch nach deiner Erinnerung nicht, fordere deine Mietzahlung schriftlich ein, und mahne den fehlenden Betrag an. Mach dies unbedingt per Einschreiben, damit du sichergehen kannst, dass deine Mieter*innen die Mahnung auch wirklich erhalten haben. Obwohl wir in einer digitalen Welt leben, muss dieser Prozess leider nach wie vor per Post erfolgen.

3. Reagieren deine Mieter*innen noch immer nicht, schalte einen Anwalt ein, denn nun muss ein Mahnverfahren eingeleitet oder die Mietzahlung eingeklagt

werden. Es gibt hier verschiedene Möglichkeiten, die je nach Verhalten deiner Mieter*innen mehr oder weniger sinnvoll sind und von Fachanwält*innen eingeschätzt werden müssen.

4. Kündige den Mietvertrag fristlos. Nehmen deine Mieter*innen die fälligen Mietzahlungen innerhalb kürzester Zeit nach Erhalt der Kündigung doch noch vor, wird die Kündigung unwirksam, und die Mieter*innen können in der Wohnung bleiben. Sie können dieses Spiel allerdings nicht endlos wiederholen, sondern diese Möglichkeit nur einmal innerhalb von vierundzwanzig Monaten nutzen.

5. Wenn bisher nichts geholfen hat, bleibt dir nur die Räumungsklage als letztes Mittel. Räumungsklage musst du gegen alle Bewohner:innen der Wohnung erheben, also auch gegen Partner*innen oder volljährige Kinder der Hauptmieter*innen. Zudem solltest du gleichzeitig deine offenen Mietforderungen geltend machen. Erheben die Mieter*innen keinen Einspruch gegen die Räumungsklage, ist der Spuk nach einigen Wochen ausgestanden. Mitunter können sich Räumungsklagen aber über Monate und sogar Jahre hinziehen. Du brauchst also in jedem Fall juristischen Rat. Zudem solltest du vor dem Immobilienkauf über den Abschluss einer Rechtsschutzversicherung nachdenken.

Unvorhergesehene Kosten

Als Eigentümer*in einer Wohnung bist du immer auch finanziell an Instandhaltungsarbeiten am Haus mitbeteiligt. Darum solltest du dich unbedingt vor einem Kauf darüber informieren, ob zeitnah größere Arbeiten wie Reparatur oder Austausch des Daches anstehen. Zudem ist es sinnvoll, einen Gutachter zu bestellen, der Haus und Wohnung vor Vertragsunterzeichnung durchcheckt.

Dennoch kann es passieren, dass erst im Nachhinein zum Beispiel ein Schimmel- oder Ungezieferbefall entdeckt wird, ein Rohrbruch einen Schaden hervorruft oder sich herausstellt, dass die Heizungsanlage erneuert werden muss.

Messies und Nomaden

Wer kennt sie nicht, die Horrorstorys von Messies, Mietnomaden und Co.? Aber mal ehrlich, wie viele Menschen in deinem direkten Umfeld kennst du, die diesbezüglich wirklich schon mal schlimme Erfahrungen gemacht haben? Ich weiß von keinem einzigen – und das, obwohl ich viele Menschen kenne, die Wohnungen vermieten.

Natürlich gibt es Fälle, in denen ein Mietverhältnis vor Gericht endet. Eine solche Erfahrung kann emotional sehr zermürbend sein. Dennoch kommen Messies und Co. in der Realität recht selten vor.

Hast du trotzdem Angst um deine Immobilie, informiere dich über Versicherungen, die Schäden durch Mietnomaden abdecken. Sie werden meist als Erweiterung von Mietausfallversicherungen angeboten, sind aber relativ teuer und aus meiner Sicht auch nicht nötig.

Schützen kannst du dich vor allem, indem du alle Bewerbungsunterlagen der potenziellen Mieter*innen ausgiebig prüfst und niemanden einziehen lässt, von dem du nicht zu 100 Prozent überzeugt bist. Höre auf dein Bauchgefühl, und lass die Unterlagen, wenn du dir unsicher bist, auch durch ein Maklerbüro oder einen Fachanwalt prüfen. Zudem solltest du Neumieter*innen erst den Schlüssel geben, wenn Kaution und erste Monatsmiete auf deinem Konto sind. Better safe than sorry!

Locker bleiben!

Auch Mieter*innen möchten sich wohlfühlen und sich in »ihrer« Wohnung verwirklichen. Gesetzlich ist es ihnen erlaubt, die Wände so zu streichen, wie es ihnen gefällt. Klauseln in Mietverträgen, die das verbieten, sind unwirksam. Darum mein Tipp: Mach dich locker!

Akzeptiere einfach, dass deine Mieter*innen vielleicht einfach einen anderen Geschmack haben als du. Es ist okay, dass sie alles so streichen, wie es ihnen gefällt. Letztlich ist nur wichtig, dass die Miete pünktlich auf deinem Konto eingeht, insbesondere wenn du eine monatliche Finanzierungsrate bedienen musst.

Doros Don'ts für einen easy Start als Vermieter*in

Keine große Entfernung

Wenn du noch keine Erfahrungen mit Vermietung hast, kaufe und vermiete erst mal eine Wohnung in deiner Stadt. So kannst du leichter Kontakt zu den Mieter*innen halten und bist schnell vor Ort, falls es mal ein Problem geben sollte.

Kein alter Mietvertrag

Kaufe als erste Kapitalanlage keine Wohnung, in der schon Mieter*innen mit einem alten Mietvertrag wohnen. Hier sind die Mieteinnahmen meistens sehr gering. Zudem kannst du davon ausgehen, dass die Wohnung erst mal saniert werden muss, wenn die Mieter*innen ausziehen, was weitere Investitionen erfordert.

Kein Blindkauf

Ohne große Erfahrung mit dem Immobilienmarkt solltest du niemals eine Wohnung ungesehen oder nach einmaliger Besichtigung kaufen.

Vorsicht bei Denkmalschutz

Es gibt Investor*innen, die es vor allem auf Wohnungen in denkmalgeschützten Häusern abgesehen haben, da man hier oft Steuern sparen und Zuschüsse bekommen kann. Man muss sich allerdings auch gut auskennen oder umfassend beraten lassen, da man viele Auflagen zu erfüllen hat und Kosten entstehen können, mit denen man nicht gerechnet hatte. Als erste Kapitalanlage würde ich von einem denkmalgeschützten Objekt – so hübsch es auch sein mag – abraten.

Keine schlechten Lagen

Es ist eher riskant, eine Wohnung in einer schlechten Lage – etwa am Stadtrand oder in einem Problembezirk – vermieten zu wollen. Die Auswahl an Mieter*innen wird sich in Grenzen halten. Und es ist keinesfalls sicher, dass sich ein Stadtteil tatsächlich so entwickeln wird, wie du es dir erhoffst, selbst wenn er Potenzial hat. Die Mieteinnahmen werden während dieser Zeit gering sein und es vielleicht auch bleiben.

Drum prüfe, wer sich ewig bindet:

Der Mietvertrag

Bevor du einen Mietvertrag aufsetzt, solltest du dir überlegen, wie du die Wohnung vermieten möchtest – befristet, unbefristet, mit Staffel- oder Indexmiete, möbliert oder unmöbliert. Möchtest du vielleicht Einschränkungen aufnehmen, zum Beispiel, dass Haustiere verboten sind oder die Mieter*innen sich keine weiteren Ersatzschlüssel ohne dein Einverständnis anfertigen lassen dürfen?

Grundsätzlich kannst du den Vertrag komplett alleine ausformulieren. Es ist jedoch sinnvoll, sich an einen Vordruck zu halten, den du online findest, zum Beispiel auf der Website haus-und-grund.com.

Unbefristeter Mietvertrag

Die unbefristete Vermietung gilt als Normalfall, da sie für beide Parteien eine gewisse Sicherheit bedeutet. Die Mieter*innen können davon ausgehen, dass sie viele Jahre in einer Wohnung leben und sich langfristig einrichten können. Als Vermieter*in hast du gleichzeitig Planungssicherheit und weißt, dass du dich nun über längere Zeit nicht mehr um neue Mieter*innen kümmern musst und jeden Monat eine Mietzahlung auf deinem Konto eingeht.

Wie der Name schon sagt, ist ein solcher Mietvertrag nicht befristet und gilt auf unbestimmte Zeit. Während Mieter*innen einen solchen Vertrag mit einer Frist von drei Monaten und ohne Angabe von Gründen auch wieder kündigen und ausziehen können, gelten für Vermieter*innen strengere Regeln.

Je nach Dauer des Mietverhältnisses kannst du als Vermieter*in deinen Mieter*innen mit einer Frist von drei bis neun Monaten kündigen. In Ausnahmefällen gelten teilweise sogar Fristen von zwölf Monaten. Zudem musst du für deine Kündigung einen wichtigen Grund haben. Nach Mietrecht sind unter anderem folgende Gründe zulässig: Deine Mieter*innen halten sich nicht an euren Vertrag, zahlen beispielsweise ihre Miete nicht, betreiben in der Wohnung unerlaubt ein Gewerbe oder stören den Hausfrieden.

Kündigen kannst du auch, wenn du die Wohnung für dich oder einen Verwandten selbst nutzen möchtest und Eigenbedarf anmeldest.

Zeitmietvertrag

Bei dieser Form des Mietvertrags endet das Mietverhältnis mit Ablauf der vereinbarten Zeit ganz automatisch, ohne dass es einer Kündigung bedarf. Als Vermieterin darfst du grundsätzlich auch befristete Mietverträge mit deinen Mieter*innen vereinbaren, musst allerdings ein paar rechtliche Dinge beachten.

Seit 2001 ist nur noch der sogenannte qualifizierte Zeitmietvertrag zulässig, wonach du als Vermieter*in nur eine Frist setzen darfst, wenn du einen gesetzlich anerkannten Grund dafür angeben kannst. Dieser Grund muss unbedingt schriftlich festgehalten werden. Am besten schreibst du ihn direkt mit in den Mietvertrag, denn wenn du es vergisst oder nur mündlich mitteilst, gilt das Mietverhältnis als unbefristet, und deine Mieter*innen müssen auch nach Ablauf der Zeit nicht ausziehen.

Als Vermieter*in kannst du den Mietvertrag nur befristen, wenn einer dieser drei Gründe vorliegt:

- ⟶ Du möchtest nach Ablauf der Zeit die Wohnung selbst für dich oder für Verwandte nutzen.
- ⟶ Du willst deine Wohnung später sanieren oder modernisieren.
- ⟶ Du möchtest die Wohnung als Werkswohnung vermieten.

Staffelmietvertrag

Mit einem Staffelmietvertrag kannst du direkt von Beginn des Mietverhältnisses an festlegen, um wie viel Euro sich die Miete zu welchem Zeitpunkt erhöhen wird. Das gibt dir, aber auch deinen Mieter*innen Planungssicherheit. Du musst für eine Staffelmiete deine Mieter*innen weder um Zustimmung bitten noch die Erhöhungen begründen.

Ein paar Regeln musst du allerdings dennoch beachten. Die Staffelvereinbarung muss immer schriftlich sein, eine E-Mail reicht nicht. Zudem musst du im Vertrag den genauen Geldbetrag angeben, um den sich die Miete zu einem vorab festgelegten Zeitpunkt erhöht.

Es reicht nicht, wenn du schreibst, dass sich die Miete pro Jahr um 3 Prozent erhöht. Dann wäre die Staffelmiete unwirksam, und deine Mieter*innen müssten die Erhöhung nicht zahlen. Folgende Formulierung könntest du nutzen: »Die monatliche Nettokaltmiete erhöht sich jedes Jahr zum 1. Januar um 30 Euro. Am 1. Januar 2023 erhöht sie sich um 30 Euro von 530 Euro auf 560 Euro. Am 1. Januar 2024 erhöht sie sich um weitere 30 Euro von 560 Euro auf 590 Euro« und so weiter.

Zudem darfst du nur einmal pro Jahr eine Staffelung einbauen. Mehrere Staffelungen über das Jahr verteilt sind unwirksam. Die Mietpreisbremse gilt auch bei einer Staffelmiete. Übersteigt die Staffelmiete irgendwann die ortsübliche Miete um mehr als 10 Prozent, ist sie unzulässig, und deine Mieter*innen müssen die Erhöhung nicht zahlen.

Achtung: Achte darauf, dass deine Mieter*innen die jährliche Erhöhung auch tatsächlich zahlen. Dein Anspruch, die nicht gezahlte Erhöhung einzufordern, verjährt nach drei Jahren. Zudem musst du beachten, dass du während der Laufzeit des Staffelmietvertrags an Haus oder Wohnung vorgenommene Modernisierungsarbeiten nicht auf deine Mieter*innen umlegen kannst.

Indexmietvertrag

Gerade in Zeiten steigender Inflation kann für dich als Vermieter*in eine Indexmiete sinnvoll sein, denn du kannst die Miete erhöhen, wenn die Verbraucherpreise steigen. Als Referenzwert gilt jeweils der Verbraucherindex des Statistischen Bundesamts.

Allerdings kannst du die Miete nicht jedes Mal erhöhen, wenn die Inflation steigt, sondern nur zu einem im Mietvertrag festgelegten Zeitpunkt höchstens einmal pro Jahr.

Interessant ist, dass hier die Mietpreisbremse nur für die Ausgangsmiete, also die von dir erstmals erhobene Miete bei Neuvermietung gilt. Diese darf höchstens 10 Prozent über der ortsüblichen Vergleichsmiete liegen. Für die jährlich möglichen Mieterhöhungen einer Indexmiete gilt die Mietpreisbremse aber nicht.

Möbliert vermieten

Grundsätzlich ist es möglich, für möblierte Wohnungen mehr Miete zu verlangen. Aber auch hier musst du dich an gesetzliche Vorgaben halten und dich erkundigen, ob es zum Beispiel in der Lage deiner Immobilie eine Deckelung durch die Mietpreisbremse gibt oder ab welchem Quadratmeterpreis sogenannter Mietwucher vorliegt und deine Miete damit unrechtmäßig wäre.

Zwar darf man möbliert in vielen Fällen über dem Niveau der Mietpreisbremse vermieten, aber auch hier gibt es Obergrenzen, die nicht überschritten werden dürfen. Grundsätzlich darfst du einen Möblierungszuschlag von 2 Prozent des aktuellen Zeitwerts der Möbel auf den ortsüblichen Mietpreis aufschlagen.[15] Diese gesetzlichen Regelungen können sich allerdings jederzeit mit einem neuen Mietspiegel ändern.

Wenn du dich dazu entscheidest, möbliert zu vermieten, musst du anfangs natürlich etwas mehr Kapital einplanen, um Möbel und weitere Utensilien beispielsweise für Küche und Bad zu kaufen. Du solltest dir ausrechnen, wie viel höher dein Mietpreis dadurch pro Jahr wäre und ob sich der Aufwand einer Möblierung tatsächlich lohnt.

Musst du 10.000 Euro für die Einrichtung aufwenden, kannst dadurch pro Jahr aber nur 1000 Euro mehr Miete generieren, solltest du es lieber lassen, denn dein Investment wäre erst nach zehn Jahren abbezahlt. Du kannst die Kosten für die Möblierung zwar von der Steuer absetzen, musst aber gleichzeitig damit rechnen, dass einige Möbel bereits nach drei bis fünf Jahren ersetzt werden müssen.

Es gibt jedoch Fälle, in denen eine Möblierung durchaus sinnvoll ist, zum Beispiel in Wohnlagen, in denen möblierte Immobilien extrem nachgefragt werden. Das trifft zum Beispiel auf Frankfurt oder andere große Städte zu, in denen vermehrt Arbeitskräfte aus anderen Städten oder aus dem Ausland nur für einige Wochen oder Monate eine Bleibe benötigen, weil sie ein Praktikum machen oder an einem bestimmten Projekt mitarbeiten, dann aber zurück in die Heimat gehen.

Gerade bei kleinen Wohnungen mit hoher Fluktuation ist eine Möblierung also schon aus praktischen Gründen, aber auch aus ökologischen Gesichtspunkten sinnvoll. Kein aufwendiger Umzug, keine Möbel, die nach nur kurzer Benutzung auf dem Sperrmüll landen, weil sie nicht in die nächste Wohnung passen.

Zudem ist es einfacher, eine Wohnung auf Zeit zu vermieten, wenn sie möbliert ist. Bei einer leeren Wohnung ist eine befristete Vermietung nämlich nur unter bestimmten Voraussetzungen gestattet, etwa wenn eine Sanierung des Hauses geplant ist oder du die Wohnung als Eigentümer*in nach der Mietzeit selber nutzen willst.

Doros DO's

möbliert vermieten

Auch ich vermiete zwei meiner Wohnungen möbliert. Bei der Möblierung achte ich darauf, dass mein Designkonzept den Menschen gefällt, die in der Lage meiner Wohnungen vermutlich mieten werden. Zudem muss es natürlich mir gut gefallen und auch auf den Fotos des Mietinserats besser aussehen als andere möblierte Wohnungen in ähnlicher Lage. Ich habe dir hier ein paar Tipps für die Möblierung zusammengestellt:

- → Lege ein Budget fest, bevor du mit dem Möbelkauf beginnst. Überlege dir zudem, ob du nur teil- oder vollmöblieren möchtest und ob du auch Dinge wie Bettwäsche, Handtücher und Küchenutensilien zur Verfügung stellen willst. Rechne einmal in Ruhe durch, welche Möbel du für dein Budget kaufen kannst, bevor du blind anfängst, das Geld auszugeben.
- → Investiere den Hauptteil deines Budgets in die wichtigen Möbel wie eine schöne Couch oder eine gute Matratze. Ein schönes Bettgestell oder einen geräumigen Kleiderschrank bekommst du auch bei Ikea, passende Accessoires wie Lampen oder Sessel findest du günstig auf dem Flohmarkt oder bei eBay-Kleinanzeigen.
- → In meinen eigenen vier Wänden habe ich eine dunkelblaue Küche, weil ich die Farbe einfach liebe. Aber nicht jeder steht auf extravagante Farben. Darum wähle immer eine schlichte Küche in Pastelltönen oder Schwarz aus – das wird den allermeisten Menschen gefallen.
- → Gleiches gilt für Wandfarben. Streichst du die ganze Wohnung gelb, wirst du damit vermutlich eher Frauen ansprechen und viele Männer von vornherein nicht als Mieter für die Wohnung gewinnen können. Wähle darum auch relativ neutrale Wandfarben und setze nur hier und da Akzente, indem du zum Beispiel nur die Gästetoilette olivgrün streichst oder eine Wohnzimmerwand dunkelblau. Orientiere dich bei der Farbauswahl gerne an teuren Markenfarben, die du dir dann im Baumarkt einfach günstig nachmischen lässt. Den Unterschied erkennen meist nur Profis.

- → Setze unbedingt individuelle Akzente und Highlights – aber mit Bedacht. Ein knalliger kleiner Couchtisch, ein Teppich mit Muster oder ein auffälliger Kunstdruck reichen.
- → Sonderbar gemusterte Badfliesen musst du nicht unbedingt tauschen lassen, sondern kannst sie selbst mit Fliesenfarbe überstreichen oder die Arbeit von einem Maler machen lassen.
- → Ich lasse mich bei Pinterest oder auch von Hotels und Event-Locations inspirieren. Auch bei Airbnb findest du viele Fotos von geschmackvoll eingerichteten Wohnungen. Stelle dir am besten auch Moodboards aus Fotos, Stoffen und Farbkarten zusammen, um ein Gefühl für Materialien und Farben zu bekommen.
- → Hebe alle Belege der Möbel und Accessoires gut auf. Oft gibt es eine Garantie und die Möglichkeit eines Umtauschs. Und auch für die Steuererklärung sind diese Quittungen wichtig, denn eventuell lassen sich die Ausgaben teilweise oder komplett von der Steuer absetzen.

Das Eigenheim vermieten

Sollte ich irgendwann umziehen, plane ich, meine aktuell eigengenutzte Immobilie ebenfalls zu vermieten. Das wird sich am Anfang vermutlich komisch anfühlen, da ich viel Liebe in die Wohnung gesteckt und hier viel erlebt habe. Am Küchentisch habe ich während der Corona-Pandemie mein Unternehmen 26 Homes gegründet, und nach so manchem Dinner habe ich mit guten Freunden barfuß auf meinem Küchenblock getanzt.

Bei dem Gedanken, dass plötzlich andere Menschen in meinen eigenen vier Wänden leben, wird mir etwas mulmig. Vor allem hätte ich Sorge, dass die Mieter*innen nicht so sorgsam mit allem umgehen wie ich. Ich würde die Mieter*innen hier darum besonders genau auswählen.

Aber letztlich ist auch diese Wohnung in dem Moment, wo ich ausziehe, einfach eine Immobilie, die ich vermiete. Die Emotionen muss ich beiseite lassen, und mit genügend Abstand wird man vermutlich lockerer. Vielleicht werde ich die Wohnung auch im Bekanntenkreis vermieten und nicht den maximalen Mietpreis ausschöpfen, dafür aber wissen, dass ich absolut verlässliche Mieter*innen habe.

Denn Rendite ist beim Vermieten auch nicht alles. Manchmal kann man besser auf 1000 oder 1500 Euro Mieteinnahmen pro Jahr verzichten und dies gegen potenzielle Renovierungskosten aufrechnen, die man mit unachtsamen Mieter*innen vielleicht hätte.

Auf jeden Fall würde ich bei meiner aktuell noch selbst genutzten Immobilie einige Extras in den Mietvertrag aufnehmen. Ich kenne ja jeden Winkel der Wohnung und weiß, wie alles funktioniert. Zum Beispiel muss man das Duschsieb halbjährlich selbst reinigen oder reinigen lassen. Solche Details würde ich ebenfalls in einen Mietvertrag mit aufnehmen und auch festlegen, dass die Mieter*innen die Kosten für etwaige Schäden tragen müssen, wenn sie sich nicht an die vertragliche Regelung halten.

Eine Vermieterin berichtet:

Gespräch mit Indra Schormann

Um dir einen umfassenden Eindruck zu vermitteln, was die Vermietung von Immobilien bedeutet, habe ich mich mit meiner Netzwerkpartnerin Indra Schormann zu einem Gespräch getroffen und sie mit Fragen gelöchert. Hier ihre spannenden Antworten und ein tolles Plädoyer für das Vermieten von Wohnungen. Denn es bringt nicht nur langfristig gute Renditen, sondern du hast damit auch einen relevanten gesellschaftlichen Impact.

Wieso investierst du so gerne in Immobilien?

Immobilien sind für mich etwas Handfestes, sie zwingen mich dazu, langfristig zu denken. Für mich war damals wichtig, ein Investment zu finden, bei dem ich eine lange Beziehung aufbaue. Das war bei Immobilien möglich.

Der zweite Grund ist der Fremdkapitalhebel bei Immobilien. Den habe ich sonst bei keiner anderen Anlageklasse. Ich habe fast komplett ohne Eigenkapital meine erste Wohnung gekauft und hatte auch danach lange kaum gespartes Geld. Darum war es für mich essenziell, mir Geld von der Bank zu leihen.

Mit dem bisschen Geld, das ich hatte, hätte ich am Aktienmarkt nicht viel ausrichten können. Zudem ist die Börse eher nichts für mich, da ich bei fallenden Kursen Panik bekomme.

Als letzter Punkt ist Wohnraum der Ort, an dem wir die meiste Zeit unseres Lebens verbringen – ich finde den persönlichen Kontakt zu meinen Mieter*innen toll. Immobilieneigentümerin zu sein, gibt mir die Möglichkeit, in diesem so wichtigen Bereich tatsächlich etwas zu bewirken.

Welche Nachteile bringt es mit sich?

Es ist relativ unberechenbar – nicht bei den großen, aber bei den kleinen Dingen, die passieren können. Wenn ganz plötzlich jemand auszieht und man neue Mieter*innen finden muss. Bei jemandem tropft der Wasserhahn, oder die Spülmaschine geht kaputt. Das kann man alles nicht planen, sondern muss in dem Moment zeitnah reagieren.

Zudem kann es manchmal sehr anstrengend sein, welchen Vorurteilen man als Vermieterin immer wieder ausgesetzt ist. Das hätte ich zuvor nie gedacht, aber sehr viele Menschen hierzulande denken, dass man sich auf Kosten der Mieter*innen bereichert. Nur wenige sehen die Investitionen, das Risiko und die Arbeit, die es mit sich bringt, Wohnraum ordentlich zu vermieten.

Kümmerst du dich um all deine Wohnungen selbst, oder hast du Hilfe?

Na klar habe ich Hilfe! Zum einen helfen die Verwaltungen der Häuser bei allen Belangen außerhalb der Wohnung. Diese sogenannten Wohnungseigentümer*innen-Verwaltung hat jedes aufgeteilte Mehrfamilienhaus. So muss man sich zum Beispiel nicht um ein neues Dach oder die Müllabfuhr kümmern.

Für die Verwaltung der einzelnen Wohnungen ist die jeweilige Eigentümer*in zuständig. Diese Verwaltung kann man selbst machen oder ebenfalls an Verwalter*innen übergeben. Das Geld habe ich mir gespart und zunächst alles wie Reparaturen, Nebenkostenabrechnungen und Neuvermietungen selbst gemacht. So bin ich auch supernah an meinen Mieter*innen.

Irgendwann wurde die Arbeit zu viel mit Familie und Job. Daher arbeite ich seit mehr als einem Jahr mit einer digitalen Assistentin zusammen, die sich um die administrativen Dinge kümmert und mir die Nebenkostenabrechnungen vorbereitet. Das klappt super, macht viel Spaß und entlastet sehr. Es gibt mittlerweile auch tolle digitale Lösungen, die helfen können. Mit den Mieter*innen spreche ich aber fast immer noch selbst.

Was sind denn die Vor- und Nachteile einer Sondereigentumsverwaltung?
Man ist als Vermieter*in nicht so nah an den Mieter*innen und bekommt selbst nicht alles mit, wenn man eine Verwaltung beauftragt hat. Ist diese schlecht, spart oder reagiert falsch, werden Mieter*innen sauer, und man hat Stress, den man leicht mit einem Gespräch hätte verhindern können.

Verwaltungen kosten auch Geld. Zudem möchte ich, dass meine Mieter*innen mich anrufen, wenn sonntags das Rohr bricht, und nicht bis Montag warten, wenn der Schaden bereits viel größer ist. Ich will die Leute kennen, die in meine Wohnungen einziehen, und umgekehrt auch für sie eine verlässliche Ansprechpartnerin sein. Und meine Erfahrung zeigt: Je besser ich als Vermieterin erreichbar bin, desto seltener melden sich die Mieter*innen.

Wie findet man eine gute Verwaltung, und mit welchen Kosten muss man da rechnen?
Am besten findet man eine gute Verwaltung auf Empfehlung. Und wenn man mehrere Wohnungen hat, ergibt es auch Sinn, das alles in einer Sondereigentumsverwaltung zu haben, weil man sich einiges an Arbeit erspart. Ich habe für eine durchschnittliche Wohnung mit zwei bis drei Zimmern Kosten zwischen 18 und 45 Euro pro Monat. Das ist abhängig vom Standort und den Leistungen, die die Verwaltung anbietet.

Was ist dir wichtig als Vermieterin?
Mir ist es superwichtig, dass es meinen Mieter*innen gut geht. Die Wohnung ist für jeden Menschen der absolute Mittelpunkt von allem. Wenn Mieter*innen dort Angst haben – vor Eigenbedarfskündigung, davor, dass die Vermieterin etwas nicht repariert oder dass man sich die Miete nicht mehr leisten kann –, ist das eine belastende Situation. Das möchte ich nicht für mich und meine Fa-

milie und somit auch nicht für meine Mieter*innen. Darum gebe ich mir viel Mühe.

Was sind deine wichtigsten Rechte als Vermieterin, und wie nimmst du sie wahr?

Eine regelmäßige Mietzahlung und dass meine Mieter*innen gut mit der Wohnung umgehen sind aus meiner Sicht die wichtigsten Punkte. Zusätzlich hat man als Vermieter*in das Recht, in bestimmten Abständen die Miete zu erhöhen. Wenn ich neue Mietverträge abschließe, beinhalten diese meist eine Staffel. So wissen beide Seiten von Anfang an genau, was finanziell auf sie zukommt.

Alternativ kann man alle drei Jahre die Miete je nach Standort um 15 oder 20 Prozent erhöhen, sofern das im Rahmen der ortsüblichen Vergleichsmiete liegt. Damit habe ich mich zu Beginn sehr schwergetan, weil Mieterhöhungen immer nach fiesen Vermieter*innen klingen. Aber ich habe gelernt, dass das der gesetzlich festgelegte Inflationsschutz ist. Auch wenn das bei der jetzigen Inflation nicht mehr richtig passt. Wenn ich das nicht mache, sind auch meine Wohnung weniger wert. Darum werden Wohnungen mit alten, unrentablen Mietverträgen günstiger angeboten.

Was nervt dich am Dasein als Vermieterin?

Wirklich nerven tut mich nichts – dafür bin ich zu gerne Vermieterin. Aber wenn ich etwas finden müsste, dann wäre es der schlechte Ruf, den Vermieter*innen haben, und wie wenig wahrgenommen wird, dass Vermieter*innen irgendwann mit dem Kauf der Wohnung ein Risiko eingegangen sind und ein Darlehen aufgenommen haben. Nicht jede*r ist Erbe und kommt schon mit viel Eigenkapital daher.

Zudem ärgern mich die schlechte Wohnungspolitik und der krasse Lobbyeinfluss der großen Wohnungseigentümergesellschaften. Wenn beispielsweise Gesetze wie der Mietendeckel in Berlin verabschiedet werden und von Beginn an schlecht gemacht sind, leiden darunter am Ende einzig die Mieter*innen und die kleinen Vermieter*innen, die ein bis zehn Wohnungen für ihre Altersvorsorge vermieten.

Ich verstehe einfach nicht, warum dem Wohnungsmangel nicht mit mehr Wohnungsbau begegnet wird. Die Mieten zu deckeln, ist eine Symptombehandlung, aber beseitigt nicht die Ursache. Meine Arbeit würde es deutlich erleichtern, wenn Hausverwaltungen digitaler wären und ich nicht immer so wahnsinnig viel Papier zugeschickt bekäme.

Was war das Schlimmste, das dir jemals als Vermieterin passiert ist?
Aus finanzieller Sicht ein Hausschwamm, der zwei Tage nach der Unterzeichnung des Kaufvertrags gefunden wurde und dann natürlich auf meine Kosten aufwendig entfernt werden musste. Persönlich eine Mieterin, der ich eine Wohnung saniert und schick gemacht habe – genau so, wie sie es gerne haben wollte. Sie war auch happy mit dem Ergebnis, hat mich dann aber wirklich jeden Monat mit allen möglichen Kleinigkeiten genervt und regelrecht belästigt. Ich habe bei ihr viel Nerven und noch mehr Geld gelassen. Da war ich persönlich enttäuscht.

Und das Beste?
Ein finanzielles Highlight war eine Wohnung, bei der sich nach dem Kauf plötzlich herausstellte, dass noch drei Garagen dazugehören. Die Vermietung der Garagen hat dann den von mir zuvor ausgerechneten monatlichen Cashflow für die Immobilie um 25 Prozent verbessert.

Persönlich fand ich es sehr schön, dass ich bei Ausbruch des Krieges in der Ukraine mit einer meiner zu dem Zeitpunkt leer stehenden Wohnungen Familien einen ersten sicheren Ankunftsort in Deutschland geben und sie dort eine Zeit lang kostenlos wohnen lassen konnte.

Kannst du deinen Lebensunterhalt komplett durch die Vermietung deiner Wohnungen bestreiten?
Noch nicht. Fast all meine Wohnungen sind zu 100 Prozent von der Bank finanziert. Ich habe abgesehen von den Nebenkosten

kein Eigenkapital eingebracht. Daher müssen sie sich jetzt erst mal abbezahlen. Wenn es so weit ist, werde ich davon leben können.

Wie legst du deine Wohnungsmieten fest?
Das ist sehr einfach. Ich schaue im Mietspiegel für die Stadt oder den Bezirk, in dem meine Wohnung liegt, wie viel ich höchstens nehmen darf. Dann mache ich eine Online-Recherche bei Immo-Scout24 und finde heraus, wie viele Wohnungen zur Vermietung in der Gegend und im Umkreis von einem Kilometer angeboten werden. Dann schaue ich, wie die Wohnungen so aussehen und was dafür an Miete genommen wird. Ich setze meine Miete meist ein klitzekleines bisschen unter den anderen an, damit ich ausreichend Bewerber*innen bekomme.

Wie findest du deine Mieter*innen, und wie wählst du sie aus?
Die meisten meiner Mieter*innen kommen über Netzwerkempfehlungen oder über die klassischen Online-Portale ImmoScout24 oder Immowelt. Ich schaue immer genau, wie mich jemand angeschrieben hat. Beschreibt die Person schon sich selbst, den Grund, warum sie umzieht oder warum sie die Wohnung besonders gerne hätte?

Dann google ich die Person und schaue, was sie so macht. Wenn sie in die engere Wahl kommt, treffe ich sie persönlich oder mache einen Zoom-Call. Ich lasse mir in diesen Gesprächen immer erklären, warum sie umzieht und wo sie vorher gewohnt hat. So bekommt man einen guten Eindruck. Natürlich lasse ich mir auch alle gängigen Unterlagen zeigen, höre letztlich aber vor allem auf mein Bauchgefühl.

Wie verlässlich sind denn die gängigen Unterlagen?
Für meine Zwecke sagt die Schufa-Auskunft tatsächlich gar nicht so viel aus. Dasselbe gilt für die Mietschuldenfreiheitsbescheinigung. Wenn jemand wirklich etwas zu verstecken hat, dann kann man diese auch fälschen oder als Vermieter*in ausstellen, um Mieter*innen schnell loszuwerden. Da würde dann auch der Anruf bei dem oder der Vorvermieter*in nichts helfen. Deshalb ist ein aus-

führliches Gespräch mindestens genauso wichtig wie alle erforderlichen Unterlagen.

Wie geht man sicher, dass man die richtige Wahl getroffen hat?
Abgesehen davon, dass ich mich auf meine Menschenkenntnis verlasse, gebe ich den Schlüssel zu einer Wohnung erst raus, wenn die Kaution sowie die erste Miete da sind. Eine Überweisungsbestätigung reicht nicht, das Geld muss auf meinem Konto eingegangen sein. Das steht auch so in meinen Mietverträgen.

Wenn du bereits vermietete Wohnungen kaufst, wie gehst du dann vor?
Für mich ist es wichtig, dass die Wohnung ordentlich ist und dass die Mieter*innen umgänglich und freundlich sind. Wir müssen ja keine Freunde werden, aber wenn ich den Eindruck habe, dass Mieter*innen sehr schwierig oder extrem fordernd sind, ist das für mich ein Grund, eine Wohnung nicht zu kaufen. Ich möchte eine gute und zugewandte Beziehung zu meinen Mieter*innen. Wenn von vornherein klar ist, dass das nicht klappen wird, lasse ich es lieber.

Als Tipp: Ich frage bei einer Besichtigung die Mieter*innen immer, was denn an der Wohnung gemacht werden müsste. Das hilft mir, den Zustand einzuschätzen. Eine gute Beziehung zu Mieter*innen startet mit der Besichtigung. Das darf man nicht vergessen.

Was sind die gängigsten Mietmythen, die gar nicht stimmen?

- ⟶ Vermieter*innen haben alle ausgesorgt.
- ⟶ Man muss in eine Kapitalanlage auch immer selbst einziehen wollen.
- ⟶ Man muss reich sein, um in Immobilien zu investieren.
- ⟶ Dass es wahrscheinlich ist, einen Mietnomaden in der Wohnung zu haben. Es ist schlimm, wenn es passiert, und vor allem teuer, aber wir tun den Mieter*innen in Deutschland unrecht, wenn wir davon ausgehen, dass das andauernd vorkommt.

Was sind deine Top-Tipps für Erstvermieter*innen?
Hör auf dein Bauchgefühl. Setz den Mietpreis lieber ein bisschen zu niedrig an, dann hast du einen guten Pool an Interessent*innen. Gerade wenn man unerfahren ist, ist es sehr blöd, wenn sich nur drei Leute auf eine Wohnung bewerben. Habe immer einen guten Puffer für den Worst Case auf dem Konto. Ich rechne hier mit mindestens drei Bankraten.

»Eine durchdachte Finanzierung ist mindestens genauso wichtig wie die Auswahl der Immobilie.«

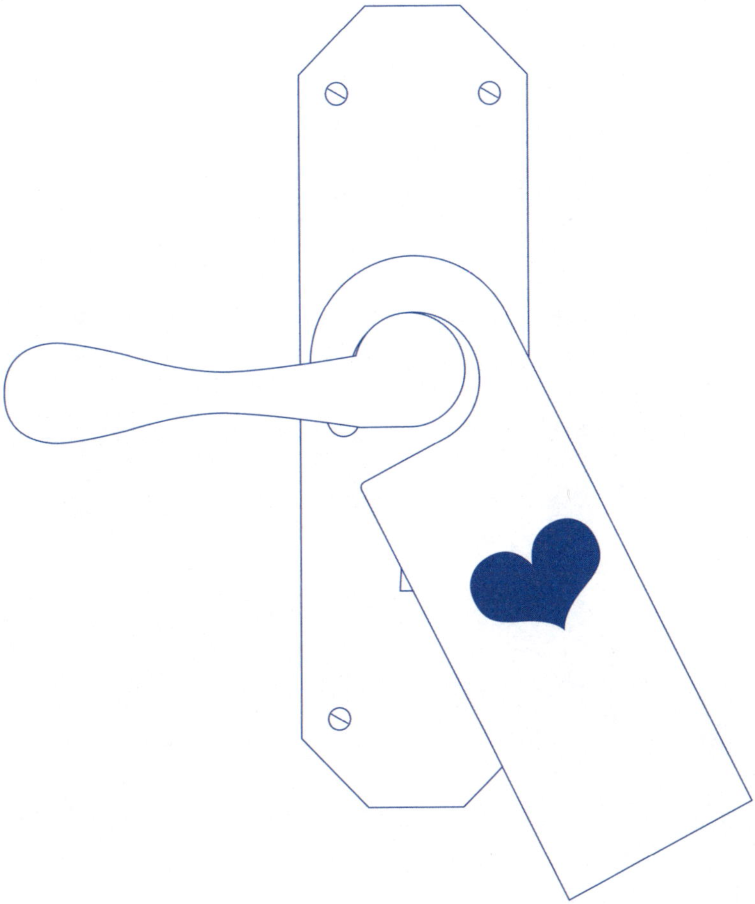

KAPITEL 4

Finanzierung

Keine Angst vor hohen Summen:

Fit für den Kredit

Spätestens wenn man eine Immobilie kaufen möchte, braucht man eine gute Finanzplanung. Ich selbst habe verschiedene Ansprechpartner*innen an meiner Seite. Sie alle haben eines gemeinsam: Ich vertraue ihnen. Das spielt bei mir eine große Rolle, denn schließlich geht es um mein Geld.

Seit jeher ist mein Vater mein solider Sparringspartner, wenn es um das Thema Finanzen geht. Schließlich war er auch ein paar Jahre nach meinem achtzehnten Geburtstag noch der »Hüter meines Geldes«. Er hat immer darauf geachtet, dass ich mein Gehalt nicht verbrate und monatlich Geld auf ein Sparkonto einzahle. Bei einer Gehaltserhöhung musste ich meine monatliche Summe erhöhen. Zum Glück! Er hat damit den Grundstein für meine erste Wohnung gelegt, denn ohne seine Ratschläge hätte ich niemals genug Geld als Eigenkapital gehabt – dafür aber viele Handtaschen und Haarextensions.

Meinen ersten professionellen Ansprechpartner hatte ich dann beim Kauf meiner ersten Wohnung 2015. Damals arbeitete ich noch bei Ziegert Immobilien und saß quasi an der Quelle, denn mein Arbeitgeber hatte eine angeschlossene Firma für Finanzierungsconsulting. Der Abteilungsleiter war auf dem gleichen Managementlevel wie ich, und so gab es neben Grundvertrauen und Sympathie auch einen »Behandlungsbonus«. Ich konnte alle Fragen stellen und war mir sicher, dass ich ein gutes Angebot erhalte. Nachdem alle Unterlagen zur Wohnung sowie meine Selbstauskunft zusammengetragen waren, fragte der Kollege bankenunabhängig durch ein Schnittstellen-Tool den Kredit an. Letztlich nahm ich ein solides Angebot der Sparkasse an.

Mittlerweile habe ich drei Ansprechpartner*innen bei verschiedenen Banken. Mit ihnen tausche ich mich zu meinen Immobilienfinanzierungen aus, aber auch ganz allgemein beruflich zur Lage am Immobilienmarkt – schließlich gehört das zu meinem Job.

Einer davon ist Uwe Küchele. Ich habe ihn vor drei Jahren kennengelernt. Er arbeitet bei einer regionalen Volksbank und ist einer meiner Sparringspartner in diesem Bereich. Uwe hat viel Erfahrung mit Immobilienfinanzierungen. Hinzu kommen Sympathie, Vertrauen und eine gute Kommunikation, also Erreichbarkeit, Präzision und Zuverlässigkeit – Punkte, die mir sehr wichtig sind.

Ich hatte schon mit Finanzberatern zu tun, die mich tagelang nicht zurückgerufen haben, deren WhatsApp-Status mich aber regelmäßig darüber unterrichtete, welche Gartengeräte sie gerade vertickten. Ein No-Go! Uwe hingegen ist Profi, und ich weiß, dass er sich richtig ins Zeug legt, um mir das bestmögliche Angebot zu unterbreiten.

Um in das etwas sperrige Thema einzuführen und dir mögliche Berührungsängste mit Banken, Krediten und Co. zu nehmen, habe ich mit Uwe über Finanzierung gesprochen und ihm die Fragen gestellt, die ich auch von meiner Community immer wieder höre.

Viele Menschen haben Angst davor, dass sie durch Arbeitslosigkeit, Scheidung oder gesundheitliche Probleme irgendwann ihre monatlichen Kreditraten nicht mehr zahlen können. Was dann?

Der erste Schritt ist in diesem Fall immer, das Gespräch mit der Bank zu suchen. Gemeinsam wird die neue Situation erörtert und geschaut, ob sie von Dauer oder nur temporär ist. Kannst du die Raten nur für eine bestimmte Zeit nicht leisten – beispielsweise, weil du deinen Job verloren hast und es ein paar Monate dauert, bis du einen neuen findest –, gibt es die Möglichkeit, die sogenannte Annuität vorübergehend zu verringern oder nur noch die Zinszahlungen zu leisten.

Kann man die Raten auch dauerhaft reduzieren?
Wenn die Mindesttilgung bereits erreicht ist, gibt es nur noch wenig Spielraum nach unten, zumal du ja auch das Zinsänderungsrisiko berücksichtigen musst. Dann wäre das Problem nur nach hinten verschoben. Im schlimmsten Fall hättest du kaum etwas getilgt und müsstest gleichzeitig einen neuen, noch teureren Kredit aufnehmen. Liegt die bisherige Tilgung hingegen bei 4 oder 5 Prozent oder wurde insgesamt schon recht viel vom Kredit abbezahlt, ist natürlich ein gewisser Spielraum vorhanden.

Und wenn absehbar ist, dass die Zahlungsprobleme dauerhaft bestehen?
Wenn es keine Möglichkeiten mehr gibt, über eine Verringerung der Annuität die Probleme zu lösen, muss über eine Veräußerung der Immobilie nachgedacht werden. In den letzten Jahren war das für viele Menschen sogar sehr lukrativ. Viele haben sich, was die Wohnsituation anging, dann zum Beispiel verkleinert und das übrige Geld neu angelegt. Es muss also nicht zwingend in einer Katastrophe enden, wenn man den Kredit nicht mehr bedienen kann.

Könnte ich eigentlich auch spontan meinen Kredit komplett tilgen, wenn ich Geld übrig hätte?
Grundsätzlich kannst du nur im Rahmen der vereinbarten Sondertilgungen außer der Reihe tilgen. Wenn du darüber hinaus zurückzahlen willst, wird das nur über die Kulanz der Bank gehen. Und klar, die Bank lässt sich die damit entgangenen Zinsen über eine sogenannte Vorfälligkeitsentschädigung bezahlen. Nur wenn du die Immobilie verkaufen willst, muss die Bank dich aus dem Kredit lassen – auch hier gegen eine Vorfälligkeitsentschädigung.

Wie sieht es aus, wenn ich Änderungen im Grundbuch vornehmen will – muss die kreditgebende Bank zustimmen?
Ein Tausch im Grundbuch ist gegen eine entsprechende Gebühr grundsätzlich möglich, und das Darlehen läuft einfach weiter.

Willst du jedoch auch die Darlehensnehmer tauschen, muss natürlich die Bonität des neuen Kreditnehmers genauso gut oder besser sein.

Und kann ich einen Kredit »mitnehmen«, wenn ich zum Beispiel eine selbst genutzte Wohnung finanziere, dann aber plötzlich in ein Haus ziehen möchte?
So ein sogenannter Sicherheitentausch ist grundsätzlich möglich, sollte mit der Bank aber vorher vereinbart werden. Es ist dann so, dass die bestehende Finanzierung von der alten auf eine neue Immobilie mitgenommen wird – zu den gleichen Bedingungen. Gegebenenfalls musst du eine weitere Finanzierung aufnehmen, um beispielsweise den Kaufpreis zwischenzufinanzieren oder die Finanzierung insgesamt aufzustocken.

Wie kriege ich Flexibilität in meine Finanzierung?
Auf jeden Fall über Sondertilgungen, bei den meisten Banken liegen diese zwischen 5 und 10 Prozent. Außerdem halte ich es gerade bei höheren Darlehensbeträgen für sinnvoll, eine Fälligkeitsstaffel aufzubauen, also mehrere Kredite über verschiedene Laufzeiten abzuschließen. Das entspannt die Refinanzierung, weil sie über verschiedene Zeitpunkte läuft. Und noch ein Tipp, wenn man baut: Eine möglichst lange bereitstellungsfreie Zeit verhandeln, denn oft gibt es Verzögerungen beim Bau, die ansonsten teuer werden können.

Wo bekomme ich gute Beratung – und einen Kredit?
Es gibt verschiedene Möglichkeiten. Wenn du niemanden kennst, liegt es nahe, zunächst einmal mit der Hausbank zu sprechen. Gerade wenn du dort eine*n vertrauenswürdige*n Berater*in hast, ist das eine gute Möglichkeit, grundsätzliche Fragen zu klären und zu erfahren, welche Unterlagen du zusammensuchen musst.

Ich schwöre auf Netzwerke und würde deshalb empfehlen, bei Verwandten, im Freundeskreis oder auch bei Kolleg*innen nachzufragen, ob sie Empfehlungen haben. Ansonsten kannst du auch online suchen, beispielsweise auf whofinance.de. Hier werden Finanzierungsmakler*innen unabhängig bewertet, und du kannst direkt mit ihnen in Kontakt treten.

Ein weiterer guter Anlaufpunkt sind Baufinanzierungsvermittler wie die Interhyp oder Dr. Klein. Sie arbeiten im Grunde wie Makler*innen – vergeben selbst keine Darlehen, aber vermitteln sie.

Makler, Modernisierung & Co.:

Nebenkosten auf einen Blick

Wenn du dir eine Immobilie kaufen möchtest, benötigst du dafür in den meisten Fällen eine stattliche Summe Geld. Zwar gibt es noch die kleinen Immo-Perlen, die attraktiv sind und dennoch nur fünfstellig zu Buche schlagen. Solche Schnäppchen sind aber eher selten.

In der Regel wirst du einen mindestens sechsstelligen Betrag aufbringen müssen. So zahlten die Deutschen im Jahr 2020 laut Daten des Finanzdienstleisters Interhyp im Schnitt rund 446.000 Euro für ihre Immobilie – inklusive der Nebenkosten. Wenn es dir, wie auch den meisten anderen Menschen, nicht vergönnt ist, derartige Summen mal eben auf den Tisch legen zu können, musst du deine Traumimmobilie mit externer Hilfe finanzieren, meist in Gestalt eines Bankkredits.

Auch ich habe alle meine Wohnungen so finanziert – dabei bin ich in dem Glauben aufgewachsen, dass Schulden etwas Schlechtes seien. Kauf nur die Dinge, die du dir leisten kannst, wurden meine Eltern nicht müde zu predigen. Tatsächlich stehe ich bis heute nur sehr ungern in der Schuld anderer, weil es meine Freiheit einengt.

Für den Kauf reiner Konsumgüter wie Möbel, Kleidung oder Elektrogeräte würde ich darum auch niemals einen Kredit aufnehmen.

Beim Thema Immobilien hat sich meine Einstellung gegenüber Schulden über die Jahre geändert. Ich habe verstanden, dass Investmentschulden »gute Schulden« sind. Ich sehe sie mittlerweile als nützliches Hilfsmittel, um mit dem Kauf von Immobilien Vermögen aufzubauen.

Ob du dir eine Immobilie leisten kannst, hängt von vielen Faktoren ab, allen voran natürlich vom Preis. Und da ist viel Spielraum. Während eine einfache Zweizimmerwohnung in manchen Städten meiner Heimat Sachsen schon für wenige Zehntausend Euro zu haben ist, muss man für ein Reetdachhaus auf Sylt eine siebenstellige Summe hinblättern. Doch mit dem Kaufpreis ist es nicht getan. Beim Immobilienerwerb fallen Nebenkosten in nicht unerheblicher Höhe an, die du ebenfalls mit einplanen musst.

Checkliste Kostenfaktoren

☐ Maklercourtage

Vermittelt dir ein Makler oder eine Maklerin die Immobilie, fällt üblicherweise eine sogenannte Maklercourtage an. Seit Dezember 2020 teilen sich Käufer*in und Verkäufer*in diese Provision, die üblicherweise bei insgesamt 7,14 Prozent inklusive Mehrwertsteuer liegt. Der/die Verkäufer*in trägt 3,57 Prozent inklusive Steuern, und der gleiche Anteil entfällt auf den/die Käufer*in.

Kostet eine Immobilie beispielsweise 200.000 Euro, beträgt die Maklerprovision 14.280 Euro – also 7.140 Euro für dich als Käufer*in. Im Neubaubereich, insbesondere wenn du direkt beim Projektentwickler kaufst, wird es in Deutschland immer gängiger, dass keine Außenprovisionen anfallen.

Persönlich plädiere ich dafür, das auch für Bestandsimmobilien so zu handhaben, um die Kaufnebenkosten zu senken. Analog zum Bestellerprinzip im Mietmarkt sollten meiner Ansicht nach grundsätzlich immer nur die Auftraggeber*innen Provision zahlen müssen.

□ Steuern

Einer der größten Kostenpunkte neben der Maklerprovision ist die Grunderwerbsteuer. Sie unterscheidet sich von Bundesland zu Bundesland. Kaufst du deine Immobilie in Bayern, werden 3,5 Prozent fällig. Für meine Wohnungen in Berlin musste ich jeweils Prozent zahlen. Und in Bundesländern wie Brandenburg, Nordrhein-Westfalen, dem Saarland, Schleswig-Holstein und Thüringen kassiert das Land sogar 6,5 Prozent des Kaufpreises – fast doppelt so viel wie in Bayern.

□ Gebühren

Auch beim Kaufprozess fallen Gebühren an, und zwar für den/die Notar*in sowie die Eintragung ins Grundbuch. Hierfür solltest du 1,5 bis 2 Prozent des Kaufpreises kalkulieren.

□ Modernisierung

Nicht immer ist die gekaufte Immobilie in einem Zustand, in dem man sie direkt vermieten oder selbst bewohnen will. Darum solltest du Geld für Modernisierungs- und Sanierungsarbeiten einplanen. Je nach Zustand der Immobilie kann das mit mehreren Hundert Euro pro Quadratmeter zu Buche schlagen – vor allem dann, wenn das Gebäude auch energetisch modernisiert werden muss. Wichtig ist es, bei sämtlichen Modernisierungsmaßnahmen individuell zu kalkulieren, um den genauen Finanzbedarf zu ermitteln.

□ Mehrbedarf

Es läuft nicht immer wie geplant. Ob Bestandsimmobilie oder Neubau, vor ungeplanten Mehrkosten ist man nicht gefeit. Ein Puffer ist darum wichtig – auch beim Immobilienkauf. Expert*innen raten dazu, rund 5 Prozent des Kaufpreises der Immobilie auf dem Konto zu haben, um nicht so schnell in einen finanziellen Engpass zu geraten. Sind Modernisierungsarbeiten geplant, sollte auch dafür ein Puffer angelegt werden – rund 10 Prozent mehr Geld als voraussichtlich benötigt.

□ Sonstige Kosten

Je nachdem, wie du deine neue Immobilie nutzen willst, kommen weitere Kosten auf dich zu. Möchtest du selbst in der Wohnung leben, erwarten dich zum Beispiel Umzugskosten. Willst du die Wohnung vermieten, könnten Kosten für eine*n Makler*in anfallen. Auch Kosten für Möbel – zum Beispiel eine Einbauküche – sollten mitkalkuliert werden.

Im Frühjahr 2022 habe ich eine 46 Quadratmeter große Wohnung in einem Siebziger-Jahre-Bau in einer entwicklungsstarken Berliner Lage gekauft. Von der Wohnung werde ich dir später noch berichten. Hier möchte ich dir anhand meiner Platte mit Südbalkon einmal zeigen, welche Kosten der Immobilienkauf mit sich bringt:

Doros Wohnung

Kaufpreis:	232.000 €
Nebenkosten	
3,57 % Maklercourtage:	8.282 €
6 % Grunderwerbsteuer Berlin:	13.920 €
ca. 1,5 % Notar- & Grundbuchgebühren:	3.529 €
Renovierung & Möblierung:	12.000 €
Gesamter Finanzierungsbedarf:	269.731 €

Zusätzlich habe ich 10.000 Euro für Rücklagen geplant, welche aber kein Teil der Finanzierung sind.

Gut zu wissen: Nach dem Kauf wird vom Finanzamt ein Grundsteuermessbetrag berechnet. Bei dieser Wohnung beträgt er 23,97 Euro. Als Vermieter*in kann ich die auf dieser Basis berechneten Grundsteuerzahlungen auf den Mieter umlegen, wenn es eine entsprechende Formulierung im Mietvertrag gibt. [16]

Auf Luftmatratzen ins Eigenheim:

Erst planen, dann kaufen

Ich kalkuliere gerne großzügig. Zu enge Liquiditätsplanungen bereiten mir schlaflose Nächte. Ich kann mich noch gut erinnern, als ich 2015 in meine Eigentumswohnung gezogen bin und froh war, genug Geld übrig zu haben, um einige neue Möbel zu kaufen. Die alten rangierte ich aus und bot sie auf eBay-Kleinanzeigen an.

Unter anderem stand mein altes Bett zum Verkauf – ein tschechisches Modell bester Qualität zu einem Top-Preis. Es meldete sich ein Vater, der kurz darauf mit seinem elfjährigen Sohn vor meiner Tür stand, um es abzubauen und mitzunehmen. Das Vater-Sohn-Projekt hatte einen Hintergrund, der mich fassungslos machte: Die Familie hatte nordöstlich von Berlin ein Einfamilienhaus gebaut und so knapp auf Kante kalkuliert, dass kein Geld für neue Möbel mehr da war. Seit dem Einzug nächtigte die Familie darum auf Luftmatratzen. Mein altes Bett sollte der gesamten Familie nun als bequemerer Schlafplatz dienen.

Dieses Erlebnis führte mir einmal mehr vor Augen, dass es nicht darauf ankommt, was eine Immobilie kostet, sondern darauf, ob ich sie mir auch tatsächlich leisten kann. Denn auch eine auf den ersten Blick günstige Wohnung kann das Budget sprengen, wenn hohe Kosten zu erwarten sind, etwa durch eine Sanierung.

Aber was kann ich mir leisten? Diese Frage sorgte auch bei mir vor meinem ersten Immobilienkauf für Stirnrunzeln. Klar, ich verdiente gut und hatte auch Geld auf einem Sparkonto, aber ob mir das ermöglichen würde, ein hippes Innenstadt-Loft zu finanzieren, oder doch eher nur für die unsanierte Hinterhofwohnung reichte – dafür hatte ich partout kein Gefühl.

Ich wusste nur, dass Immobilienfinanzierung im Grunde über zwei Bausteine funktioniert: Eigenkapital und Fremdkapital. Das, was ich selbst zur Verfügung hatte, und das, was mir beispielsweise eine Bank zu leihen bereit war, bestimmte den Preis, den ich – inklusive der Kaufnebenkosten – für meine Immobilie ausgeben konnte.

Mir war klar, dass ich auf jeden Fall einen Kredit brauchen würde, um die Wohnung zu finanzieren. Denn mein Eigenkapital reichte bei Weitem nicht, um sie komplett bar zu bezahlen. Aber wie viel Geld würde mir eine Bank leihen?

Meiner Erfahrung nach lieben Banken Sicherheiten. Bei der Immobilienfinanzierung überlassen sie nichts dem Zufall. Sie gucken sich das Objekt genau an, checken die Lage, fordern Gutachten an und schicken bisweilen sogar eigene Expert*innen zum Objekt der Begierde, um es unter die Lupe zu nehmen und zu bewerten.

Zusätzlich prüfen sie den/die potenzielle*n Schuldner*in auf Herz und Nieren. Besonders wichtig: Wie viel Eigenkapital ist vorhanden, und wie hoch sind die laufenden Einnahmen, um die Kreditraten zu stemmen?

Schritt für Schritt zum Kredit:

Eigenkapital als Finanzierungsbaustein

Unter Eigenkapital versteht man den Teil der Baufinanzierung, der aus dem eigenen Vermögen stammt – und das ist vielseitiger, als man zunächst denkt. Nicht nur das klassische Ersparte gehört dazu, sondern im Grunde alles, was sich zu Geld machen lässt: Wertpapiere, Bausparguthaben, Versicherungspolicen und weitere Immobilien.

Oft liest man auch, dass Sachwerte wie Kunstwerke oder Antiquitäten als Sicherheiten dienen können. Nun ja, in der Praxis ist das nicht ganz so. Mein Finanzberater Uwe, von dem ihr hier noch einiges hören werdet, winkte ab, als ich fragte, ob nicht auch meine antike Meissener Prozellansammlung gelten könnte. »Banken haben in der Regel überhaupt nicht die Möglichkeiten, solche Sachwerte zuverlässig zu schätzen«, erklärte er.

Zudem müssten die Gegenstände theoretisch in den Tresorräumen der Bank gelagert werden, wenn sie als Sicherheit gelten sollen. Bei Goldbarren, deren Wert sich gut schätzen lässt, ist dies vielleicht noch möglich, aber bei exotischeren Sachwerten eben nicht, zumindest wenn man sie nicht verkauft und dann in Form von Barmitteln mit einbringt.

Banken mögen nun mal hartes Eigenkapital, und dazu gehört natürlich auch die Immobilie, die du kaufen willst: Je nachdem, wie die Bank die Wohnung bewertet, fließt sie als Sicherheit in die Finanzierung mit ein.

Je mehr Eigenkapital und Sicherheiten vorhanden sind, desto günstiger sind in der Regel die Konditionen, zu denen du deine Immobilie finanzieren kannst. Gleichzeitig solltest du dir bewusst machen, dass die von dir als Sicherheiten hinterlegten Vermögensgegenstände von der Bank verwertet werden, falls du deine Kreditraten nicht mehr zahlen kannst. Darum überlege dir genau, ob du beispielsweise das geerbte Elternhaus, an dem du emotional hängst, tatsächlich als Sicherheit einbringen willst.

Ich werde sehr oft gefragt, wie viel Eigenkapital man unbedingt einbringen sollte. Die allgemeine Faustregel lautet: 20 bis 30 Prozent. Ich persönlich finde jedoch, dass diese Regel die verschiedenen Ziele, die Eigentümer*innen mit ihren Immobilien verfolgen, außer Acht lässt.

Auch wird sie den verschiedenen Szenarien am Zinsmarkt nicht gerecht: Ist das Zinsniveau hoch, dürften Käufer*innen dazu neigen, sich möglichst wenig Geld von der Bank zu leihen. Ist das Zinsniveau jedoch so niedrig wie in den vergangenen Jahren, in denen es Geld quasi zum Nulltarif gab, schwinden die Hemmungen, Immobilien zu 100 Prozent, vielleicht sogar zusätzlich die Kaufnebenkosten zu finanzieren – vorausgesetzt, es sind genügend Sicherheiten vorhanden und die Bank spielt mit. Vor allem Käufer*innen, die ihre Immobilien als reine Kapitalanlage sehen und das Fremdkapital als Hebel nutzen, sind daran interessiert, gerade nur so viel Eigenkapital einzubringen wie unbedingt nötig, um die Immobilie zu erwerben.

Wie schon gesagt: Die Banken sind sehr kritisch, wenn es darum geht, Geld zu verleihen – auch bei meiner vierten Wohnung, der hippen Platte am Stadtrand. Es war eigentlich schon alles in trockenen Tüchern, als die Bank mir plötzlich sagte, dass man neben dem ersten Grundschuldrang auch eine Grundschuld über 40.000 Euro auf eine vermietete Eigentumswohnung bestellen möchte – einfach zur Sicherheit, da ich aus Sicht der Bank nicht genügend Eigenkapital mitbrachte.

Oha! Ich war baff. Warum sollte sich die Bank jetzt etwas schnappen, das dank konsequenten Abzahlens der Schulden schon zu großen Teilen mir gehört? Nun, die Bank war zunächst nicht davon überzeugt, dass ich die Miete tatsächlich erzielen könnte, die ich für meine Platte aufrufen wollte. Zwar sollte es im Vertrag einen Passus geben, wonach die Grundschuld sofort wieder ausgetragen wird, wenn ich nach Vermietung die Miethöhe nachweisen kann, aber dennoch: Es war viel Aufwand und aus meiner Sicht zu viel Nervenkitzel.

Ich suchte nochmals das Gespräch und war froh, dass die Bank sich letztlich doch überzeugen ließ, von dem Vorhaben abrückte und auch kein zusätzliches Eigenkapital verlangte. Denn dann hätte ich Alternativen prüfen müssen, um weiteres Kapital zu beschaffen, und beispielsweise Verwandte oder Freunde fragen müssen.

Grundsätzlich ist es natürlich eine Möglichkeit und ein guter Weg, fehlendes Eigenkapital aufzustocken, indem man Menschen findet, die einem Geld leihen – im Idealfall zum Nulltarif. Gerade in Zeiten, in denen die Inflation sehr hoch ist, sind Eltern, Großeltern oder andere Verwandte vielleicht gerne bereit, ihren Liebsten

Geld zukommen zu lassen, um Lebensträume zu erfüllen, statt es später – im schlimmsten Fall mit deutlich geringerer Kaufkraft – zu vererben. Je nach Verwandtschaftsgrad können alle zehn Jahre bis zu 400.000 Euro verschenkt beziehungsweise vererbt werden. [17]

Auch der Arbeitgeber könnte Kreditgeber werden: Eine Freundin von mir hat verhandelt, dass sie Bonuszahlungen für drei Jahre im Voraus bekommt, um das notwendige Eigenkapital für den Immobilienkauf zu haben. Da sie eine der wichtigsten Mitarbeiterinnen für das Unternehmen ist, war es eine Win-win-Situation für beide Seiten: Meine Freundin konnte sich die Wohnung kaufen und verpflichtet sich im Gegenzug, mindestens drei weitere Jahre in dem Unternehmen zu arbeiten. Alternativ höre ich auch immer wieder Geschichten von Arbeitnehmer*innen, die das Unternehmen, für das sie arbeiten, um ein Darlehen bitten. So geht Mitarbeiterbindung!

Budget, Baby!

Was kann ich finanziell stemmen?

Banken wollen sichergehen, dass du in der Lage bist, die monatlichen Raten für Zins und Tilgung zu stemmen – und zwar über Jahre und Jahrzehnte. Eigenkapital ist darum nicht alles. Die Zahlungsfähigkeit – auch Bonität genannt – ist vielmehr das A und O für die Bank.

Potenzielle Schuldner*innen mit bombensicherem Job und hohem Einkommen, die am Anfang ihrer Karriere stehen, sind darum gern gesehene Gäste in der Kreditabteilung. Die Wahrscheinlichkeit, dass sie ihre Verbindlichkeiten stets pünktlich bedienen, ist höher als die von befristet Angestellten oder gar Selbstständigen – zumindest aus Sicht der Bank.

Ich werde oft gefragt, wie viel man verdienen muss, um sich eine Immobilie leisten zu können. Diese Frage lässt sich so pauschal nicht beantworten. Es gibt zwar Faustregeln wie zum Beispiel, dass die maximale Monatsrate höchstens 40 Prozent des Nettohaushaltseinkommens betragen darf.[18] Allerdings fremdle ich mit solchen Pauschalaussagen immer etwas.

Die Frage, die du dir stellen solltest, muss eher lauten: Wie teuer darf eine Immobilie sein, damit ich sie mir leisten kann? Um das herauszufinden, musst du zunächst die maximale monatliche Summe bestimmen, die du für den Traum der eigenen Immobilie aufwenden willst und vor allem kannst.

Willst du die Wohnung oder das Haus selbst bewohnen, kannst du folgende Formel anwenden:

deine aktuelle Kaltmiete

\+ Überschuss (die Differenz zwischen deinen Einnahmen und Ausgaben)

\- zu erwartende Nebenkosten der künftigen Immobilie

\- Instandhaltungsrücklage der künftigen Immobilie

= maximale Rate

Deine aktuelle Miete kennst du ja. Als Nächstes berechnest du deinen sogenannten Überschuss, also das, was nach Abzug aller Lebenshaltungskosten von deinem Einkommen noch übrig ist und für den Immobilienkauf verwendet werden kann.

Addiere dafür all deine regelmäßigen, wiederkehrenden Einnahmen wie zum Beispiel Gehalt, Honorare, Mieteinnahmen oder

Kindergeld. Von der Summe ziehst du die Ausgaben für deine Lebenshaltung ab – Miete, Lebensmittel, Nebenkosten et cetera, aber auch Pauschalen für Reisen, Geschenke oder Freizeit. Das Ergebnis addierst du dann zu deiner aktuellen Miete, da du diese ja in Zukunft nicht mehr wirst zahlen müssen. Der Betrag, der dabei herauskommt, gibt an, wie viel Geld du grundsätzlich für das Projekt »Immobilienkauf« zur Verfügung hast.

Doch nicht alles darf in die Kreditraten fließen, da Geld für Nebenkosten und Instandhaltung eingeplant werden sollte. Wie hoch deine Nebenkosten, also Steuern, Versicherungsbeiträge oder auch die Gebühren für die Müllabfuhr sein werden, hängt von vielen verschiedenen Faktoren ab, etwa Lage der Immobilie, Alter und Zustand. Ich rate dir auf jeden Fall, eine genaue Aufstellung aller möglichen Nebenkosten zu machen, sobald du ein konkretes Objekt im Visier hast.

Das monatliche Wohngeld – also die Betriebskosten, Steuern sowie die Instandhaltungsrücklage – ist in der WEG immer festgelegt und im aktuellen Wirtschaftsplan ausgewiesen. Du musst aber wissen, dass sich diese Summe jährlich ändern kann, zum Beispiel weil Energie- oder Hausmeisterkosten steigen. Deshalb achten die finanzierenden Banken auch auf diese Summe und berücksichtigen die Höhe des Wohngeldes im Rahmen der Finanzierung. Die Bank macht einen sogenannten Plausibilitätscheck und unterscheidet bei Prüfung der Instandhaltungsrücklage nach Alter des Gebäudes.

Um eine realistische Kalkulation zu prüfen, geht mein Finanzierungsberater Uwe bei der Bestimmung der Instandhaltungsrücklage wie folgt vor. Vorausgesetzt, es handelt sich um eine durchschnittliche und normal gepflegte Bestandsimmobilie, setzt er als Bewirtschaftungskosten 15 Prozent der Kaltmiete an. Um diese zu bestimmen, orientiert er sich am Mietspiegel. Eine 92-Quadratmeter-Wohnung könnte man beispielsweise für 9 Euro pro Quadratmeter vermieten. Die Gesamtkaltmiete betrüge demnach 828 Euro pro Monat. Nach Uwes Kalkulation würden dann 124,20 Euro monatlich in die Instandhaltungsrücklage fließen.

Mein Tipp:

Bei neu gegründeten WEGs, insbesondere bei einem Neubau, solltest du beim Wohngeld unbedingt einen Puffer von etwa 1 bis 2 Euro pro Quadratmeter einplanen, da die Kosten hier oft kleingerechnet werden, um das Kaufangebot möglichst attraktiv zu machen.

Kaufst du hingegen ein Einfamilienhaus, bist du nicht gesetzlich verpflichtet, Geld für Reparaturen zurückzulegen. Ich kann dir aber nur dringend raten, dennoch Rücklagen zu bilden. Auch hier stellt sich die Frage, wie hoch die Reserve sein sollte. Der Verband Privater Bauherren empfiehlt eine Instandhaltungsrücklage von 1 Euro pro Quadratmeter und Monat. Bei einer Wohnfläche von 140 Quadratmetern wären das aufs Jahr gerechnet 1680 Euro.

Mir persönlich ist dieser Ansatz zu pauschal, da er außer Acht lässt, wie alt und in welchem Zustand eine Immobilie ist. Für ein neu errichtetes Gebäude sind die zu erwartenden Instandhaltungsmaßnahmen um einiges geringer als für ein fünfzig Jahre altes Haus mit Sanierungsstau. Ich empfehle dir, hier auf jeden Fall gut und großzügig zu planen und lieber mehr Geld zurückzulegen als zu wenig.

Facts & Figures: Kreditrate berechnen

Fact 1

Beispiel Eigennutzung:

Nun haben wir alle Bestandteile zur Berechnung der von dir maximal leistbaren Rate definiert. Lass uns das an einem fiktiven Beispiel mit frei gewählten Zahlen einmal durchrechnen. Ich setze hier bewusst die Kaltmiete an, da diese für die Nutzung der Immobilie bezahlt wird und damit ein gutes Äquivalent zu einer Kreditrate ist.

	deine aktuelle Kaltmiete/Monat:	1000 Euro
+	zusätzliches verfügbares Kapital/Monat:	400 Euro
=	zur Verfügung stehender monatlicher Betrag für die Immobilie:	1400 Euro
-	Nebenkosten/Unterhalt der neuen Immobilie/Monat:	250 Euro
-	Instandhaltungsaufwendungen/Monat:	100 Euro
=	für die Kredittilgung und Zinszahlungen zur Verfügung stehender Betrag/Monat:	1050 Euro

Von den 1400 Euro, die du für deine Immobilie im Monat insgesamt zur Verfügung hast, können also 1050 Euro in die Abzahlung eines Kredits fließen.

Fact 2

Beispiel Vermietung:

Wenn du deine Immobilie vermieten willst – sie also als Kapitalanlage nutzt –, ist die Rechnung ähnlich. Zusätzlich

zu deiner persönlichen finanziellen Situation sowie den mit der Immobilie verbundenen Kosten müssen hier noch die zu erwartenden Mieterträge deiner Immobilie auf der Einnahmenseite berücksichtigt werden.
Wie du diese realistisch kalkulierst, erkläre ich dir gleich. Wichtig ist zudem, dass du einen Notgroschen extra für deine Wohnung anlegst für den Fall, dass die Mieteinnahmen mal ausbleiben sollten. Drei bis sechs Monatsmieten halte ich hier für empfehlenswert.
Auch für das Beispiel einer Kapitalanlage kannst du dir ausrechnen, wie viel Geld du für die monatliche Kreditrate zur Verfügung hättest. Angenommen, du kaufst eine Wohnung, die du dann zu einer monatlichen Kaltmiete von 700 Euro vermieten kannst. Die Nebenkosten beziehungsweise die Kosten für den Unterhalt der Immobilie sowie die Instandhaltungsrücklagen musst du natürlich auch bei einer Vermietung berücksichtigen, wobei du hier einen Teil der Kosten auf deine Mieter*innen umlegen kannst.
Ich gehe in dem Beispiel davon aus, dass die nicht umlagefähigen Nebenkosten bei 100 Euro liegen und die Instandhaltungsrücklage bei 50 Euro. Dies sind natürlich rein fiktive Beispiele, die nur dazu dienen, dass du deine eigenen tatsächlichen Zahlen in der Rechnung einsetzen kannst.

	mögliche Mieteinnahmen (kalt)/Monat:	700 Euro
+	zusätzlich verfügbares Kapital/Monat:	400 Euro
=	zur Verfügung stehender Betrag für die Immobilie/Monat =	1100 Euro
–	nicht umlegbare Nebenkosten der neuen Immobilie/Monat:	100 Euro
–	Instandhaltungsaufwendungen/Monat:	50 Euro
=	für die Kredittilgung und Zinszahlungen zur Verfügung stehender Betrag/Monat =	950 Euro

In diesem Beispiel hättest du monatlich 950 Euro für die Kreditrate zur Verfügung. Du könntest dir beispielsweise eine kleinere Wohnung als Kapitalanlage leisten und sie vermieten.

Zinsen, Tilgung und Co.:

Finanzierungskomponenten verstehen

Neben Eigenkapital ist Fremdkapital – also Geld, das du dir für den Kauf der Immobilie leihst – der zweite große Baustein der Immobilienfinanzierung. Darum ist es zunächst wichtig zu wissen, wie dein Kreditrahmen aussieht. Mit anderen Worten: Wie viel Geld würde die Bank dir überhaupt leihen?

Um das zu berechnen, benötigst du weitere Eckdaten, und zwar den Zinssatz, zu dem dir die Bank das Geld leiht, sowie die Finanzierungsdauer. Beides hat erheblichen Einfluss auf das mögliche Finanzierungsvolumen.

Dafür solltest du den Zusammenhang zwischen Zinsen, Finanzierungsdauer beziehungsweise Zinsbindung sowie Finanzierungsvolumen verstehen. Zinsen sind die Bezahlung dafür, dass dir eine Bank Geld für den Kauf deiner Immobilie leiht. Hier wird oft vom sogenannten Sollzins gesprochen, den eine Bank im Allgemeinen auf einen Kredit erhebt.

In der Regel kommen dazu noch Gebühren und andere Kosten, die den Kredit verteuern. Diesen tatsächlichen Aufwand für einen Kredit nennt man Effektivzins. Da sich Sollzins und Effektivzins meistens nur um ein oder zwei Zehntelprozentpunkte unterscheiden, werde ich im Weiteren einfach nur von Zins sprechen.

Zinsen

Dass Zinsen schwanken, hast du bestimmt schon mitbekommen. Ihre Schwankungsbreite hängt von verschiedenen makroökonomischen Gegebenheiten ab, etwa der Geldpolitik der Notenbanken. Auf das allgemeine Niveau für Immobilienzinsen haben wir als Käufer*innen keinen Einfluss. Ob vor dem Komma also eine Eins oder doch eine Vier steht, ist abhängig von externen Faktoren.

In welchem Korridor dein persönlicher Zinssatz dann liegt – also ob du beispielsweise 2,2 oder doch 2,8 Prozent Zinsen für deinen Kredit zahlen musst –, wird von deinen finanziellen, beruflichen und persönlichen Verhältnissen bestimmt.

Grundsätzlich gilt, dass du für einen Kredit umso mehr Zinsen zahlen musst, je höher das Ausfallrisiko für die Bank ist, sprich: das Risiko, dass sie ihr Geld nie wiedersieht. Die Bank lässt sich dieses Risiko bezahlen. Um deinen persönlichen Zinssatz also möglichst niedrig zu halten, musst du der Bank Sicherheit verschaffen und zeigen, dass du kreditwürdig bist.

Zunächst einmal checkt die Bank deine Wunschimmobilie ab, denn diese gilt als die wichtigste Sicherheit. Hierfür ermittelt sie den sogenannten Beleihungswert, also den Wert, den die Wohnung oder das Haus aus Sicht der Bank hat. Es ist nicht unüblich, dass sie ein eigenes Gutachten zur Immobilie einholt, um den Wert zu bemessen.

Daraus wird im nächsten Schritt der sogenannte Beleihungsauslauf bemessen. Das ist das Verhältnis zwischen der benötigten Darlehenssumme und dem zuvor ermittelten Beleihungswert. Kostet deine Immobilie beispielsweise 250.000 Euro und hat laut Bank einen Beleihungswert von nur 220.000 Euro, dann liegt der Beleihungsauslauf bei einer benötigten Darlehenssumme von 200.000 Euro bei rund 91 Prozent (200.000 Euro / 220.000 Euro : 100 = 91 Prozent).

Je niedriger dieses Verhältnis ist, desto niedriger ist der Zinssatz. Dein Ziel sollte es also sein, möglichst viel Eigenkapital lockerzumachen, um dieses Verhältnis nach unten zu schrauben. Aber wie?

Zunächst gilt hier die Devise: Bares ist Wahres. Du solltest einen gewissen Betrag an Cash auf dem Konto haben, um wenigstens die Nebenkosten zu bezahlen. Bei vielen Banken reicht dies jedoch nicht. Der Kreditvermittler Dr. Klein empfiehlt, mindestens 10, besser 15 Prozent des Kaufpreises als Eigenkapital mitzubringen. Ich selbst fühle mich erst mit 20 Prozent und mehr so richtig wohl.

Ein Richtig oder Falsch gibt es hier nicht, denn wie viel Eigenkapital du für den Immobilienkauf bereithalten möchtest, hängt auch von deinen Zielen und den allgemeinen Bedingungen ab. Willst du die Immobilie selbst bewohnen, hast du wahrscheinlich ein großes Interesse, den Kredit möglichst rasch loszuwerden, damit dein Zuhause wirklich dir gehört. Hast du ein Haus oder eine Wohnung als Kapitalanlage gekauft, ist es womöglich lukrativer, möglichst wenig Eigenkapital einzubringen, um den Fremdkapitalhebel bestmöglich zu nutzen. Auch bei historisch niedrigen Zinsen war es natürlich durchaus sinnvoll, den Eigenkapitalanteil möglichst gering zu halten. Am Ende zählt, womit du dich wohlfühlst.

Neben klassischem Eigenkapital in Form von Cash kommen bei der Finanzierung auch die bereits erwähnten Sicherheiten infrage. Diese kannst du vereinfacht gerechnet auf den Beleihungswert aufschlagen. Eingangs hatte ich dir schon erklärt, welche Sicherheiten für Banken interessant sind. Besitzt du schon Immobilien, können diese – je nach schuldnerischer Belastung – als Sicherheit dienen. Das heißt, die Bank hätte Zugriff auf die Immobilie, falls du deinen Verbindlichkeiten nicht nachkommst, und könnte das Objekt zum Beispiel zwangsversteigern. Aber auch die Rückkaufwerte aus Lebensversicherungen oder von Wertpapierdepots kommen infrage. Es gilt im Einzelfall zu prüfen, wie sinnvoll der Einsatz einzelner Sicherheiten ist und was er an Zinsvorteilen tatsächlich bringt.

Laufzeit

Neben dem Eigenkapital gibt es weitere Stellschrauben, um die Zinsen zu senken. Die wichtigste ist die Laufzeit des Darlehens, sprich: Wie lange soll dir die Bank das Geld leihen? Auch hier spielt das Sicherheitsbedürfnis der Bank eine große Rolle. Eine kurze Zeitspanne von beispielsweise fünf Jahren kann viel besser überblickt werden als Zeitspannen von Jahrzehnten.

Was, wenn du als Schuldner*in zwar jetzt fit bist, aber in zwanzig Jahren krankheitsbedingt nicht mehr arbeiten und damit auch die Raten nicht mehr zahlen kannst? Oder wenn die finanzierte Wohnung plötzlich in einem Problembezirk liegt und massiv an Wert verloren hat? Je länger dir die Bank einen bestimmten Zinssatz garantiert – je länger die Zinsbindung also ist –, desto höher ist der Zinssatz.

Auf den ersten Blick scheint es lukrativ zu sein, eine kurze Zinsbindung von fünf oder zehn Jahren zu wählen. Das ist aber zu kurz gedacht, denn Zinsen verändern sich. Ich habe das beim Kauf meiner letzten Wohnung selbst stark zu spüren bekommen. War das Zinsniveau über Jahre gleichbleibend niedrig, zog es Anfang 2022 plötzlich stark an. Die gestiegene Inflation, (angekündigte) Leitzinserhöhungen seitens der weltweiten Notenbanken und noch einiges mehr sorgten dafür, dass sich die Zinssätze von Januar 2022 bis Mai 2022 nahezu verdreifacht haben *(siehe Grafik)*.

Zinsentwicklung im Vergleich

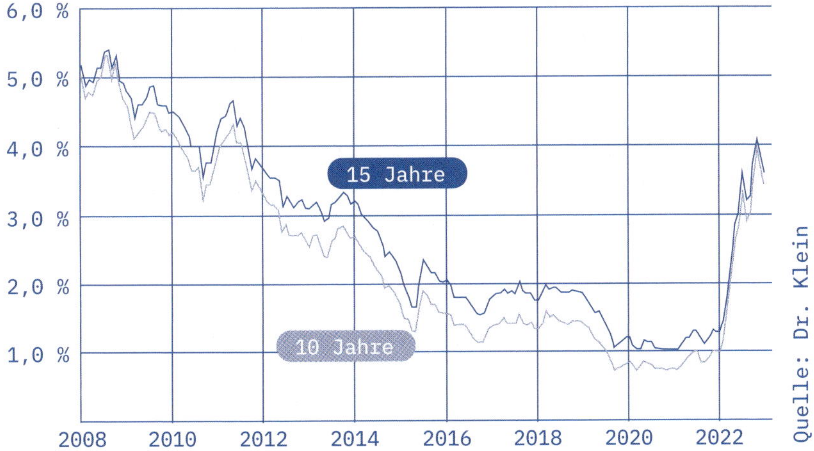

Zinssatz

Ich schluckte, als mir der Online-Bauzinsrechner, den ich für eine grobe Orientierung mit den relevanten Eckdaten gefüttert hatte, einen Zinssatz mit einer Drei vor dem Komma ausspuckte. Okay, das war heftig. Mir war zwar klar, dass ich über die Kreditvermittler, die ich kenne, günstigere Konditionen bekommen würde, mit einer Eins vor dem Komma rechnete ich nun aber nicht mehr.

Tatsächlich stellte ich mir sogar die Frage, wie schlau es überhaupt noch ist, zu investieren. Denn seien wir mal ehrlich: Wenn Darlehen teurer werden, können sich weniger Menschen Immobilien leisten. Die Nachfrage nach Häusern und Wohnungen sinkt, und damit ist vorerst auch keine große Wertsteigerung meiner Wohnung zu erwarten.

Gleichzeitig meldete sich die Stimme im Kopf, die sagte: Doro, du investierst doch langfristig! Lass dich von den Zinssätzen nicht nervös machen. Wenn die Immobilie ihr Geld wert ist, wirst du sie finanzieren können.

Ja, dachte ich mir mit Blick auf meine Strategie, das passt. Ich investiere in Immobilien, um finanziell fürs Alter vorzusorgen und mein Geld vor der Inflation zu schützen. Vor diesem Hintergrund ist der Kauf der Immobilie, wenn auch zu schlechteren Konditionen als in den vergangenen Jahren, sinnvoll. Auch abzuwarten und auf bessere Zeiten zu hoffen, ergab für mich keinen Sinn, denn ich ging nicht davon aus, dass die Zinsen noch mal nennenswert sinken würden.

Ich fragte also Ende April 2022 mit den entsprechenden Eckdaten (190.000 Euro Finanzierungsvolumen, zehn Jahre Zinsbindung) zwei Angebote an: einmal bei meinem Bankberater Uwe, zum anderen bei einer Bank, über die die Wohnung angeboten wurde und deren Vertreter bereits bei der ersten Besichtigung anwesend war.

Mir dämmerte nämlich, dass ich wahrscheinlich eher den Zuschlag für die Immobilie erhalte, wenn der Immobilienvermittler mit angeschlossener Bank mit mir nicht nur an der Vermittlung der Wohnung Geld verdient, sondern auch noch an der Finanzierung. Das sollte mir recht sein, solange die Konditionen sich ähnelten. Und davon ging ich eigentlich aus.

Wie falsch ich lag, musste ich wenige Tage später lernen, als fast zeitgleich beide Angebote in meinem Maileingang eintrudelten. Fast einen Prozentpunkt lagen die angebotenen Zinssätze auseinander. Und wie ich insgeheim schon geahnt hatte, war das Angebot vom Immobilienfinanzierer der Maklerin um Längen unattraktiver.

Für ein Darlehen von 190.000 Euro lag der Sollzins dort bei 3,15 Prozent pro Jahr, bei der regionalen Volksbank hingegen bei nur 2,39 Prozent. Ich sackte zusammen. Damit hatte sich das vermutlich erledigt, denn in einen teuren Bankdeal wollte ich mich auf gar keinen Fall reindrängen lassen.

Trotzdem gab ich spaßeshalber die Eckdaten für beide Zinssätze bei tilgungsrechner.fmh.de ein und verglich: Rund 120 Euro im Monat müsste ich bei zehnjähriger Laufzeit und nahezu identischer Restschuld von etwa 125.000 € mehr zahlen, wenn ich das Angebot mit dem höheren Zinssatz wählte. Eindeutig zu viel.

Ich war enttäuscht, beschloss aber, mich weiterhin um die Wohnung zu bemühen. Ich folgte sogar der Empfehlung der Maklerin, mein Angebot zu erhöhen, da es wohl interessierte Mitbewerber*innen gab. Ob das stimmte? Keine Ahnung. Da ich das Angebot vermutlich auch für 5000 Euro mehr angeklickt hätte, erhöhte ich mein Angebot um eben diese Summe.

Davor checkte ich noch mit der Bank die Finanzierung. Mir wurde ein wenig übel: Der Zins hatte sich weiter erhöht! Innerhalb einer Woche von 2,39 auf 2,49 Prozent! Da war sie wieder, die Unsicherheit. Was, wenn es jetzt weitere Verzögerungen gab, wo würde der Zinssatz dann stehen?

Ich überlegte, was ich selbst tun könnte, um den Zinssatz um wenigstens ein oder zwei Zehntelprozentpunkte runterzubekommen. Mehr Eigenkapital mit einbringen? Das konnte und wollte ich eigentlich nicht. Eine Zinsbindung von nur fünf Jahren akzeptieren in der Hoffnung, eine günstigere Anschlussfinanzierung zu bekommen? Aber das brachte das Risiko mit sich, dass die Zinsen dann vielleicht noch höher stehen würden. Auch das wollte ich nicht, sodass ich am Ende das Angebot mit 2,49 Prozent und einer zehnjährigen Zinsbindung hinnahm, als klar war, dass ich die Wohnung kaufen darf.

Grundsätzlich lohnt es sich immer, einzelne Szenarien durchrechnen zu lassen. Auch eine Zinsbindung von zwanzig oder mehr Jahren kann sinnvoll sein, wenn der Zinssatz für dich passt – und du dich damit wohler fühlst. Im besten Fall ist die Immobilie danach abgezahlt oder die Restschuld so gering, dass du sie auf einen Schlag zurückzahlen kannst und dir um das Thema Zinsänderungsrisiko keine Gedanken mehr machen musst.

Tilgung

Von der Höhe des Zinssatzes hängt es ab, wie hoch die monatliche Tilgung ist. Denn aus diesen beiden Komponenten besteht eine Kreditrate – zumindest bei einem sogenannten Annuitätendarlehen. Diesen Begriff hast du vielleicht schon mal gehört.

Ein Annuitätendarlehen ist die häufigste Form der Fremdfinanzierung von Immobilien. Es zeichnet sich durch gleichbleibende monatliche Raten aus, die auch als »Annuität« bezeichnet werden und aus einem Zinsanteil sowie einem Tilgungsanteil bestehen. Während der Zinsanteil quasi die Bezahlung für den Kredit ist, zahlst du mit dem Tilgungsanteil nach und nach deine Schulden ab.

In der unten stehenden Grafik kannst du gut sehen, dass du anfangs vor allem die Bank für das geliehene Geld bezahlst und nur wenig tilgst. Dennoch reduziert sich der Kreditbetrag nach und nach, der Zinsanteil nimmt im Verhältnis immer mehr ab, der Tilgungsanteil hingegen steigt beständig.

Der Tilgungssatz sollte mindestens 1 Prozent betragen. Um die Schulden möglichst schnell abzubezahlen, ist es jedoch besser, mindestens 2, besser 3 oder 4 Prozent abzuzahlen.

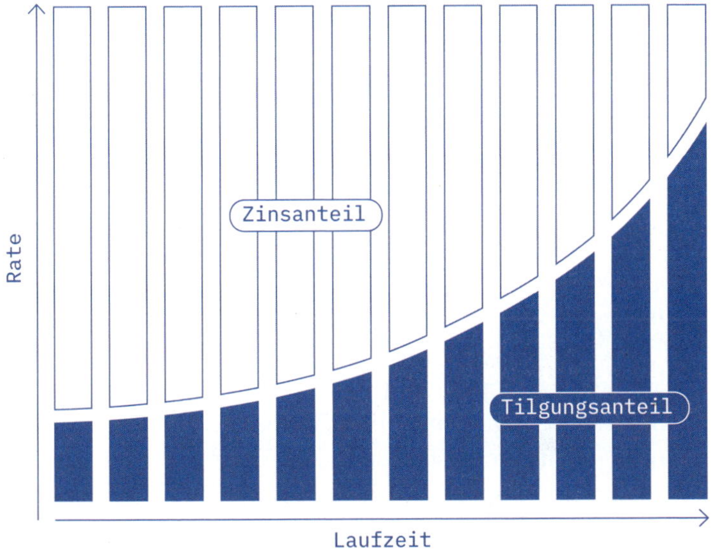

Tilgung, Zinsen, Finanzierungslaufzeit und Kreditvolumen hängen also miteinander zusammen wie ein kleines Räderwerk. Dreht man an der einen Schraube, verschieben sich die anderen. Weil die Mathematik dahinter zwar nicht kompliziert, aber eben doch aufwendig ist – bei jeder Variante muss neu gerechnet werden –, empfehle ich dir einen Online-Kreditrechner. Ein Tool, das ich regelmäßig verwende, findest du unter zinsen-berechnen.de/kreditrechner. Dort kannst du deine Eckdaten eingeben und beispielsweise dein maximales Kreditvolumen bestimmen.

Gibt man die Ergebnisse aus unseren Beispielen von oben (Eigennutzung/Vermietung) ein – also eine monatliche Kreditrate von 1050 Euro, eine Finanzierungsdauer von 25 Jahren und einen Zinssatz von 3,5 Prozent –, berechnet uns der Online-Kreditrechner ein Kreditvolumen von knapp 210.000 Euro (bei einer Rate von 1050 Euro) bzw. von knapp 190.000 Euro (bei einer Rate von 950 Euro).

Doros DO's

Welche Kreditraten kann ich mir leisten?

Um ein Gefühl für die Zahlen zu bekommen, solltest du ruhig etwas mit Online-Kreditrechnern herumspielen. Es ist interessant zu sehen, wie sich die einen Parameter verschieben, wenn du die anderen änderst. So kannst du das Zusammenspiel von Zinsen, Laufzeit und Kreditsumme noch besser verstehen und einschätzen. In der Tabelle unten habe ich dir für verschiedene Raten und Zinssätze/Tilgungssätze die entsprechenden Kreditsummen berechnet:

Monatsrate	Möglicher Kreditbetrag bei 3 % (Zinsen + Tilgung)	bei 4 %	bei 5 %	bei 6 %
600 €	240.000 €	180.000 €	144.000 €	120.000 €
800 €	320.000 €	240.000 €	192.000 €	160.000 €
1.000 €	400.000 €	300.000 €	240.000 €	200.000 €
1.200 €	480.000 €	360.000 €	288.000 €	240.000 €
1.400 €	560.000 €	420.000 €	336.000 €	280.000 €
1.600 €	640.000 €	480.000 €	384.000 €	320.000 €

Quelle: Dr. Klein

Darf es etwas mehr sein?

Verhandlungsspielraum bei der Kreditvergabe

Viele Immobilienkäufer*innen glauben, dass der angebotene Zinssatz in Stein gemeißelt ist – aber das ist ein Irrtum. Du kannst den Zinssatz mit der Bank genauso verhandeln wie den Preis der Immobilie selbst, denn in der Regel haben Banken bei der Baufinanzierung Spielraum.

Wichtig ist darum, dass du dir verschiedene Angebote einholst. Wie sehr sich die Zinsen unterscheiden, konntest du ja bei der Finanzierung meiner letzten Wohnung sehen: Für ein Darlehen von 190.000 Euro betrug der Sollzins bei der einen Bank 3,15 Prozent pro Jahr, bei der anderen anfangs nur 2,39 Prozent. Hätte ich die erste Bank bevorzugt, hätte ich das Angebot noch mal nachverhandeln können – mit dem Hinweis, dass ich sonst zur Konkurrenz gehe.

Dass sich Banken tatsächlich bewegen, zeigt das Beispiel meiner Freundin Marie. Sie hatte für die Finanzierung eines Einfamilienhauses zwei Angebote auf dem Tisch: Ein günstiges von Bank 1 und ein teureres von Bank 2, die gleichzeitig ihre Hausbank war. Weil das Angebot von Bank 1 unschlagbar war, sagte sie das Angebot bei ihrer Hausbank ab, obwohl sie dort gerne finanziert hätte.

Am nächsten Tag klingelte das Telefon, und die Bankberaterin ihrer Hausbank fragte nach den Konditionen des Konkurrenzangebots. Marie zählte die guten Bedingungen auf. Am anderen Ende der Leitung wurde es still. Dann räusperte sich die Beraterin und sagte zu Maries großer Überraschung: »Das können Sie bei uns auch haben.«

Mach dir also, wenn du Angebote einholst, bewusst, dass du keine Bittstellerin bist, sondern eine wertvolle Kundin. Kredite zu vergeben ist das Brot-und-Butter-Geschäft der Banken. Sie profitieren von einem Geschäft mit dir – darum darfst du auch Forderungen stellen. Und tatsächlich ist der Zinssatz nicht die einzige Komponente, die du bei der Finanzierung verhandeln kannst.

Sondertilgung

Du solltest darauf bestehen, sogenannte Sondertilgungen leisten zu dürfen. Das sind Zahlungen, die du zusätzlich zum vereinbarten Tilgungsplan leisten kannst, wenn du gerade Geld übrig hast. Die meisten Banken bieten diese Option kostenlos an. Und wer die Möglichkeit hat, sollte sie nutzen, um seinen Kredit schneller abzuzahlen.

Ich selbst hatte das Thema bei meinem ersten Wohnungskauf leider gar nicht auf dem Schirm, was rückblickend sehr ärgerlich ist. Einen Bonus, den ich mir hart erarbeitet hatte, hätte ich gerne für eine zusätzliche Tilgung genutzt. Es ging aber nicht, da ich die Option nicht vertraglich vereinbart hatte. Bei meinen weiteren Wohnungskäufen habe ich darum die Möglichkeit einer Sonderzahlung immer mitverhandelt. Ob ich sie dann tatsächlich nutze, kann ich flexibel und je nach meiner finanziellen Situation entscheiden.

Flexible Raten

Auch eine flexible Anpassung der monatlichen Raten lässt sich verhandeln. Für dich als Kreditnehmer*in bedeutet das viel mehr Flexibilität bei der Rückzahlung des Kredits. Hast du beispielsweise nach einer Gehaltserhöhung mehr Geld zur Verfügung, könntest du deine Kreditrate erhöhen. Ist deine Einkommenssituation gerade unsicher, hättest du die Möglichkeit, deine monatliche Rate vorübergehend zu reduzieren.

Viele Banken bieten diese Option an, lassen sie sich aber gerne bezahlen oder beschränken die Häufigkeit, legen also fest, wie oft du während der Darlehenslaufzeit die Raten ändern darfst. Darum versuche zu verhandeln, dass die Ratenänderungen unbeschränkt oft möglich sind und dafür auch keine Bearbeitungsgebühren anfallen.

Laufzeit

Verhandelbar ist auch die Laufzeit deines Darlehens. Selbst wenn sich die Bank kein Stück mehr bewegt, was den Zinssatz angeht, so ist sie vielleicht bereit, die Laufzeit des Kredits und damit die Zinsbindung um ein oder zwei Jahre zu verlängern. Je länger du dir einen guten Zinssatz sichern kannst, desto besser.

Kenne deinen Rahmen:

Was kann ich mir leisten?

Zugegeben, bis hierhin war es ein langer und vergleichsweise technischer Weg. Für Freund*innen der Finanzmathematik vielleicht ein kleines Fest, für alle anderen eher ein Grund, zum nächsten Kapitel zu springen. Aber dein Budget zu kennen, ist wichtig. Du kannst gezielter nach Immobilien suchen, ersparst dir Enttäuschungen und übernimmst dich nicht, wenn du weißt, was du dir leisten kannst.

Du kennst nun den Rahmen, mit dem dich eine Bank beim Immobilienkauf unterstützen könnte. Und du kennst deine eigenen Mittel – der Rest der Rechnung ist einfach: Das Kreditvolumen hatten wir ja im vorherigen fiktiven Beispiel schon berechnet. Es liegt bei 210.000 Euro. Außerdem wird angenommen, dass Eigenkapital in Höhe von 50.000 Euro vorhanden ist. Addiert man beide Zahlen, erhält man das gesamte mögliche Finanzierungsvolumen – also das, was du für deine Immobilie und alles drum herum ausgeben kannst. In diesem Beispiel sind das insgesamt 260.000 Euro.

Davon abziehen musst du die Kaufnebenkosten, also etwa Makler und Grundsteuern. Insgesamt kannst du hier der Einfachheit halber 10 Prozent des Finanzierungsvolumens ansetzen, also 26.000 Euro. Außerdem ist ein Puffer ratsam, hier plane etwa 5 Prozent des Finanzierungsvolumens ein – in unserem Beispiel also rund 13.000 Euro, die du ebenfalls von den 260.000 Euro abziehen musst.

Die Rechnung sieht dann folgendermaßen aus:

	Kreditvolumen:	210.000 Euro
+	Eigenkapital:	50.000 Euro
–	Kaufnebenkosten:	26.000 Euro
–	Puffer:	13.000 Euro
=	maximaler Immobilienpreis:	221.000 Euro

221.000 Euro – das scheint nicht viel zu sein, vor allem dann nicht, wenn man in einer deutschen A-Lage auf die Suche geht. In kleineren Städten wird man jedoch durchaus fündig. Denke zudem daran: Das ist nur der Startpunkt. Ab jetzt kannst du dich weiterentwickeln – mehr Eigenkapital aufbauen, dein Einkommen erhöhen, dein Wissen und dein Netzwerk erweitern.

Tatsächlich hat meine letzte Wohnung nur unwesentlich mehr gekostet, nämlich 232.000 Euro. Der gesamte Finanzierungsbedarf inklusive Kaufnebenkosten und Sanierung betrug 269.731 Euro. 190.000 Euro davon musste ich als Kredit aufnehmen – und mein Ziel war und ist es, diesen schnellstmöglich wieder loszuwerden.

Nach den Renovierungsmaßnahmen und dank der Möblierung war klar, dass ich mehr Miete nehmen kann, als der Mietspiegel vorsieht. Ich fing an zu rechnen. Die Einnahmen aus der Wohnung sollten meine Kreditraten mindestens decken und idealerweise mittel- bis langfristig sogar übersteigen, sodass ich irgendwann ein kleines passives Einkommen aus der Vermietung generiere.

Für die Lage und bei dem Zustand hielt ich eine Kaltmiete von rund 1000 Euro pro Monat für realistisch. Dieser Betrag musste dann Zins, Tilgung und alle nicht umlagefähigen Kosten decken. Das Hausgeld lag bei 297 Euro, davon nicht umlagefähig waren 140 Euro. Diese 140 Euro müsste ich also selbst aufbringen. Von den 1000 Euro Mieteinnahmen blieben mir somit noch 860 Euro für die Kreditrate. Ich fügte alle Eckdaten bei tilgungsrechner.fmh.de ein:

Kreditvolumen:	190.000 Euro
Zinssatz:	2,49 Prozent
Laufzeit:	zehn Jahre
Kreditrate:	860 Euro pro Monat
Restschuld nach zehn Jahren:	126.611 Euro
Anschlussfinanzierung für weitere zehn Jahre	
Sondertilgung pro Jahr:	**maximal 13.300 Euro**

Option 1

Ich schöpfe die maximale Sondertilgung pro Jahr aus, Kredit ist am Ende der Laufzeit abgezahlt.

Option 2

Ich nutze die Sondertilgung nicht und nutze Anschlussfinanzierungen mit derzeit ungewissen Zinskonditionen.

Option 3

Ich sondertilge je nach verfügbarem Kapital plus kürzere Anschlussfinanzierung.

Nach zehn Jahren, so spuckte es mir der Rechner aus, werde ich nur noch eine Restschuld von 126.611 Euro haben – zumindest dann, wenn ich keine Sondertilgungen leiste. Doch genau das will ich tun. Maximal 7 Prozent, also circa 13.300 Euro pro Jahr, darf ich sondertilgen. Schöpfe ich diese Option jedes Jahr vollständig aus, kann ich den Kredit innerhalb dieser zehn Jahre komplett abzahlen.

Mir ist klar, dass nicht jede*r die Möglichkeit hat, Sondertilgungen in dieser Größenordnung zu leisten – auch ich weiß noch nicht, ob ich jedes Jahr so viel Geld übrig haben werde. Aber ich halte mir gerne alle Optionen offen und bin darum ein großer Fan davon, Sondertilgungen in meine Kreditverträge hineinzuverhandeln.

Doros DO's

So kannst du dir mehr leisten!

Einkommen erhöhen

Versuche, dein frei verfügbares Einkommen zu erhöhen. Dafür gibt es zwei Hebel: deine Einnahmen und deine Ausgaben. Erstere kannst du versuchen zu erhöhen, etwa durch regelmäßige Gehaltsverhandlungen, Fortbildungen, Karriereschritte oder ein Side-Business. Letztere solltest du durch Sparen und cleveres Budgetieren senken.

Alternativen checken

Wenn du in einer teuren Stadt lebst, in der du dir aktuell keine Wohnung leisten kannst oder willst, weiche auf alternative Städte aus – idealerweise solche, die du kennst, weil du dort aufgewachsen bist, studiert hast oder Freund*innen von dir dort leben. Du musst ja nicht gleich umziehen, sondern kannst dort zum Beispiel eine kleine Wohnung kaufen, um sie zu vermieten.

Private Kredite

Gehe auch ungewöhnliche Wege, um an Eigenkapital zu kommen. Frage deine*n Chef*in oder Verwandte. Dein Chef wird dir kein Geld schenken, aber auch Unternehmen gewähren ihren Mitarbeitenden mitunter Darlehen oder zahlen Boni frühzeitig aus. Verwandte werden dir das Geld vielleicht sogar schenken. Auch ein privates Darlehen zum Nulltarif oder mit sehr guten Konditionen kann helfen.

Zusammen stark

Du musst eine Immobilie nicht allein kaufen. Hol deine*n Partner*in, Freund*innen oder Familienangehörige mit ins Boot, und kauft gemeinsam eine Immobilie als Kapitalanlage. Die Vorteile liegen klar auf der Hand. Ihr könnt euch die Arbeit sowie Risiken und Chancen teilen.

Zudem findet es die Bank immer klasse, wenn sie mehrere Schuldner*innen hat, bei denen sie Geld eintreiben könnte, wenn der Kredit nicht mehr bedient würde. Insofern solltest du dir allerdings auch bewusst machen, dass hier das Motto ist: mitgefangen, mitgehangen. Ihr steht zwar vielleicht beide im Grundbuch der Immobilie, aber das ist der Bank egal. Zahlt dein*e Kaufpartner*in seine/ihre Schulden nicht zuverlässig ab, bist du im Zweifel dran.

Darum: Suche dir jemanden, dem/der du zu 100 Prozent vertraust. Zudem würde ich dir davon abraten, eine Immobilie mit zu vielen Leuten zu kaufen, da es hier leicht zu Unstimmigkeiten kommen kann.

Finanzierung mit Tücken:

Kredite für Freiberufler und Selbstständige

Als Angestellte*r mit unbefristetem Arbeitsvertrag ist es meistens nicht schwierig, an einen Kredit zu kommen. Selbstständige haben es da viel schwerer mit der Immobilienfinanzierung. Auch ich kann ein Lied davon singen. Ich bin seit 2020 selbstständig und kenne die Herausforderungen. Mit dem Finanzierungs- und Immobilienexperten Dirk Nopp von Baufi-Rheinland habe ich darum über das Thema gesprochen und viele wertvolle Tipps für Freiberufler von ihm bekommen.

Warum ist es so schwer für Selbstständige und Freiberufler, einen Immobilienkredit zu bekommen?
Während Angestellte nur drei Gehaltsabrechnungen, ab und an die Kontoauszüge der letzten drei Monate und allgemeine Angaben zu Job und Gehalt nachweisen müssen, um einen Kredit zu bekommen, sind die von Selbstständigen einzureichenden Unterlagen um einiges umfangreicher. In der Regel müssen sie die Einkommensunterlagen der letzten drei Jahre, Steuererklärungen und Steuerbescheide sowie die aktuelle betriebswirtschaftliche Auswertung inklusive Summen und Saldenliste einreichen. Manche Selbstständige haben diese Unterlagen nicht und können sie auch nicht oder nur unter großem Aufwand beschaffen.

Das heißt, sie würden eigentlich einen Kredit bekommen, aber es scheitert an der Vollständigkeit der Unterlagen?
Genau das ist das Problem. Zumal Selbstständige und Freiberufler

bei vielen Banken oft erst drei Jahre nach Tätigkeitsbeginn beziehungsweise Gründung eine Finanzierung beantragen können. Ein weiteres Problem ist, dass Selbstständige nicht selten zu viel Geld aus ihrer Firma entnehmen, was Banken natürlich sehr kritisch sehen. Je nach Geschäftsart und Umsatzhöhe gibt es bei den Banken zudem unterschiedliche Abteilungen für Selbstständige (Gewerbeabteilung und Firmenkundenabteilung). Viele Selbstständige wissen gar nicht, an wen sie sich direkt wenden sollen und wie man gute Konditionen erhält.

Wie findet man das heraus?
Entweder an einen Finanzierungsvermittler wenden, der auch Erfahrung mit Selbstständigen hat, oder man spricht vor dem Vorhaben mit seiner Hausbank und den regionalen Banken vor Ort – Sparkassen, VR-Banken, Großbanken wie Commerzbank oder Deutsche Bank. Man muss schon vor Beginn aktiv werden und die Ansprechpartner suchen. Wichtig dabei ist, Berater*innen mit Entscheidungskompetenzen zu dem Vorhaben zu finden. Nicht immer darf der klassische Berater in der Filiale auch Entscheidungen für ein Darlehen treffen.

Gibt es Unterschiede zwischen Freiberuflern und Selbstständigen, das heißt, bevorzugen Banken die eine oder andere Gruppe?
Freiberufler werden bei manchen Banken bevorzugt.

Warum?
Der Grund ist, dass Freiberufler in der Regel sehr gute Berufe haben, etwa Ärzte, Architekten, Steuerberater oder Rechtsanwälte sind. Diese Berufe sind geschützt und können nicht von jedem ausgeübt werden. Selbstständige hingegen haben häufig ein höheres wirtschaftliches Risiko. Freiberufler sind zudem von der Gewerbesteuer befreit. Somit sind sie für manche Banken »sicherere« und interessantere Kunden. Sie müssen jedoch die gleichen Unterlagen einreichen wie Selbstständige.

Spielt es für die Bank eine Rolle, in welcher Branche ich tätig bin?
Ja! Einigen Branchen werden je nach Marktlage sogenannte Konditionenaufschläge berechnet, oder es gibt sogar Annahmestopps. Während der Corona-Pandemie war das zum Beispiel im Gastronomiebereich der Fall. Ein Arzt mit einer laufenden Praxis, einigen Angestellten und gegebenenfalls einem Vertretungsarzt erhält ein besseres Rating als eine freie Sängerin.

Wonach beurteilt eine Bank das Risiko eines Antragstellers?
Die Bank prüft das Ausfallrisiko in Bezug auf die Branche, die private Bonität des Geschäftsführers oder der Geschäftsführerin sowie die aktuelle Lage, die Zahlen aus der Vergangenheit und die geschätzte Prognose für die Zukunft.

Sind die Konditionen für einen Immobilienkredit für Freiberufler oder Selbstständige tendenziell schlechter?
Nicht unbedingt. Das hängt von der Branche, dem Rating und der persönlichen Bonität, aber natürlich auch von der Bank und der Objektbewertung ab.

Gibt es Banken, die gezielt Selbstständige und Freiberufler finanzieren?
Nein. Aber regionale Banken wie die Sparkassen und die VR-Banken sowie einige überregionale Banken wie Deutsche Bank oder Commerzbank finanzieren Selbstständige. Auch bei der ING Diba oder der Hypovereinsbank sowie teilweise auch bei Versicherungen haben Selbstständige ab und an Chancen.

Welche No-Gos gibt es für Selbstständige und Freiberufler im Hinblick auf eine Finanzierung?
Schufa-Einträge sowie ein mieser Schufa-Score sind ein Tabu. Ansonsten sehen Banken Rücklastschriften im Geschäfts- und Privatkonto, sehr hohe Dispos und viele Kreditkarten kritisch. Fehlen aktuelle wirtschaftliche Unterlagen wie Jahresabschlüsse oder

werden diese zu spät eingereicht, ist auch das für viele Banken ein Ausschlusskriterium.

Kann ich mich denn auf einen zukünftigen Immobilienkauf vorbereiten, damit die Bank mich für möglichst kreditwürdig hält?
Da lässt sich bereits im Vorfeld einiges tun, und das würde ich auch raten. Die Unterlagen sollten vollständig vorliegen, natürlich am besten digital. Manche optimieren ihre Kreditwürdigkeit zudem durch 520-Euro-Jobs oder eine Teilzeitstelle. Solche Jobs sollten mindestens vier bis sechs Monate vor der Darlehensanfrage bestehen.

Dirks Checkliste
So überzeugst du die Bank

- [ ] Steuererklärungen immer pünktlich abgeben.
- [ ] Keine unnötigen Investitionen tätigen, die den Gewinn senken. Lieber hohe Gewinne erzielen und höhere Steuerzahlungen in Kauf nehmen.
- [ ] Keine komplizierten Firmenkonstrukte bauen, sondern GbR oder GmbH gründen und dort einfach nur viel Gewinn erzielen.
- [ ] Bei einer GmbH sich selbst ein »vernünftiges« Gehalt auszahlen, um zu zeigen, dass man mit dem Geld gut zurechtkommt, privat trotzdem noch genug Rücklagen aufbauen, um auch später die Darlehensraten zahlen zu können.
- [ ] Gepflegte Buchhaltung.
- [ ] Private Schulden tilgen und keine neuen machen.
- [ ] Eigenkapital in sichere Anlagen ansparen (Tagesgeld).

- [ ] Keine Rücklastschriften im Privat- und Firmenkonto.
- [ ] Keine Schufa-Einträge haben beziehungsweise versuchen, diese löschen zu lassen.
- [ ] Lebensstil vernünftig gestalten: keine zu hohen Kosten (Auto, Miete, Hobby et cetera).
- [ ] Kinderplanung idealerweise auf die Zeit nach dem Kauf verschieben (bessere Bonität).

Benötigte Unterlagen für einen Kredit bei Selbstständigen/ Freiberuflern

Was?	Woher
Steuererklärung (die letzten 3 Jahre)	Steuerberater
Steuerbescheid (die letzten 3 Jahre)	Steuerberater
Die letzten 3 Jahresabschlüsse (unterschriebene GuV-Berechnung oder unterschriebene Bilanz)	Steuerberater
Anlageverzeichnis/ Anlagevermögen	Steuerberater
Aktuelle BWA mit einer Summen- und Saldenliste	Steuerberater
Ggf. Kontoauszüge des Geschäftskontos und des Privatkontos der letzten 3 Monate	Private Unterlagen/Bank

Nachweis der privaten oder gesetzlichen Krankenversicherung	Private Unterlagen/ Krankenkasse
Auskunft der gesetzlichen oder privaten Rente	Private Unterlagen/ Deutsche Rentenversicherung
Ggf. Kopie von vorhandenen Darlehensverträgen	Private Unterlagen/ Bank
Ggf. Kopie eines Mietvertrags und Nachweis der Mietzahlung	Private Unterlagen
Nachweis von Eigenkapital	Bank
Ausweiskopie	Private Unterlagen

Profis für den Darlehensdschungel:

Keine Angst vor der Bankberatung

Das Thema Finanzierung ist beim Immobilienkauf elementar und sollte gut geplant sein. Ich habe dir auf den vorherigen Seiten erklärt, wie du berechnest, wie viel Immobilie du dir leisten kannst. Damit kannst du die Suche starten. Aber irgendwann – spätestens, wenn es um die Finanzierung einer konkreten Immobilie geht – brauchst du Profis, die dir durch den Darlehensdschungel helfen.

Das Beratungsgespräch

Jede Immobilienfinanzierung beginnt mit einem Erstgespräch. Davor brauchst du keine Angst zu haben, denn es dient lediglich dazu, deine persönliche Finanzlage offenzulegen. Das mag vielleicht erst mal etwas furchteinflößend klingen, zumal wir Deutschen ja eher ungern über Geld sprechen. Aber es ist ein wichtiger Schritt, um die für dich und deine Lebensplanung passende Finanzierung zu finden. Darum rate ich allen, sich auf das Gespräch vorzubereiten.

Ziel ist es allerdings nicht, wie in einem Bewerbungsgespräch ein möglichst positives Bild von sich zu zeichnen, sondern ein realistisches. Darum ist das Motto: Alle Karten auf den Tisch! Sei ehrlich – weder bei der Haushaltsrechnung schummeln noch das Mahnverfahren verheimlichen. Denn nur so kannst du gemeinsam mit der Bank eine Finanzierung schneidern, mit der du dich wohlfühlst und nicht übernimmst. Schließlich möchtest du ja trotz Kredit deinen Lebensstil nicht (massiv) einschränken, nur um eine Wohnung oder ein Haus zu kaufen.

In erster Linie ist es beim Erstgespräch wichtig, Daten, Zahlen und Fakten parat zu haben: Ist dein Arbeitsvertrag unbefristet? Wie viel Miete zahlst du gerade? Hast du Aktien und ETFs? All diese Infos nutzt dein*e Berater*in, um zu bestimmen, wie hoch die Bank deinen Kreditrahmen schätzt.

Ist bereits eine konkrete Immobilie in Aussicht, geht es ans Eingemachte. Die Bank kann dir ganz konkret ausrechnen, wie die Konditionen für Zins und Tilgung in deinem Fall aussehen. Das ist vor allem interessant, wenn du die Immobilie gar nicht selbst nutzen, sondern vermieten willst. Denn dann kannst du das erste Mal prüfen, ob die monatliche Miete die Rate tragen würde.

Das Finden der optimalen Finanzierung ist ein nüchterner, aber trotzdem spannender Prozess, in dem man sich dem Optimum nähert. Lass dir darum nicht nur ein Szenario durchrechnen, sondern verschiedene – mit unterschiedlichen Laufzeiten, Tilgungsraten und eingebrachtem Eigenkapital. Auch einen Blick in die Zukunft solltest du wagen: Habe ich in fünf oder zehn Jahren noch diesen Job? Möchte ich Karriere machen und mich so auch finanziell weiterentwickeln? Will ich Familie?

Davon hängt ab, wie flexibel der Kredit sein sollte, ob es zum Beispiel sinnvoll ist, einen leicht höheren Zinssatz zu akzeptieren, dafür aber so oft wie nötig die Raten anpassen zu können.

Die Unterlagen

Eine gute Finanzberatung wird all diese Fragen mit dir durchgehen. Danach begleitet sie dich durch das, was ich als meinen persönlichen Gegner identifiziert habe: das Zusammensuchen aller relevanten Unterlagen, um zu prüfen, ob du kreditwürdig bist. Das machen Banken nicht nur aus Eigeninteresse, sondern auch weil sie müssen. Sie sind gesetzlich verpflichtet, deine Kreditwürdigkeit zu prüfen, bevor sie dir einen Kredit geben dürfen.

Für mich ist das mit Abstand der stressigste Teil eines Immobilienkaufs. Es kostet Zeit und Nerven, und am Ende fehlt immer etwas. Die Unterlagen zur Immobilie gehen ja noch – im Idealfall stellen Makler*innen oder Verkäufer*innen diese komplett zur Verfügung, ohne dass man noch irgendeinen Grundbuchauszug oder Teilungserklärungen einzeln nachfragen muss. Aber die sogenannte Selbstauskunft mit allen Details zu dir und deiner finanziellen Situation ist eine kleine Masterarbeit. Selbst mich, die gut organisiert und strukturiert ist, hat sie bei jeder einzelnen Finanzierung an den Rand des Wahnsinns getrieben, da es zu 100 Prozent stupide Fleißarbeit ist.

Das alles wäre noch zu ertragen, wenn man wüsste, dass die Selbstauskunft einmal erstellt für jede weitere Finanzierungsanfrage nutzbar wäre. Dem ist aber natürlich nicht so. Für die Selbstauskunft – quasi das Herzstück der Gesamtunterlagen – hat jede Bank ganz eigene Vorstellungen. Willst du dir mehrere Angebote einholen, wozu ich ja immer dringend rate, heißt das: Paperwork! Jede Selbstauskunft ist anders und auf jeden Fall immer anstrengend. Wenigstens die »Unterlagen zur Immobilie« sowie »Anhänge zur Selbstauskunft« kannst du bei jeder Anfrage verwenden.

Eine positive Seite hat die Selbstauskunft allerdings auch: Danach bist du komplett über deinen Finanzstatus im Bilde. Ich habe die Gelegenheit dazu genutzt, mein Ausgabeverhalten zu optimieren. Bei der Aufstellung meiner monatlichen Lebenshaltungskosten ist mir zum Beispiel aufgefallen, dass ich eine wesentliche Einnahmequelle für die Berliner Gastroszene bin, vor allem für die Baristas dieser Stadt. Anlass genug, meine Flat-White-Sucht endlich in den Griff zu bekommen und die 100 Euro, die ich dafür monatlich ausgegeben habe, besser zu investieren.

Auch ein paar Versicherungen habe ich nach meiner Selbstauskunft gekündigt und mit besseren Konditionen neu abgeschlossen. Wirklich gefreut habe ich mich zudem, als ich beim Zusammentragen meiner Unterlagen festgestellt habe, dass ich dank eines alten Arbeitgebers weitere 220 Euro Betriebsrente pro Monat bekommen werde, mit denen ich nie gerechnet hatte. Das hat mich mit dem Thema Selbstauskunft ein kleines bisschen versöhnt. Es bleibt für mich trotzdem ein notwendiges Übel, das du mit der folgenden Checkliste aber gut vorbereiten kannst.

Checkliste Selbstauskunft über Einkommen und Vermögen

Grundsätzliches:

- [ ] Angaben zur Person (Geburts-, Adress-, Kontakt-, Konto- und Steuerdaten)
- [ ] Kopie Pass/Personalausweis (beide Seiten)
- [ ] gegebenenfalls Ehevertrag bei Gütertrennung
- [ ] Anzahl und Alter von Kindern

Einkommensnachweise bei Angestellten/Beamten/Ruheständlern

- [ ] Gehaltsabrechnungen der letzten zwei Monate sowie die Dezemberabrechnung des Vorjahres
- [ ] letzter Steuerbescheid
- [ ] aktueller Rentenbescheid (nicht älter als ein Jahr bei gesetzlicher Altersrente)

Nachweise für Selbstständige

- [ ] letzter Steuerbescheid inklusive Einkommensteuererklärung
- [ ] aktuelle betriebswirtschaftliche Auswertungen (BWA)
- [ ] Einnahmen-/Überschussrechnungen und Jahresabschluss der letzten zwei Jahre

Nachweis sonstiger Einkünfte

- [ ] Mieteinnahmen, Kindergeld, Kapitalerträge, Unterhalt, Tantiemen, Elterngeld, Wohngeld et cetera

Nachweis über Eigenkapital

- [ ] aktueller Konto- beziehungsweise Depotauszug
- [ ] Objektunterlagen vorhandener Immobilien
- [ ] gegebenenfalls Nachweis über weitere relevante Vermögensgüter

Nachweise über Verbindlichkeiten

- [ ] bestehende Kredite, Darlehen, Leasingverträge

Nachweise über Versicherungen

- [ ] Kapitallebensversicherungen/Rentenversicherungen
- [ ] Arbeitsunfähigkeitsabsicherung
- [ ] Risikolebensversicherung

Nachweise über das voraussichtliche Einkommen im Ruhestand

- [ ] aktuelle Renteninformation
- [ ] private Rentenpolicen
- [ ] betriebliche Altersvorsorge/Zusatzrenten

Jetzt profitieren!

Förderung für den Immobilienkauf

Wer baut, saniert oder eine Bestandsimmobilie kauft, kann unter Umständen eine Förderung in Anspruch nehmen. Neben dem Bund bieten auch die Bundesländer, einige Kommunen sowie sogar manche Arbeitgeber eigene Förderprogramme. Welche Fördertöpfe es gibt und wo du weitere Informationen findest, habe ich dir hier einmal aufgelistet.

Förderung durch die KfW

Die Kreditanstalt für Wiederaufbau hat verschiedene Programme zur Förderung von Wohneigentum, etwa zinsgünstige Darlehen oder Zuschüsse zur Sanierung. Informationen zu den verschiedenen Programmen findest du auf kfw.de.

Förderung durch Riester

Wohn-Riester ist eine weitere Möglichkeit, sich den Erwerb einer Immobilie fördern zu lassen. Er kann als Bausparvertrag oder als Annuitätendarlehen abgeschlossen werden. Zudem kannst du einen möglicherweise bereits laufenden klassischen Riester-Vertrag in einen Wohn-Riester-Vertrag umwandeln. Weitere Infos bekommst du bei der Deutschen Rentenversicherung.

Förderung durchs Land

Die Bundesländer fördern Bau- und Kaufwillige bis zu bestimmten Einkommensgrenzen etwa durch zinsverbilligte Darlehen. Oft gibt es hierbei bestimmte Schwerpunkte wie die Förderung energetischer oder behindertengerechter Sanierung. Die verschiedenen Programme findest du auf foerderdatenbank.de.

Förderung durch die Kommunen

Zahlreiche Städte und Gemeinden bieten Förderprogramme, etwa in Form von günstigen Darlehen oder preisreduzierten Grundstücken. Um zu erfahren, ob und welche Fördermöglichkeiten es gibt, am besten bei der Gemeinde nachfragen. Zahlreiche Baufirmen und Baufinanzierer haben sich zudem zur »Aktion pro Eigenheim« zusammengeschlossen.

Förderung durch die Kirchen

Verschiedene Landeskirchen und Bistümer gewähren auf kircheneigenem Land Erbbaurechte. Bauwillige müssen das Land also nicht kaufen, sondern können es pachten. Zudem gibt es weitere Förderungen wie günstige Darlehen. Infos gibt es ebenfalls über »Aktion pro Eigenheim«.

Förderung durch den Arbeitgeber

Ein vom Arbeitgeber zinsgünstig zur Verfügung gestelltes Darlehen ist eine weitere Form, den Traum von der eigenen Immobilie zu realisieren. Hier einfach direkt den Arbeitgeber ansprechen, ob und welche Möglichkeiten es gibt.

Es lohnt sich diesen Instagram-Accounts zu folgen, um täglich dein Wissen auszubauen

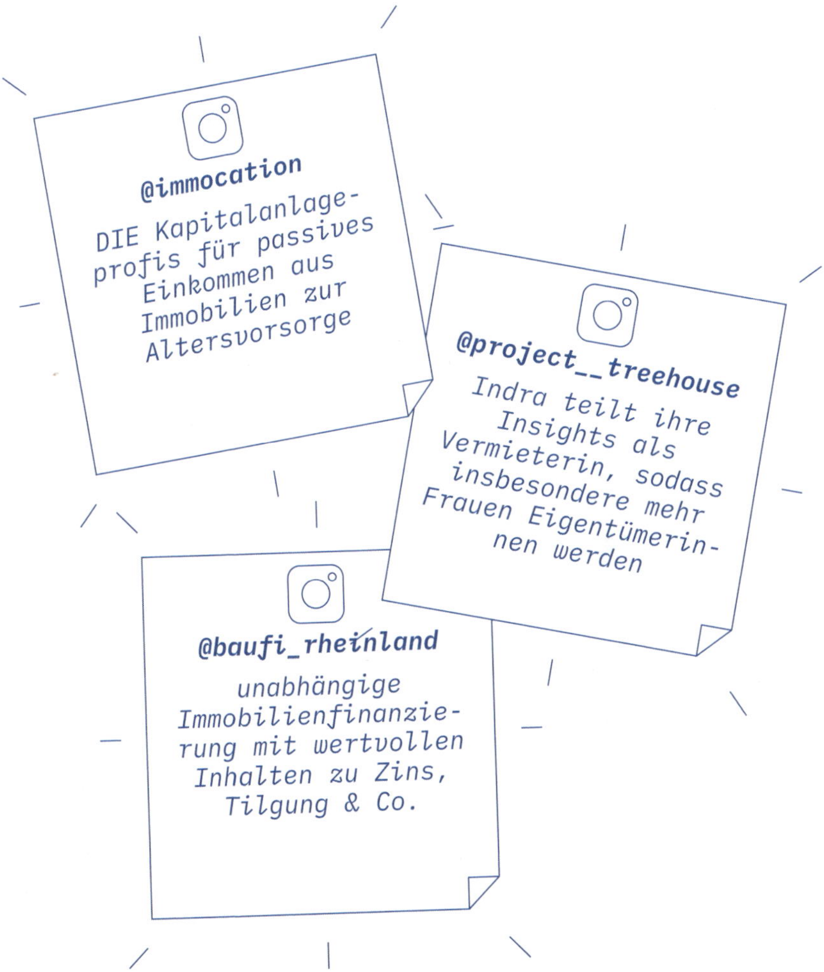

KAPITEL 5

Die Immobilien-suche

»Ich will einfach eine Wohnung – so ähnlich wie deine«:

Was genau suchst du?

Von meiner ersten, zu Beginn recht mühsamen Wohnungssuche habe ich dir ja bereits in Kapitel 1 berichtet. Zum Glück weiß ich heute, dass sich viele Menschen mit dem Finden der eigenen Immobilie erst einmal schwertun. Oft fehlt ihnen der Zugang zu diesem sperrigen Thema. So ging es auch Lea-Sophie Cramer.

Ich lernte Lea – eine der erfolgreichsten deutschen Start-up-Unternehmerinnen – Anfang 2020 kennen. Wir teilten uns eher zufällig einen Co-Working-Space auf der Berliner Torstraße und verstanden uns auf Anhieb. Beide steckten wir gerade in einer beruflichen Findungsphase und quatschten anstatt übers Business viel über die schönen Dinge des Lebens – Reisen, Festivals, Sport, die besten Dating-Apps. An sonnigen Wochenenden fuhren wir oft gemeinsam in Leas Ferienhäuschen nach Brandenburg.

Obwohl sie in zig Start-ups investiert ist, Aktien, ETFs und auch Kryptowährungen in ihrem Depot hat, stellte ich fest, dass sie zu dem Zeitpunkt – abgesehen von dem kleinen Wochenenddomizil – keine einzige Immobilie besaß. Das überraschte und wunderte mich damals sehr. Ich war fest davon ausgegangen, dass jemand wie sie auch in Immobilien investieren würde.

Bei einem Aperol Spritz in der Torbar sprach ich sie auf das Thema Immobilien an – und rannte damit offene Türen ein. »Wie toll, dass du das so direkt ansprichst, Doro«, sagte Lea, »ich denke schon lange darüber nach, eine Wohnung zu kaufen, aber ich habe einfach keinen Zugang zu dem Thema.« Spontan bot ich meine Hilfe an.

Von da an schickte Lea mir fast täglich verwackelte Videos von Besichtigungsterminen, Exposés von Online-Portalen und Architektengrundrisse von geplanten Wohnungsprojekten. Lea war Feuer und Flamme und startete mit der Immo-Suche nun richtig durch. Meine Meinung war ihr dabei sehr wichtig. Allerdings wusste sie anfangs selbst nicht so richtig, was genau sie eigentlich suchte. Es fiel mir darum recht schwer, hilfreiches Feedback zu geben.

Klar, ich konnte einschätzen, ob der Preis stimmte, der Bauträger einen guten Ruf hat, die Lage sich positiv entwickeln könnte. Ich konnte ihr auch sagen, ob ich die Immobilie persönlich schön fand oder nicht. Ob die Wohnungen, die Lea mir per Handyfotos oder Videos zeigte, aber wirklich zu ihr und ihren Lebensumständen passen würden, konnte ich nicht beurteilen. Ich brauchte mehr Infos!

A star is born

Fun Fact! Während Lea nach ihrer ersten Immobilie suchte, entstand parallel die Idee zu meinem Unternehmen 26 Homes. Und das kam so: Lea hatte sich eine supercoole Wohnung angesehen, genau das, was sie suchte. Nun wollte sie eine Bindung zu dem Makler aufbauen, um die Immobilie auch tatsächlich kaufen zu können und nicht von anderen Interessent*innen ausgestochen zu werden. Es war kurz vor Weihnachten, darum ging sie mit dem Makler kurzerhand einen Glühwein trinken.

Sie hatte sich bereits ausgemalt, wie sie die Wohnung einrichten würde und dass einige ihrer Freunde, die ebenfalls auf der Suche waren, andere Wohnungen in dem Haus kaufen und sie gemeinsam dort leben könnten. Eine smarte Idee, sich auf diese Weise seine eigene Community im direkten Umfeld zu schaffen, dachte ich damals.

Allerdings hatte besagter Makler zwar die Grundrisse, wusste aber nicht, wann der Verkauf starten sollte. Das machte mich stutzig. Wenn Lea Fragen hatte, vertröstete er sie wieder und wieder. Letztlich stellte sich heraus, dass er gar keinen Vertriebsauftrag besaß und Lea viel Zeit und Nerven an ihn verschwendet hatte.

Mich ärgerte das wahnsinnig. Denn genau solche Fälle rücken die gesamte Immobilienbranche in ein schlechtes Licht. Leas Erlebnis veranlasste mich dazu, erneut zu überlegen, was ich tun könnte, um eine Vorauswahl von Kaufwohnungen vorzunehmen. Ein wöchentlicher Newsletter für Wohnimmobilien mit kuratiertem Content zum Thema Eigentum, Finanzierung und Interior-Design sollte Abhilfe schaffen. Die Idee zu 26 Homes war geboren, und vier Wochen später ging der erste Newsletter an 145 Empfänger.

Nachdem ich ein Jahr zuvor meinen festen Job bei Ziegert Knight Frank in Frankfurt gekündigt hatte, um mich neu zu orientieren, war ich Anfang 2021 back im Immo-Business. Damals standen die Zinsen auf einem absoluten Tief. Alle wollten plötzlich (oder immer noch) Immobilien kaufen, aber es gab kaum Angebote. Ein krasser Verkäufermarkt, der viele Suchende verzweifeln und den Beratungsbedarf immer weiter steigen ließ.

Ich bot Lea an, meine Pilotkundin zu werden, da ich verschiedene Serviceleistungen nach Gründung einfach ausprobieren wollte. Kostenfrei natürlich, denn ich musste ja auch noch üben. Mein Service sollte wie folgt aussehen: Ich würde den Markt sondieren, alle Angebote durchsuchen und sortieren, wenn möglich die besten Immobilien vor allen anderen besichtigen und letztlich eine passende für sie – und später auch für andere Kund*innen – finden.

»Von der Lage bis zum Budget – du musst wissen, was du willst, sonst wird die Suche wahllos.«

Was allerdings noch fehlte, war eine konkrete Checkliste, denn ich musste ja wissen, was Lea überhaupt wollte. Eine Stunde sollte sie sich Zeit nehmen, um mit mir alles durchzugehen. »Was, eine ganze Stunde?«, fragte sie mich entgeistert. »Ich will einfach eine Wohnung so ähnlich wie deine, nur etwas größer. Und in einem anderen Stadtteil.«

Da fängt's schon an, dachte ich und ließ sie nicht vom Haken. »Ich muss ganz genau wissen, was du brauchst, nicht nur so ungefähr«, erklärte ich. »Wie viele Zimmer sollen es sein? Und brauchst du auch ein Arbeitszimmer oder ein Gästezimmer? Willst du im Alt- oder Neubau wohnen, reicht dir ein Bad oder brauchst du mehrere, willst du einen Garten oder Balkon?« Deckenhöhe, Lage im Haus, Stellplatz ... Fragen über Fragen!

Letztlich gingen wir alle Punkte in Ruhe durch – von der Lage bis hin zum Budget. Im Rahmen unseres Gesprächs stellte und beantwortete sie sich erstmals selbst viele Fragen, und ich ging nicht, bevor wirklich alles geklärt war. Schließlich war mein Ansporn, die perfekte Immobilie für eine gute Freundin zu finden und gleichzeitig neue Modelle für 26 Homes zu testen.

Bevor ich Suchaufträge bei ImmoScout24 & Co. anlegte, telefonierte ich alle Makler*innen aus meinem Netzwerk ab. Nicht selten gibt es etwas in der Schublade, was öffentlich gar nicht beworben wird, etwa aus Diskretionsgründen oder weil es für besondere Kund*innen zurückgehalten wird. So landeten vier Exposés in meiner Inbox, die auf keiner Immobilienseite zu finden waren. Als ich das dritte öffnete, wusste ich sofort: Das ist Leas Immobilie! Alle Briefingpunkte stimmten. Ich leitete Lea mein Fundstück weiter und bekam sofort Feedback: »Das ist sie! Wann schauen wir sie an?«, schrieb sie per WhatsApp.

Drei Wochen später saßen wir beim Notar, und Lea unterschrieb den Kaufvertrag. Mittlerweile ist sie auch Board Member bei der 26 Homes GmbH und investierte in weitere kleine Wohnungen zur Kapitalanlage, die sie gerade saniert.

Checkliste für die Suche

*Bevor du auf die Immobiliensuche gehst, führe dir vor Augen, was du genau willst. Erstelle eine detaillierte Checkliste mit allen Punkten, die dir wichtig sind. Mit einer guten Übersicht kannst du viele Immobilien direkt ausschließen und dir unnütze Recherchen und Besichtigungen sparen. Lea war das beste Beispiel dafür: Nachdem wir ihre Checkliste erstellt hatten, konnten wir viel gezielter vorgehen. Letztlich haben wir durch unser einstündiges Gespräch alle Fragestellungen geklärt, sodass wir uns und auch den Makler*innen und Bauträgern viel Zeit erspart haben.*

Eine Immobilie zu kaufen, ist ein großes Investment. Kein Wunder also, dass vielen die Entscheidung nicht leichtfällt.

Auch ich war anfangs unsicher, was genau ich eigentlich wollte, welche Lage mir am besten gefallen würde, wie groß meine Wohnung mindestens sein müsste, ob ich lieber in einem gemütlichen Altbau oder einer schicken Neubauwohnung leben wollte. Mir hat es sehr geholfen, einmal in Ruhe alle für den Wohnungskauf wichtigen Punkte durchzugehen. Ich gebe dir darum hier eine Aufstellung der wichtigsten Entscheidungen, die du treffen solltest, bevor du auf die Suche gehst. Let's go!

Selbstnutzung oder Kapitalanlage?

Für mich war bei meiner ersten Immobilie sofort klar, dass ich selbst darin wohnen möchte. Vermutlich geht es dir ähnlich, und du weißt schon, ob du eine Wohnung für dich oder zur Vermietung suchst. Falls du dir aber noch nicht genau im Klaren darüber sein solltest, musst du diese Frage zuerst beantworten.

Bei einer Wohnung, die du vermietest, sind deine persönlichen Bedürfnisse nicht so ausschlaggebend wie bei einer selbst genutzten Immobilie. Ein Beispiel, damit du weißt, was ich meine: Auch wenn du zwei Kinder hast, kannst du eine Einzimmerwohnung kaufen und sie an eine Studentin vermieten. Wenn du selbst einziehen möchtest, brauchst du mit zwei Kindern aber eher drei oder vier Zimmer.

Natürlich kannst du auch eine selbst genutzte Wohnung später vermieten oder in einer Wohnung, die du zunächst vermietest, später selbst leben – wobei du wissen musst, dass du deine Mieter*innen nicht einfach kündigen kannst, sondern dich an gesetzliche Vorgaben wie Kündigungsfristen und Kündigungsgründe halten musst.

Solltest du eine bereits vermietete Wohnung kaufen wollen, um sie selbst zu nutzen, informiere dich unbedingt schon vor dem Kauf, ob eine sogenannte Eigenbedarfskündigung überhaupt machbar ist. Lass dich hier auf jeden Fall rechtlich beraten, und stelle auch moralische Überlegungen an. Einen Mieter oder eine Mieterin sollte man meiner Ansicht nach nur kündigen, wenn man keine anderen Möglichkeiten hat.

Ob ein Immobilienkauf zur Eigennutzung oder als reine Kapitalanlage mehr Sinn ergibt, kann man nicht pauschal sagen, denn es kommt immer auch auf die individuellen Vermögens-, Steuer- und Lebensverhältnisse an. Wohnungen, die man selbst nutzt, können nach zwei Jahren steuerfrei verkauft werden. Bei Kapitalanlagen zur Vermietung geht das erst nach zehn Jahren.

Aktuell plant die Ampelregierung Steuererleichterungen bei selbst genutzten Wohnungen, um die Kaufnebenkosten zu senken und so mehr Eigentum zu ermöglichen. Das wäre aus meiner Sicht wünschenswert. Auf derartige politische Überlegungen solltest du dich aber nicht verlassen. Weitere Vor- und Nachteile von Eigennutzung oder Vermietung findest du ausführlich in Kapitel 2.

Wenn Kapitalanlage: vermietet oder unvermietet?

Nachdem ich meine erste Wohnung zur Eigennutzung gekauft hatte, habe ich in den vergangenen Jahren noch in drei weitere Immobilien investiert, die ich vermiete. Eine dieser Wohnungen war bereits vermietet, für die anderen beiden habe ich selbst jeweils eine Mieterin gefunden.

Beides hat Vor- und Nachteile. Ist eine Wohnung unvermietet, kann man selbst bestimmen, wer dort einziehen soll, und meist auch eine höhere Miete verlangen. Dafür sind unvermietete Wohnungen meist deutlich teurer – meiner Erfahrung nach rund ein Drittel.

Bei vermieteten Wohnungen ist in jedem Fall erst mal Vorsicht geboten. Es gilt, die Altmietverträge sehr genau zu prüfen, bevor du die Wohnung kaufst. Wie lange wohnt der Mieter oder die Mieterin bereits in der Wohnung, wie alt ist er oder sie, ist ein Auszug in den nächsten Jahren wahrscheinlich, und kannst du die Miete dann erhöhen? Zudem musst du wissen, wie hoch die aktuelle Miete ist, ob sie in der Vergangenheit zuverlässig gezahlt wurde, ob sie deine Kreditsumme deckt oder du monatlich draufzahlen müsstest, solange die Altmieter*innen dort wohnen.

Aus meiner Sicht ist eine bereits vermietete Wohnung für Immo-Neulinge weniger geeignet, sondern eher etwas für Profis wie die Immobilieninvestorin Indra Schormann, die ich dir in Kapitel 3 vorgestellt habe.

Wenn Kapitalanlage: leer oder möbliert vermieten?

Du kannst deine Wohnung leer oder aber auch möbliert vermieten. Hier ist alles denkbar – von den Basics wie einer Einbauküche, Deckenlampen, Esstisch und Stühlen bis hin zu Details wie Accessoires, Handtüchern, Bettwäsche und Küchenutensilien. Sinnvoll ist eine Möblierung dann, wenn du auf diese Weise deine Wohnung für Mieter und Mieterinnen attraktiver machen und einen höheren Mietpreis erzielen kannst.

»Ein Altbau ist wie ein Oldtimer: wunderschön anzusehen, aber man weiß nie, wann die nächste Reparatur ansteht.«

Altbau oder Neubau?

Als ich damals für mich selbst gesucht habe, war mir nach einigen Besichtigungen recht schnell klar, dass ich unbedingt in einer Altbauwohnung leben möchte. Ich liebe einfach den Charme von alten Dielen, knarrendem Parkett, Stuck und hohen Decken. Aber ein Altbau bringt auch Nachteile mit sich. Nicht selten sind die Wände schlecht isoliert, durch die schönen Kastenfenster pfeift der Wind, und die Heizungsanlage ist von anno dazumal. Bei den aktuell ständig steigenden Energiekosten wäre das eine arge Belastung für den Geldbeutel.

Im schlimmsten Fall muss man mit Sanierungskosten rechnen – vor allem, wenn teure Dinge wie die gesamte Elektrik, ein marodes Dach oder eine veraltete Heizung komplett ausgetauscht werden müssen. Ist der Altbau allerdings saniert oder sogar modernisiert (Definition siehe Kapitel 8), spricht grundsätzlich nichts gegen einen Kauf, sowohl zur Eigennutzung als auch zur Vermietung. Wohnungen mit Altbaucharme sind bei vielen Menschen sehr beliebt. Du solltest also keine Probleme haben, einen Mieter oder eine Mieterin für deine Wohnung zu finden.

Doch auch Neubauten haben natürlich ihre Vorteile. Reparaturen, aber vor allem größere Sanierungen und damit hohe Kosten sind in den ersten fünf bis zehn Jahren kaum erwartbar. Zudem sind die allermeisten Neubauten altersgerecht gebaut, sodass du oder deine Mieter*innen auch im Alter barrierearm noch gut in deine Wohnung kommt und euch uneingeschränkt darin bewegen könnt.

Für Neubauten gilt aktuell keine Mietpreisbremse. Du kannst eine Wohnung in einem Neubau daher deutlich teurer vermieten als in einem Altbau.

Checkliste Altbau

Vorteile	Nachteile
meist bezugsfertig	
besondere Grundrisse sowie flexible Grundrisse durch Trockenbauwände in Holzständerbauweise	Wohnformen haben sich geändert, im Altbau gibt es zum Beispiel meistens keine offenen Küchen, dafür sehr lange Flure
Lage in einem gewachsenen Quartier, oft mit guter Infrastruktur	
Renovierungen/Sanierungen können in Etappen erfolgen	oft alte Haustechnik

Besonderheiten wie Stuck, Deckenhöhe, historische Elemente	genehmigungspflichtige Um- und Anbauten wie Balkon, Aufzug oder Dachaufbauten sind oft gar nicht oder nur schwer umsetzbar
Haustechnik wie zum Beispiel die Heizung ist sichtbar und bewertbar	Gutachter benötigt, um Haustechnik, Dämmung, Keller et cetera zu prüfen
etablierte Wohnungseigentümergesellschaft/ Protokolle der Hauptversammlungen aus vergangenen Jahren verfügbar	
Instandhaltungsrücklagen meistens vorhanden	

Checkliste Neubau

Vorteile	Nachteile
kompakte, durchdachte Grundrisse	bezugsfertig erst nach Abschluss des Baus
oft individuelle Gestaltungsmöglichkeiten in frühen Bauphasen (Grundrissänderungen, Ausstattung)	oft verspätete Fertigstellung (in der Regel sollte man mit drei bis sechs Monaten Puffer planen)
Wärme- und Schalldämmung auf dem neusten Stand	Rücklagenkonto muss erst aufgebaut werden

geringere Heizkosten	*Eigentümer- und Mieterstruktur ist meist unbekannt*
Haustechnik sehr gut planbar (Smart Home)	*man kauft meist »vom Reißbrett«, ohne die Wohnung gesehen zu haben (Ausblick, Gefühl et cetera)*
fünf Jahre Gewährleistungsphase	
Erstbezug	
neuster technologischer Standard (Strom, Heizung, Internet et cetera)	
Zahlung nach Makler- und Bauträgerverordnung MABV, also nach Baufortschritt in Raten (siehe Kapitel 7)	

Saniert oder unsaniert

Eine unsanierte Altbauwohnung zu kaufen, kann eine Herausforderung sein. Wer sich – egal ob zur Vermietung oder Selbstnutzung – dazu entscheidet, sollte entweder selbst handwerklich begabt sein oder gute Handwerker und eine großzügig kalkulierte Summe zur Verfügung haben. Auf der anderen Seite kann man mit einer unsanierten Wohnung oft einen besseren Deal machen. Wenn du mit dem Gedanken spielst, eine unsanierte Wohnung zu kaufen, erfährst du in Kapitel 8 alles zum Thema Renovieren, Sanieren und Modernisieren.

Infrastruktur und Nachbarschaft

Der einen ist Ruhe besonders wichtig, dem anderen eine gute Verkehrsanbindung. Mach dir auf jeden Fall Gedanken darüber, was du gerne vor der Haustür hättest. Hast du Kinder, sollten Kitas und Schulen in der Nähe sein. Auch ein Supermarkt oder eine Busstation um die Ecke ist für viele Menschen ein wichtiges Kriterium.

Mach dir aber auch bitte klar, dass es nicht immer von Vorteil sein muss, in einer Straße mit vielen Cafés und Restaurants zu wohnen oder an einem Platz, auf dem drei Mal wöchentlich ein Markt stattfindet. Auf den ersten Blick wirkt das vielleicht attraktiv. Man vergisst dabei jedoch die Nachteile: Gerüche und Lärm.

Auch die gleich gegenüber gelegene Einkaufsmöglichkeit ist nicht ohne Nachteile. Der Supermarkt wird täglich schon frühmorgens von rumpelnden Lieferwagen angefahren. Supermarktabfälle, die im Hinterhof lagern, können vor allem im Sommer unangenehme Gerüche produzieren.

Um sich hier abzusichern, lohnt ein Blick in die Teilungserklärung. Darin wird aufgeführt, ob und welche Art von Gewerbe im Haus erlaubt ist.

Persönliche Präferenzen: Mut zur Lücke

Mach dir klar, worauf du im Zweifel verzichten könntest und worauf auf keinen Fall. Hohe Decken und Stuck sind toll, aber es geht vielleicht auch ohne, wenn in der Wohnung sonst alles passt. Auf ein zweites Bad kannst du hingegen nicht so gut verzichten, wenn du drei Kinder hast.

Ich habe mir folgende Checkliste für meinen letzten Wohnungskauf erstellt, die ich dir hier zur Verfügung stelle. Mir hat sie stets sehr geholfen.

Checkliste

Ziel: Kapitalanlage in aufstrebender Lage zur Vermietung
Immobilientyp: Eigentumswohnung
Kapitalanlage oder Selbstnutzung: Kapitalanlage
Stadt: Berlin
Bezirke: Wedding, Tempelhof, Neukölln, Treptow, Tiergarten, Moabit
Mikrolage: maximal 1000 Meter bis zur nächsten S- oder U-Bahn-Station, Supermärkte und Restaurants fußläufig erreichbar
Bestand: ja
Neubau: nein
Lage im Haus: ab erste Etage
Größe: 35 bis 55 Quadratmeter
Anzahl der Zimmer: eins bis zwei
Zustand: sanierungs- oder renovierungsbedürftig
Status Vermietung: unvermietet
Preis: maximal 5000 Euro/Quadratmeter
Makler: optimal wäre ein provisionsfreies Angebot
Wohnungsmerkmale: Prüfung, ob es hier ein Alleinstellungsmerkmal gibt, zum Beispiel bodentiefe Fenster, praktischer Grundriss, Stuck, Kaminanschluss, barrierearmer Zugang, Loft, freigelegtes Mauerwerk, hohe Decken
Balkon/Terrasse: Pluspunkt, aber kein Must-Have
Ausstattung: → Aufzug: sollte ab drei Etagen vorhanden sein → Keller: Pluspunkt, aber kein Must-Have → Tiefgaragenplatz: nein

Weitere Kriterien könnten definiert werden: Anzahl von Zimmern/Bädern/Terrassen, Raumaufteilung, Ausrichtung, Baujahr, Heizungsart, Gäste-WC, E-Ladestation, Einbauküche

Ausdauer gefragt:

Wer suchet, der findet

Wenn du für dich eine gute Checkliste gemacht hast und dir darüber im Klaren bist, was du willst und was absolute Dealbreaker wären, kannst du mit der Suche starten. Verschwende keine Zeit mit der Besichtigung von Immobilien, die Kriterien von deiner No-Go-Liste aufweisen. Aber schau dir unbedingt auch Wohnungen an, wo nicht all deine Suchkriterien zu 100 Prozent passen, sondern die vielleicht nur vier von fünf Punkten erhalten. So bekommst du einen guten Überblick, was es auf dem Markt zu welchen Preisen gibt.

Ich habe bei meiner ersten Immobiliensuche mehr als vierzig Wohnungen besichtigt. Einige davon hätte ich mir sicherlich sparen können. Andererseits habe ich durch die vielen Eindrücke auch gemerkt, dass mir manche Dinge doch gar nicht so wichtig waren wie zunächst gedacht. Früher wäre zum Beispiel ein über und über mit Graffiti besprühtes Haus für mich ein Dealbreaker gewesen – und ich weiß nicht mal so recht, warum. Heute lebe ich sehr glücklich in genau so einem Gebäude.

Vielleicht wirst auch du feststellen, dass du doch in einer Erdgeschosswohnung leben könntest, weil sie einen tollen Garten hat. Oder es macht dir gar nichts aus, dass die Wohnung keine offene Küche hat. Insgesamt solltest du meiner Erfahrung nach mindestens zehn Immobilien besichtigen, bevor du dich für den Kauf entscheidest. Auch wenn die Traumwohnung eine der ersten ist, die du besichtigst, empfehle ich für das »gute Gefühl«, weitere Wohnungen anzuschauen, um Vergleiche zu haben.

Meine neueste Wohnung, die vierte im Bunde, habe ich allerdings nicht durch eine aufwendige Suche entdeckt, sondern durch puren Zufall – und zwar bei der Recherche für meinen wöchentlichen 26-Homes-Newsletter. Normalerweise stelle ich meinen Abonnent*innen dort die Ergebnisse meiner Arbeit als Trüffelschweinchen vor. Aber bei dieser Wohnung dachte ich zum ersten Mal: Die will ich!

Plattenbau von 1973, unvermietet, 46 Quadratmeter, Vorderhaus, Keller, Aufzug, 232.000 Euro, aufstrebende Berliner Lage. Ich erkannte sofort, dass die Mieteinnahmen dieser Immobilie einmal ein wichtiges Puzzleteil meiner Rentenzahlungen sein könnten. Die Architektur und der Grundriss erinnerten an ein brutalistisches Minipenthouse. Der 8 Quadratmeter große Balkon mit Südausrichtung auf der gesamten Fensterfläche war ein weiteres wichtiges Merkmal, das die Wohnung einzigartig machte.

Ein paar Fotos reichten mir, um mir ausmalen zu können, was ich aus der Wohnung alles machen könnte. Denn wenn ich eines über die vielen Jahre mit stundenlangen Besuchen von Baustellen und Rohbauten entwickelt habe, dann ist es eine ausgezeichnete Vorstellungskraft.

Das Inserat hatte ich ganz klassisch auf ImmoScout24 im Internet gefunden, wo ich täglich nach neuen Angeboten Ausschau halte. Ich kenne darum mittlerweile wirklich alle eingestellten Inserate und habe ein gutes Näschen für Besonderheiten.

Natürlich habe ich sehr viel Erfahrung bei der Immobiliensuche, war durch meine Arbeit und meine privaten Käufe bei unzähligen Besichtigungen und kann mittlerweile schon an den Fotos in den Inseraten erkennen, ob sie der Realität entsprechen oder – was Lichtverhältnisse und Ist-Zustand der Wohnung angeht – stark geschönt wurden. Aber du musst kein Profi sein, um deine eigene Immobiliensuche effizient anzugehen und am Ende die für dich perfekte Wohnung zu finden. Zeit zu investieren, ist dennoch notwendig. Prüfe für dich, welche die besten Plattformen sind, welche Social-Media-Accounts dir einen Mehrwert bringen, wer seriöse Bauträger sind und wie du mit Makler*innen umzugehen hast.

Immo-Plattformen

Starte mit der Suche am besten online auf den gängigen Immobilienportalen, aber nutze auch Nachbarschafts- oder Kleinanzeigenseiten.

Gut zu wissen: Um immer unter den aktuellen Angeboten (und auch in den Newslettern) zu bleiben, nehmen Anbieter Wohnungen oft offline und stellen sie dann wieder online. Darum ist nicht jedes aktuelle Angebot auch wirklich neu! Ich recherchiere zudem fast täglich bei eBay-Kleinanzeigen, da hier oft private Verkäufer Wohnungen und Häuser anbieten. Zudem empfehle ich dir, einen aktiven Suchauftrag zum Beispiel bei ImmoScout24 und Immowelt mit deinem Preislimit einzurichten. So erreichen dich regelmäßig Angebote via Mail.

Den besten Überblick für fast alle Neubauprojekte (Wohnungen und Häuser) in Deutschland bietet Neubaukompass. So bekommst du je nach Stadt auch ein Gefühl für die Namen von Projektentwicklern und Vertrieben. Für verschiedene Städte gibt es auch Newsletter sowie Instagram-Accounts.

Hier habe ich dir eine Liste der größten Portale zusammengestellt, die mir schon sehr bei der Suche geholfen haben:

→ ImmobilienScout24
→ Immowelt
→ Neubaukompass
→ eBay-Kleinanzeigen
→ Ohne-Makler.net
→ Immonet

Schau dich auch auf Social-Media-Plattformen um, folge Influencer*innen, die sich mit Immobilien befassen, und melde dich für Immo-Newsletter an. Suchst du eine Neubauimmobilie, empfehle ich den wöchentlichen Newsletter von Neubaukompass, und natürlich freue ich mich, wenn ich dich als Abonnent*in des 26-Homes-Newsletters gewinnen kann. Anmeldung: 26homes.com.

Bei Immowelt werden manche Angebote mit »Geheimtipp« gekennzeichnet. Hier versichert der Anbietende, dass es die Wohnung nur auf Immowelt gibt. Das gleiche System gibt es auf ImmoScout24, allerdings heißt es dort »Nur hier gefunden«.

Eine weitere sehr gute Möglichkeit, um an aktuelle Angebote jenseits der Online-Plattformen zu kommen, sind die Vertriebsunternehmen und Bauträger selbst. Das Vernetzen mit Vertrieblern von Bauträgern, aber auch direkt mit Makler*innen kann lohnen, da diese manche Angebote in der Schublade oder in der diskreten Vermarktung haben, die auf dem freien Markt (noch) gar nicht angeboten werden. So kannst du vielleicht das eine oder andere Mal eine Immobilie vor allen anderen besichtigen und hast die Chance, als Erste*r ein Angebot abzugeben.

Bau einen persönlichen Draht zu Projektentwicklern und Makler*innen auf. Insbesondere bei kleineren Vertrieben und spezialisierten Einzelmaklern lohnt es sich, persönliche Termine zu machen, um dein Gesuch zu besprechen. So wirst du direkt informiert, sobald ein Projekt oder eine Wohnung in den Vertrieb geht. Bevor Wohnungen auf ImmoScout24 & Co. landen, geben die Vertriebe ihren aktiven Suchkunden nämlich oft einen zeitlichen Vorsprung.

Zudem gibt es meist eine Presale-Phase, bevor Neubauprojekte online gehen. Hier hat man oft die komplette Auswahl an Wohnungen und kauft vor einer möglichen ersten Preiserhöhung. Deshalb lass dich am besten bei den Projektentwicklern oder Vertriebsunternehmen für neue Vertriebsstarts registrieren und bleib eng am persönlichen Berater dran.

Achte bei Spaziergängen durch deinen Lieblingsbezirk auch auf Schilder an Baustellen. Hier stehen oft Informationen zu dem jeweiligen Projekt und dem Bauträger. Bei ihm kannst du dich direkt nach dem Neubau erkundigen. Schau dir unbedingt auch die Referenzen des Bauträgers auf seiner Website an, und fahre mal an existierenden Objekten vorbei, um ein Gefühl für die Qualität zu bekommen (Architektur, Wertigkeit, Fassade, Bepflanzung).

Nutze unbedingt auch dein persönliches Netzwerk. Berichte Freund*innen und Kolleg*innen von deiner Suche, und tausche dich mit ihnen aus. So bin ich zu meiner zweiten Immobilie gekommen, da ich sie einer befreundeten Erbengemeinschaft abgekauft habe. Schau auch mal ganz oldschool in die Lokalzeitung und andere Printmedien. Gerade etwas ältere Privatverkäufer inserieren dort. Oder besuche eine Immobilienmesse, um dich mit Gleichgesinnten zu vernetzen. In deutschen Metropolen gibt es Messen, auf denen sich fast alle Bauträger und Makler präsentieren, zum Beispiel die BIM in Berlin oder die Hamburger Immobilienmesse.

Exkurs: Zwangsversteigerung

Zwangsversteigerungen für den Erwerb einer Immobilie in Betracht zu ziehen, kann sich auszahlen. Es gibt nicht nur eine Vielzahl an Objekten, auch der Prozess wurde in den letzten Jahren professionalisiert und ist um einiges transparenter geworden. Dennoch gleicht das Versteigerungsangebot einer Wundertüte. Mit Fleiß und Zeit kannst du darin aber wirklich Gutes finden: Objekte können für 20 bis 40 Prozent unter Marktwert erworben werden.

→ Du solltest dir in jedem Fall ein persönliches Bild von der Immobilie (von außen) und der Umgebung vor Ort machen, da du die Wohnung/das Haus nicht von innen besichtigen kannst!

→ Es lohnt sich, mit den Nachbarn zu sprechen, um eventuell mehr zu den Eigentümern und dem Zustand der Immobilie (von innen) zu erfahren.

→ Das Gutachten, das du auf den Portalen für Zwangsversteigerung findest, gibt einen umfassenden ersten Eindruck. Es kann alle Informationen (vom Grundriss bis zur Qualität der Bausubstanz) enthalten, muss aber nicht. Immer angegeben sind der Verkehrswert der Immobilie sowie grundlegende Informationen.

→ Ein Grundbuchauszug muss selbst beantragt werden und kann dir alles zu Rechten und Belastungen mitteilen, zum Beispiel Hypotheken oder Erbansprüche.

- → Beim zuständigen Bauaufsichtsamt solltest du dich zu den Themen Erschließungskosten und Baulasten informieren. Zudem solltest du prüfen, ob die Immobilie im Sanierungsgebiet liegt.
- → Zur Versteigerung selbst bringst du deinen Ausweis mit und 10 Prozent des festgelegten Verkehrswerts in Form eines Schecks oder Überweisungsbelegs an die Gerichtskasse. Auch hier lohnt sich die Extrameile: Am besten besuchst du vorab ein paar Zwangsversteigerungen als Gast, um dich mit dem Prozess vertraut zu machen. Das Wichtigste beim Bieten ist aber, sich im Vorfeld eine Budgetobergrenze zu setzen und von dieser nicht abzuweichen.
- → Mit erfolgreicher Abgabe des Höchstgebots bist du »auf einen Schlag« Eigentümer*in. Der Kaufpreis ist innerhalb von vier bis acht Wochen nach Zuschlag fällig. Statt Notarkosten zahlt man eine Zuschlagsgebühr, die nach dem Gerichtskostengesetz berechnet wird und geringer ist als die üblichen Notarkosten von circa 1,5 Prozent des Kaufpreises. Weitere Nebenkosten fallen an in Form der Grunderwerbsteuer und der Gebühren für die Eintragung ins Grundbuch.

Nach deinen Kriterien:

Effizientes Screening von Angeboten

Die Welt ist digital, und deshalb wirst du die meisten Angebote online finden. Die Online-Suche ist auch deshalb sinnvoll, weil du dir einen ersten guten Überblick darüber verschaffen kannst, wie viele Immobilien in deiner Wunschlage zu welchen Preisen angeboten werden. Falls du eine Immobilie suchst, um sie zu vermieten, kannst du zudem den Mietmarkt sehr gut über die klassischen Plattformen scannen. So bekommst du ein Gefühl dafür, welche Mieteinnahmen du realistisch zu erwarten hast. Online kannst du bereits vor einer Besichtigung sehen, ob eine Wohnung dir grundsätzlich zusagen könnte, da die Immobilienangebote in der Regel zahlreiche Fotos, Videos oder sogar 3-D-Rundgänge enthalten.

Checkliste

Effizientes Online-Screening

Schritt 1: Definiere deine Suche, und gib deine ersten Suchkriterien wie Stadt und Bezirk ein.

Schritt 2: Über »weitere Filter« oder »Kriterien« kannst du Häkchen setzen, um zum Beispiel vermietete Wohnungen auszuschließen oder nur Immobilien mit Balkon angezeigt zu bekommen.

Schritt 3: Ändere die Sortierung, um dir immer die neuesten Angebote ganz oben anzeigen zu lassen.

Schritt 4: Prüfe, ob das Angebot vollständig ist. Dabei sollten mindestens Fotos vom Gebäude und der Wohnung, ein Grundriss und alle relevanten Fakten zur Wohnung sowie der Energieausweis und Informationen zur Lage enthalten sein.

Schritt 5: Checke deine eigenen Kriterien, zum Beispiel Raumhöhe, die Lage im Haus, Aufzug – insbesondere bei Wohnungen ab dem dritten Stock.

Schritt 6: Checke die Lage der Immobilie, um beispielsweise laute Straßen auszuschließen. Falls eine Adresse angegeben ist, überprüfe via Google, ob es Gewerbe (zum Beispiel ein Restaurant) im Haus gibt.

Schritt 7: Prüfe den Anbieter über die Bewertungen. Anbieter mit schlechter Bewertung oder solche, die ihre Bewertung ausblenden, solltest du unbedingt genauer unter die Lupe nehmen und vorab googeln.

Schritt 8: Stelle eine Anfrage. Eine persönliche Nachricht mit namentlicher Ansprache ist hilfreich, um einen guten ersten Eindruck zu vermitteln.

Schritt 9: Vereinbare einen persönlichen Besichtigungstermin und ein Erstgespräch mit dem Ansprechpartner. Wenn du an der Wohnung ernsthaft interessiert bist, baue eine persönliche Beziehung auf und pflege Kontakt. Damit meine ich nicht, dass du den Makler zu einem Candlelight-Dinner einladen musst, sondern dass du dich regelmäßig meldest, deine Unterlagen schnell parat hast und klar kommunizierst.

Meine Tipps: Wenn du eine Wohnung im Rohbaustatus besichtigst, musst du wissen, dass in dieser Phase alles grau, eng und sehr klein wirkt. Hier brauchst du viel Vorstellungskraft! Frag auch nach, ob es schon eine fertige Musterwohnung gibt.
Nimm dir täglich fünfzehn bis dreißig Minuten Zeit für die Recherche von neuen Angeboten und Anfragen an Makler*innen, Bauträger und Co. So bekommst du schnell einen umfassenden Überblick über den Markt und ein gutes Gefühl für die Qualität der Angebote. Rechne dir für eine bessere Vergleichbarkeit bei jedem Angebot den Preis pro Quadratmeter aus. Du erkennst bald, ob du ein Schnäppchen oder ein Wucherangebot vor dir hast.

Achtung!

Leider gibt es auch immer wieder unseriöse Immobilienangebote. Hier solltest du misstrauisch werden:

⟶ Wenn die Fotos nicht zum Grundriss oder der Beschreibung passen.

⟶ Wenn es zu wenige Infos zur Wohnung gibt.

⟶ Wenn du bei Maklerangeboten den Makler oder die Maklerfirma nicht im Internet finden kannst.

⟶ Wenn ausschließlich Bilder mit der Bezeichnung »Musterfoto« zu sehen sind.

⟶ Wenn bereits vor der Besichtigung eine Reservierungsgebühr verlangt wird.

Makler*innen –

*Freund*innen oder Feind*innen?*

Makler*innen haben hierzulande leider oft einen schlechten Ruf. Dabei sind die meisten engagierte und erfahrene Profis, die dir beim Immobilienkauf unheimlich helfen und dich kompetent beraten können. Aber auch ich habe schon schlechte Erfahrungen gemacht und kenne durch meine jahrelange Arbeit in der Branche viele Geschichten, über die man tatsächlich nur den Kopf schütteln kann. Von Unfreundlichkeit und Arroganz über Inkompetenz bis hin zur Vortäuschung falscher Tatsachen ist alles dabei.

Darum ist es wichtig, dass du dich auf einen Maklertermin zur Beratung oder Besichtigung vorbereitest. Diese Lektion habe ich beim Kauf meiner vierten Wohnung nochmals lernen müssen. Ich geriet an eine Maklerin, die anfangs nicht nur unnahbar war, sondern auch noch unzuverlässig. Ich wusste nie, ob sie ans Telefon gehen würde oder nicht. Beim ersten Besichtigungstermin war sie sehr wortkarg und interagierte kaum mit mir.

Für sie war ich ein kleiner Fisch. Das kann ich verstehen.

Letztlich konnte ich meine Wohnung kaufen, weil ich mich von den Spielchen der Maklerin – weitere Bewerber erwähnen, Unterlagen zurückhalten, tagelange Unerreichbarkeit – nicht aus der Ruhe bringen ließ. Einige der wichtigsten Eigenschaften beim Immobilienkauf sind vermutlich Gelassenheit, Zähigkeit und etwas Mut.

Doros DO's

Umgang mit Makler*innen

Makler*innen haben eins gemeinsam: Sie wollen ein schnelles Geschäft machen und als Mensch geliebt/bestätigt werden. Je weniger Arbeit sie damit haben, desto besser. Also helfen folgende Dinge, insbesondere wenn die Wohnung heiß begehrt ist:

- → sehr gut vorbereitet sein (Finanzierungsunterlagen)
- → strukturiert kommunizieren (keine chaotischen E-Mails ohne Abbinder mit Kontaktdaten)
- → nach Terminen gemeinsam die nächsten Schritte besprechen
- → aufmerksam sein: die Ansprache mit Namen und auch ein kleines Kompliment können nicht schaden; manchmal lockern auch ein kleiner Scherz oder ein guter Kaffee die Stimmung auf

Ich gehe davon aus, dass mehr Angebote und weniger potenzielle Kunden aufgrund gestiegener Zinsen dazu beitragen werden, dass sich Vertriebe wieder viel mehr Mühe geben (müssen), um Kunden für ein Geschäft zu gewinnen. Denn aktuell dreht sich der Markt hin zu einem Käufermarkt, und es darf zudem erstmals nach zig Jahren auch wieder ein wenig gehandelt werden.

Keine Panik!

Umwege führen auch zum Ziel

Auch ich war anfangs das eine oder andere Mal verzweifelt und habe nicht mehr daran geglaubt, noch die Immobilie zu finden, in die ich mich verlieben und in der ich richtig glücklich sein würde. Obwohl du alles super vorbereitet hast, all deine Wünsche, deine No-Gos und dein Budget kennst, kann es passieren, dass es einfach nicht klappen will. Entweder ist nie das Richtige dabei, oder die Wohnungen, die du haben möchtest, werden dir vor der Nase weggeschnappt.

Das kann sehr frustrierend sein. Die Gründe, warum die Wohnungssuche für viele zur Achterbahnfahrt wird und auch mal Tränen fließen, sind vielfältig. Wenn man etwas unbedingt möchte und es nicht so passiert, wie man es sich vorgestellt hat, wird der schöne Traum zum Albtraum.

Meine Erfahrung ist: Overplanning kills the magic! Was ich damit meine? Hier meine Gedanken dazu:

→ Gestalte deine Suche flexibler, sodass das Angebot größer wird. Zum Beispiel kannst du nach alternativen Lagen schauen oder gar den Immobilientyp ändern. Die US-Bestseller-Autorin Gabby Bernstein suchte lange nach einem Apartment in New York, fand jedoch nichts, weil alles zu teuer war. Durch Zufall entdeckte sie ein Haus außerhalb der Stadt, bei dem ihr Bauchgefühl sofort Ja sagte, obwohl sie komplett andere Suchkriterien hatte. Bingo!

→ Mach aktive Suchpausen von beispielsweise vier oder sechs Wochen, wenn du schon lange suchst und frustriert bist. Geh das Thema danach wieder neu und frisch an, und versuche in der Pause, deine Aufmerksamkeit auf andere Themen zu lenken, die positiv besetzt sind. Also wirklich gar keine Immosuche und Immogedanken in dieser Zeit!

→ Akzeptiere, wenn eine Immobilie, die du unbedingt wolltest und in Gedanken schon vollständig eingerichtet hattest, von jemand anderem gekauft wird. Ich bin überzeugt, dass es so sein sollte und es einfach nicht die richtige Immobilie war. Der Gedanke, dass immer auch eine Tür aufgeht, wenn eine andere ins Schloss fällt, hilft mir grundsätzlich sehr weiter.

→ Wenn du nicht zwanghaft etwas möchtest, passieren manchmal Wunder. Bei meinem ersten Investment gab es einen Interessenten, der mehr Geld geboten hatte, und ich ging nicht mit. Am Ende kam der Kauf nicht zustande. Dadurch hatte der Verkäufer einen höheren Zeitdruck. Er brauchte das Geld und verkaufte an mich zum ursprünglichen Preis.

KAPITEL 6

Auswahl und Bewertung

Ja, ich fühle es!

Eine Frage der Strategie

Es ist immer dasselbe: Wenn ich eine spannende Immobilie entdecke, beginnt mein Herz schneller zu schlagen. Wie im Rausch gucke ich mir ein ums andere Mal die Bilder an, versuche mir anhand des Grundrisses vorzustellen, wie die Räume aussehen, laufe in Gedanken durch die Wohnung und richte sie schon mal ein. Recht schnell kann ich dann sagen: »Ja, ich fühle es.« Oder eben nicht. Gibt mir mein Bauchgefühl das Go, versuche ich so viele Infos wie möglich über die Immobilie in Erfahrung zu bringen, um mein Gefühl mit Daten und Fakten zu unterfüttern – und zuzuschlagen.

So ging es mir auch bei meiner letzten Immobilie, denn ich fühlte sofort, dass dieses Objekt mein kleines Portfolio gut ergänzen könnte. Noch bevor ich mir über die Bewertung des Objekts Gedanken machte, überlegte ich, wie meine Strategie aussehen könnte. Will ich die Wohnung kaufen und mit tollem Konzept sanieren und teurer weiterverkaufen (»Fix & Flip«)? Oder wäre es schlauer, die Wohnung zu kaufen, für die Vermietung herzurichten und dann zu vermieten?

Da die Einheit mit ihren 46 Quadratmetern eigentlich zu klein für einen Fix & Flip ist, war klar: Es wird ein weiteres Bestandsbaby, sollte ich die Wohnung wollen und bekommen. Mit meinem Finanzberater Uwe hielt ich Rücksprache, wie finanziert werden könnte. Mein Ziel war es, innerhalb von zehn Jahren den Kredit abzuzahlen – dann wollte ich ohne Bank im Grundbuch stehen.

Der gesamte Finanzierungsbedarf belief sich auf knapp 270.000 Euro. Ich hatte 80.000 Euro auf dem Bankkonto, die ich in das Projekt einbringen wollte – 26.000 Euro für die Kaufnebenkosten, 42.000 Euro als Eigenkapital und noch 12.000 Euro für Renovierungsarbeiten. Uwe war zufrieden und stellte mir eine Finanzierung in Aussicht, auch wenn wir noch nicht alle Eckdaten besprochen hatten. Immerhin wusste ich schon mal, dass ein Kauf zumindest an der Finanzierung nicht scheitern würde.

Und ich wusste, ich muss schnell sein. Also rief ich umgehend die Maklerin an, um einen persönlichen Draht aufzubauen und einen Besichtigungstermin zu vereinbaren. Die Dame war kurz angebunden. Ihr einziges Interesse galt der Frage, ob ich bar zahle oder eine Finanzierung brauche. Finanzierung bedeutet für die Maklerin: Die ganze Angelegenheit kann sich ziehen und der Deal womöglich doch wieder platzen. Als Barzahlerin hätte ich vermutlich bessere Chancen gehabt, aber das war für mich nicht möglich. Ich teilte ihr mit, dass es auf jeden Fall ein Mix aus Fremdkapital und Eigenkapital wird, ich aber im Grunde schon eine Zusage der Bank habe. Sie reagierte mit einem kurzen »Ich melde mich dann wegen der Besichtigung« und legte auf.

Das Telefonat holte mich auf den Boden der Tatsachen zurück. Hatte ich es eben noch für realistisch gehalten, bald Besitzerin eines Mikroapartments zu werden, sah ich nun meine Felle davonschwimmen. Aber vielleicht täuschte ich mich auch. Ich setzte mich an den Laptop und schrieb der Maklerin eine Mail mit all meinen Daten sowie Fakten zu mir und der Finanzierung. Ich saß ziemlich lange an dieser Mail, denn es war mir wichtig, dass sie kurz, präzise und professionell klang. Um sicherzustellen, dass meine Nachricht nicht im Spam gelandet war, und einen weiteren Kommunikationskanal aufzumachen, schrieb ich ihr noch eine WhatsApp-Nachricht.

Aber die Tage vergingen, und es passierte: nichts. Langsam wurde ich nervös. Es war Montagvormittag, und ich beschloss, noch mal telefonisch nachzuhaken. »Gut, dass Sie anrufen«, tönte es am anderen Ende der Leitung. »Ich hatte Sie auch auf meiner Rückrufliste. Wir fangen heute mit den Besichtigungen an, um 14 Uhr.«

Es war 11.40 Uhr. Ich dachte mir: Geht's noch? Und wann wollten Sie mich anrufen und einladen? In dem Moment wurde mir wieder klar, warum Makler*innen nicht den besten Ruf haben.

Aber hilft ja nix. Kill them with kindness, dachte ich mir. Freundlich, aber bestimmt forderte ich einen Termin um 15.30 Uhr – und dann waren wir verabredet. Zwar waren es bis zum Besichtigungstermin nur noch wenige Stunden, aber genug Zeit, um das Exposé noch mal zu studieren und mir Fragen zu notieren. Einen Großteil der Recherche und Vorbereitung hatte ich nämlich am Wochenende schon erledigt.

Realitätscheck vorab:

Ist die Immobilie ihr Geld wert?

Zu einer guten Vorbereitung gehört es auf jeden Fall, die eigenen Suchkriterien einem Realitätscheck zu unterziehen und die sogenannte Mikro- und Makrolage zu checken. Unter Mikrolage versteht man die nähere Umgebung einer Immobilie. Wie gepflegt ist die Gegend, wie ist die ÖPNV-Anbindung, welche Restaurants und welche Supermärkte gibt es in fußläufiger Erreichbarkeit? Ich habe mittlerweile eine umfangreiche Checkliste der Dinge, auf die ich dabei achte – schon bei der Suche. In wirklich unmittelbarer Nähe der Wohnung betrachte ich zudem weitere Faktoren wie Straßenverkehr, weitere Lärmquellen und Gerüche, und ich schaue mir die Häuser in der direkten Nachbarschaft an, um ein noch besseres Gefühl für die Mieterstruktur zu bekommen.

Checkliste Mikrolage

⟶ Gibt es starke Lärmbelästigungen (durch Verkehr, Gewerbe et cetera)?
⟶ Sind in der Nähe Einkaufsmöglichkeiten vorhanden?
⟶ Wie ist die Situation bezüglich Schulen und Kindergärten?

→ Ist die Gegend gut an den ÖPNV angeschlossen?
→ Sind ausreichend Parkmöglichkeiten vorhanden?
→ Wie sieht es mit Naherholungsgebieten wie Parks und Grünflächen aus?
→ Gibt es Restaurants, Cafés und Bars?
→ Wie ist es um das kulturelle Angebot bestellt?
→ Welches Image hat die Gegend?

Die Mikrolage war nach meinem ersten Eindruck top. Alles da, ein spannender Kiez. Ich würde immer Menschen finden, die hier leben wollten. Die Makrolage – also die Region, in der die Immobilie liegt – kannte ich natürlich: für die Wirtschafts- und Kaufkraft von Berlin sowie den Arbeitsmarkt habe ich ein gutes Gefühl, die Bevölkerung wächst kontinuierlich, und die City zieht als Bundeshauptstadt und Sitz vieler Unternehmen immer zahlungskräftigeres Publikum an. Aus Sicht einer Immobilieninvestorin also ein gutes Pflaster, um eine Wohnung zu kaufen. Was ich außerdem im Vorfeld gecheckt habe, war der Miet- und Kaufmarkt in der Gegend, um abzuschätzen, ob der Preis von 232.000 Euro für die 46-Quadratmeter-Wohnung angemessen war.

Als Erstes schaue ich mir dafür immer weitere Angebote an, die in der Gegend gerade auf dem Markt sind. Viele Immobilienportale bieten direkt die Möglichkeit, sich Durchschnittspreise für ähnliche Objekte in der Gegend anzeigen zu lassen. Aber ich sehe auch weitere konkrete Offerten in der Gegend durch, einfach um ein besseres Gefühl dafür zu bekommen, wie ich das Angebot in Bezug auf Zustand und Ausstattung der Immobilie einordnen kann.

Was ich zudem immer recherchiere, sind die Mieten in der Umgebung. So kann ich realistisch einschätzen, was ich selbst an Miete nehmen könnte. Auch hier ist es wichtig, nicht Äpfel mit Birnen zu vergleichen, sondern genau zu schauen, was auf dem Markt ist. Wie ist der Zustand der jeweiligen Wohnung, ist sie saniert oder renoviert, wird sie möbliert vermietet, und wie ist die Ausstattung?

Sich durch die Kauf- und Mietangebote zu scrollen, kann je nach Gegend eine ganze Weile dauern und in Arbeit ausarten. Immerhin: Danach hat man ein gutes Gefühl für das Immobilienangebot und die Attraktivität der Lage. Auch für meine Plattenbauwohnung habe ich eine ausführliche Analyse gemacht – und die ging recht schnell. Das Angebot war mehr als überschaubar. Vor allem Mietangebote gab es in der Gegend kaum. Das war schon mal gut, ich würde angesichts der guten Mikrolage meine Wohnung also ganz sicher gut vermietet bekommen.

Natürlich gibt es auch professionelle Bewertungsmethoden und Marktstudien, die man zusätzlich hinzuziehen kann, aber in diesem Fall genügte mein Desk Research.

Immer mit der Ruhe!

Orientierung im Begriffsdschungel

Neben einem schnell durchgeführten Check wie oben beschrieben gibt es weitere Bewertungsmethoden, allerdings sind sie aufgrund der vielen Einflussfaktoren eine recht komplexe Angelegenheit. Es fängt damit an, dass es verschiedene Wertbegriffe für Immobilien gibt – abhängig davon, wozu der Wert dienen soll.

Wertbegriffe

Der Einheitswert wird für die Berechnung der Grundsteuer genommen, der Beleihungswert ist bei der Finanzierung relevant, und der Verkehrswert spielt beim Kauf und Verkauf einer Immobilie eine Rolle. Wenn du also eine Immobilie kaufen willst, möchtest du den aktuellen Marktwert beziehungsweise Verkehrswert kennen. Du willst schließlich wissen, was andere dafür bezahlen würden. Um ihn zu ermitteln, gibt es laut der Immobilien-Wertermittlungsverordnung[19] insgesamt drei zulässige Verfahren: das Ertragswertverfahren, das Sachwertverfahren und das Vergleichswertverfahren.

Bei vermieteten Immobilien wird in der Regel das Ertragswertverfahren angewandt. Der Verkehrswert wird daraus abgeleitet, welche Rendite sich mit dem Objekt erwirtschaften lässt. Beim Sachwertverfahren wird der Wert aus dem Grundstückswert sowie den Baukosten ermittelt. Es wird vor allem bei Einfamilienhäusern angewandt. Beim Vergleichswertverfahren werden die real erzielten Verkaufspreise von ähnlichen Immobilien in ähnlicher Lage zugrunde gelegt. Dieses Verfahren wird vor allem für Eigentumswohnungen genutzt.

Im Grunde habe auch ich mit meiner Vorgehensweise das Vergleichswertverfahren angewendet. Hier unterscheidet man zwischen direktem und indirektem Vergleichswertverfahren. Beim direkten Vergleichswertverfahren wird der Quadratmeterpreis zugrunde gelegt. Ist dieser nicht ohnehin angegeben, kannst du ihn einfach ausrechnen, indem du den Kaufpreis durch die Anzahl der Quadratmeter teilst.

Über einen Vergleich der Quadratmeterpreise lässt sich gut bestimmen, ob eine Immobilie für die Gegend preiswert oder zu teuer ist. Bei der indirekten Methode ist die Vorgehensweise ähnlich, nur dass hier mehrere Vergleichspreise genutzt werden, um eine Spanne zu bilden, innerhalb der die Immobilie preislich liegen sollte.

Ehrlich gesagt habe ich mit Immobilienbewertung insofern ein Problem, als suggeriert wird, dass sie allein über den Preis möglich ist. Individuelle Merkmale einer Immobilie fließen kaum ein beziehungsweise werden von potenziellen Käufer*innen vielleicht völlig unterschiedlich bewertet. Darum nutze ich für meine eigene Bewertung des Objekts vor allem Quadratmeterpreise für die grobe Orientierung und konzentriere mich ansonsten vor allem auf das Potenzial: Wie viel Miete ließe sich hier generieren? Oder taugt das Objekt für Fix & Flip?

Für Immo-Newbies ist es anfangs sicherlich noch schwierig, ein Gefühl für Quadratmeterpreise zu bekommen und sie einzuordnen. Ich kenne das. Mir hat es damals geholfen, die einschlägigen Immobilienportale zu scannen, mir ein Exposé nach dem anderen anzuschauen und natürlich zu Besichtigungen zu gehen – auch dann, wenn von meinen Kriterien vielleicht nicht alle erfüllt waren. Denn zum einen lernt man mit jeder Besichtigung dazu, zum anderen sind Immobilien oft auch dann lukrativ, wenn sie vielleicht auf den ersten Blick nicht zu 100 Prozent passen. Nach ein paar Wochen hatte ich ein gutes Gefühl dafür, wie ein interessantes Angebot aussehen muss und welche Objekte einfach hemmungslos überteuert angeboten werden.

Mittlerweile gibt es zudem recht gute Seiten im Internet, etwa scoperty.de, die – zum Teil adressgenau – eine Preisschätzung geben. Es gibt auch sogenannte Gutachterausschüsse, die Analysen vorlegen. Das könnte noch ein interessanter Hinweis sein.

https://stadt.muenchen.de/buergerservice/branchen-berufe/immobilien/gutachterausschuss.html

Einblicke und Ausblicke:

Die Besichtigung

Angesichts der doch recht kurzfristigen Einladung zu einer Besichtigung meiner vierten Wohnung to be war ich froh, dass ich die grobe Recherchearbeit bereits am Wochenende erledigt hatte. Exposé, Fotos und Grundriss ließen den Schluss zu, dass man die Wohnung individuell gestalten könnte, Mikro- und Makrolage waren top, und mit einem Quadratmeterpreis von circa 5000 Euro war die Wohnung zwar kein Schnapp, aber preislich im Rahmen. Die Eckdaten stimmten also schon mal, nun stand nur noch die Vor-Ort-Besichtigung aus.

Die Besichtigung von Objekten gehört für mich noch immer zu den schönsten Dingen beim Immobilienkauf. Ich kann mir die

Räumlichkeiten zwar berufsbedingt meistens gut vorstellen, aber dann tatsächlich in dem Haus oder der Wohnung zu stehen und alles mit eigenen Augen zu sehen, ist immer etwas Besonderes. Darum nimm dir immer genügend Zeit für jede Wohnung, auch wenn du dir an einem Tag mehrere anschaust. Mach Fotos und Videos (wenn erlaubt) und auch Notizen und dokumentiere bei allen Wohnungen, die dir gut gefallen haben, die Features, sonst erinnerst du dich im schlimmsten Fall später nicht mehr genau, in welcher Wohnung noch mal das besondere Bad und in welcher der schöne Südbalkon war.

Nach der doch recht kurzfristigen Einladung der Maklerin zur Besichtigung düste ich im Nachmittagsverkehr mit meinem Smart durch die Stadt und war kurz nach 15 Uhr an der Wohnung. Einen kleinen Puffer hatte ich eingeplant, um pünktlich zu sein, aber auch um noch Zeit zu haben, mir einen Eindruck vom Haus zu verschaffen. Wer Plattenbauten kennt, weiß, dass sie nur begrenzten Charme versprühen. Das hatte ich also erwartet. Grundsätzlich machte das Haus aber einen gepflegten Eindruck. Ich fragte mich, ob es hier noch in dreißig Jahren stehen würde, und beantwortete die Frage mit ja. Bei einem Nein wäre ich wahrscheinlich umgekehrt, denn dieser Faktor ist für mich entscheidend.

Als ich mir gerade überlegte, wie ich in den Hausflur gelangen könnte, ohne bei der Maklerin in der Wohnung klingeln zu müssen, öffnete eine junge Frau die Tür, und ich huschte hinein. Perfekt, so konnte ich in aller Ruhe einen Eindruck vom Haus und seinen Bewohner*innen bekommen. Die Namen an den Briefkästen ließen auf viele Singles, Paare oder Zweier-WGs schließen. Der graue Steinboden im Flur war alt, aber sauber, und in der Ecke stand eine Kiste mit aussortierten Zeitschriften, die man sich zum Lesen mitnehmen konnte.

Auch sonst machte das Haus einen soliden Eindruck. Das ließ Rückschlüsse auf eine unauffällige Hausgemeinschaft und eine zuverlässige Hausverwaltung zu. Sehr schön. Ich nahm die Treppen hoch zur Wohnung, obwohl es auch einen Aufzug gab.

Die Besichtigung einer Hippie-Dame um die sechzig vor mir

lief noch. Ich blickte mich um. Neben der Interessentin und der Maklerin war noch ein Mann anwesend, der mich erwartungsfroh anblickte. Er entpuppte sich als Finanzierungsberater der Bank, deren Immobiliensparte die Wohnung anbot. Na super, dachte ich.

Auch wenn ich begründete Sorge hatte, dass die Wohnung der Person zugesagt würde, die auch gleich die Finanzierung nimmt, spielte ich das Spiel mit, nahm lächelnd sein Visitenkärtchen und warme Worte entgegen und konzentrierte mich dann auf die Wohnung. Tatsächlich war sie wie beschrieben. In meinem Kopf ratterte es. Renovieren? Unbedingt. Sanieren? Eventuell.

Ich machte Fotos und überlegte, mit welchen Profis ich noch mal zurückkehren würde, um zu entscheiden, was gemacht werden müsste. Als die Hippie-Dame sich wortreich verabschiedet hatte, wandte sich die Maklerin mir zu und hielt mir den Maklervertrag inklusive Widerruf unter die Nase.

Ich unterschrieb, um im Nachgang alle Unterlagen zu bekommen – also Teilungserklärung, WEG-Protokolle, letzte Wohngeldabrechnung, Energieausweis und so weiter. Denn all das benötigte ich, um mir ein vollständiges Bild von der Immobilie zu machen. Ein richtiges digitales Exposé gab es leider nicht. Auch das Aufmaß für den Grundriss nahm die Maklerin erst vor Ort. Nicht sehr professionell, aber die Wohnung wird sich trotzdem verkaufen, dachte ich mir.

Doros DO's

Suche und Besichtigung

→ Versuche möglichst einen individuellen Besichtigungstermin zu bekommen. Bei Massenbesichtigungen oder Open-House-Terminen kann man die Räume nicht richtig auf sich wirken lassen. Zudem kann es sehr stressig sein, wenn man mit potenzieller Konkurrenz um die Aufmerksamkeit der Makler*innen buhlen muss, die sich bei zehn anderen Menschen an dem Tag im Nachhinein ohnehin eher nicht mehr an dich erinnern werden. Falls es nicht anders geht, versuche auf dich aufmerksam zu machen, indem du konkrete Fragen stellst, nächste Schritte besprichst und dich direkt im Nachgang wieder meldest und in Erinnerung rufst.

→ Oft versuchen Makler:innen eine Immobilie an eher ruhigeren Tagen und bei gutem Wetter zu zeigen. Schau dir bei einer Zweitbesichtigung die Wohnung darum ganz gezielt bei schlechtem Wetter unter der Woche an, um dem »Maklersonnenschein« am Sonntag auch die Realität entgegenzusetzen und beide Szenarien zu kennen – Wochenende und Sonnenschein und Alltag und Regenwolken.

→ Nimm dir einen Zollstock oder ein digitales Längenmessgerät mit, damit du den einen oder anderen Raum schon mal ausmessen und überprüfen kannst, ob die Angaben im Grundriss stimmen und ob ein Bett wirklich in den Raum passt oder vielleicht ein Schlafsofa besser wäre.

→ Lass dir immer auch den Keller zeigen, wenn es einen gibt, und vergewissere dich, dass er trocken und wirklich nutzbar ist.

→ Stell Fragen zu den Vorbesitzer:innen oder Mieter:innen, den anderen Menschen, die im Haus leben, nach der Substanz, der letzten Sanierung. Frag nach der Heizung, dem Zustand des Daches, den Instandhaltungsrücklagen der Wohnungseigentümergemeinschaft. Das sind nicht nur wichtige Fakten, die du in Erfahrung bringen musst, sondern die Fragen zeigen auch, dass du dich mit der Immobilie beschäftigt hast und weißt, wovon du sprichst.

→ Studiere nach der Wohnungsbesichtigung die Mikrolage genau. Ist in der Straße eine Feuerwehr- oder Polizeistation, sodass du jede Nacht von Sirenen geweckt wirst? Steht eine Kirche in der Nähe, deren Glocken frühmorgens läuten? Schau ganz genau hin: Was passiert im Umkreis von 500 Metern? Was daran ist toll, was könnte dich oder deine späteren Mieter*innen stören?

→ Insgesamt solltest du dir für die Suche und die Besichtigungen viel Zeit nehmen. Selbst Menschen, die sich gut auskennen und den Markt immer im Blick haben, brauchen meist sechs bis zwölf Monate vom Kaufvorhaben bis zum Notartermin, bei dem sie den Kaufvertrag dann unterschreiben.

Fleißarbeit, die sich auszahlt:

Notwendige Unterlagen zur Immobilie

Auf dem Heimweg ließ ich mir die Besichtigung noch mal durch den Kopf gehen und überlegte, was ich tun könnte, um mit der Maklerin wärmer zu werden. Schon vor Ort hatte ich signalisiert, dass ich eine einfache Kundin sein und es mit mir schnell gehen würde. Genau das wollen Makler*innen – vor allem, wenn es um solche aus Maklersicht »kleinen« Objekte geht, bei denen ihre Provision angesichts des geringen Kaufpreises niedrig ausfällt.

Am Abend schickte ich einigen Freunden die Fotos der Wohnung. Im Gruppenchat kam die Idee auf, dass ich eine Markise anbauen könnte, denn die Wohnung heizt sich im Sommer aufgrund der Südausrichtung und großen Fenster stark auf. Eine gute Idee. Die Frage war nur, ob ich das einfach machen dürfte? Die Antwort lautete glücklicherweise ja. Ich fand sie einige Tage später in einem der WEG-Protokolle, die ich aufmerksam durcharbeitete.

Als ich meine erste Wohnung kaufte, war ich überrascht, welche Unterlagenflut da auf einen zukommt und was es alles braucht, um das Objekt wirklich allumfassend einschätzen zu können. Mittlerweile bin ich routiniert und sehe schnell, was fehlt oder unvollständig ist.

Checkliste

Unterlagen zur Wohnung

- [ ] Teilungserklärung inklusive aller Nachträge
- [ ] die letzten drei WEG-Protokolle
- [ ] letzte Wohngeldabrechnung
- [ ] aktueller Wirtschaftsplan
- [ ] Verwaltervertrag
- [ ] Energieausweis
- [ ] Wohnflächenberechnung
- [ ] bemaßter Grundriss
- [ ] Gebäudeversicherungsnachweis
- [ ] Grundbuchauszug
- [ ] gegebenenfalls Mietverträge

Bei Neubau zudem:

- [ ] Baugenehmigung
- [ ] Bau- & Ausstattungsbeschreibung
- [ ] MaBV-Plan

Als die Unterlagen zu meiner Platte endlich per Mail kamen, war schnell klar: Es fehlte einiges oder war nicht gerade State of the Art. Der Grundriss war handgezeichnet und ohne Maßangaben, Wohnflächenberechnung und Nordpfeil. Meinte die Maklerin das ernst? Die Bank würde mich auslachen. Und auch sonst: Ich hatte zwar die Abrechnung für 2020, nicht aber den Wirtschaftsplan fürs laufende Jahr. Das WEG-Protokoll hatte ich nur für 2021 erhalten. Die Maklerin war sich nicht sicher, ob es 2020 und 2019 überhaupt gibt. Ich konnte es nicht glauben. Natürlich muss es das geben, dachte ich mir. Jedes Jahr ist eine Hausgeldabrechnung fällig, die auf der WEG-Versammlung besprochen wird.

Doch der Verkäufermarkt der letzten Jahre hat leider dafür gesorgt, dass die Qualität der Makler*innenarbeit nicht gerade gestiegen ist. So bekam ich telefonisch die Empfehlung, doch ein höheres Gebot abzugeben. Schließlich gäbe es mehrere Interessenten. Mein Kopf ratterte wieder, und ich überlegte, bis zu welchem Preis ich das Angebot angeklickt hätte. Auch für 5000 Euro mehr? Ja! Für noch mehr? Nein. Also kannte ich meine Schmerzgrenze. Es ärgerte mich dennoch. Aber das war der Markt, und ganz ehrlich: Hätte ich mitbekommen, dass ich die einzige potenzielle Käuferin sei, hätte ich ja auch versucht, den Preis noch zu drücken. Das ist aus meiner Sicht völlig legitim – nützte mir nur dieses Mal nichts.

Ich rief die Maklerin also an. Weil ich immer noch den Eindruck hatte, dass wir zwei in diesem Leben keine besten Freundinnen mehr werden würden, bat ich sie um offene Kommunikation und darum, mir ehrlich mitzuteilen, wenn jemand bevorzugt wird – etwa durch ein höheres Gebot, die In-House-Finanzierung über die hausinterne Bank oder einen großen Blumenstrauß auf ihrem Schreibtisch. Die Maklerin lachte und verstand, was ich meinte. Sie sagte, dass es drei konkrete Mitbewerber*innen gäbe, aber jeder nur ein Angebot abgeben dürfe, sodass es nicht zu einem Wettbieten kommen würde. Ich sagte ihr, ich würde ein neues Angebot schicken und vermisse noch immer die fehlenden Unterlagen.

Kurze Zeit später trudelten die restlichen WEG-Protokolle sowie der aktuelle Wirtschaftsplan endlich ein. Ich las mich durch die Dokumente und dachte: »Mist!« Es bestand ein nicht unerheblicher Sanierungsstau. Die Tiefgarage musste im Grunde generalüberholt werden. Zudem war das Dach schon sehr alt und ebenfalls baufällig – ein nicht zu unterschätzender Kostenfaktor, der auf die Eigentümergemeinschaft zukommen würde.

Den Protokollen konnte ich entnehmen, dass man sich bereits auf die anstehenden Maßnahmen vorbereitete, indem alle pro Monat und Quadratmeter ihrer Wohnung 2 Euro mehr als Rücklage zahlen mussten. Immerhin war die Kasse für Instandhaltung mit 171.251,60 Euro gut gefüllt. Zudem stand der Verkauf des Dachrohlings zur Debatte, der aber bereits zweimal abgelehnt worden war, wohl weil dadurch für lange Zeit Baulärm entstehen würde.

Die Eigentümerstruktur schien eine gewisse Herausforderung zu sein. Drei von ihnen zahlten das Hausgeld nicht, und es liefen Klagen. Zudem schien eine bekannte Clan-Familie zwei Stellplätze in der Tiefgarage zu besitzen. Ich überlegte. Sollte ich mein höheres Angebot lieber zurückziehen? Ich entschied mich dagegen. Ich wollte diese Wohnung haben und wusste, dass es jetzt schnell gehen musste, denn die Zinsen stiegen gefühlt täglich. Wir mussten in die Puschen kommen – zumal bei mir ein Urlaub anstand und ich nicht noch aus der Ferne einen Immobilienkauf managen wollte.

Blick hinter die Fassade:

Check durch die Profis

Beim Kauf einer Bestandsimmobilie empfehle ich grundsätzlich, Gutachter*innen oder Bausachverständige heranzuziehen. Klar, ich kann mich auf meine Erfahrung berufen, ich kann die WEG-Protokolle lesen und darauf hoffen, dass Makler*in oder Eigentümer*in mir wirklich alles erzählen, was ich über die Immobilie wissen muss. Aber es geht um viel Geld, und da ist Vertrauen gut, aber Kontrolle besser. Für einen Check durch Fachleute musst du abhängig von der Größe der Wohnung und der Tiefe der Prüfung 500 bis 1000 Euro veranschlagen. Für mich eine gute Investition und jeden Cent wert.

Leider ist es mir bei meiner Wohnung nicht gelungen, innerhalb von so kurzer Zeit eine*n Gutachter*in zu bekommen. Notgedrungen vereinbarte ich einen Termin mit einem Handwerker, den ich schon kannte und ohnehin für die Renovierung beauftragen wollte. Er sollte mir sagen, ob ich etwas übersehen hatte, was teuer werden könnte, und mir einen Kostenvoranschlag für die Arbeiten machen, für die ich ihn gerne beauftragen würde.

Gleichzeitig beschäftigte ich mich nun intensiver mit dem Interior-Konzept. Durch die Architektur, den Grundriss und den acht Quadratmeter großen Balkon mit Südausrichtung auf gesamter Fensterfläche hatte ich recht schnell das Gefühl, ein Minipenthouse zu entwickeln. Um dieses Gefühl in ein Konzept zu übersetzen, musste mein Werkstudent ran. Er studiert Architektur und weiß, was angesagt ist, hat besondere Ideen und war bereit, sich zu überlegen, was man aus dem Objekt entwickeln könnte. Zudem war er absolute Mieterzielgruppe. Wir verabredeten, dass er drei Konzepte schreiben sollte, von denen wir das beste realisieren würden – vorausgesetzt, die Zusage für die Wohnung kommt endlich.

Mitte Mai war es dann so weit. Die Maklerin rief an und teilte mir mit, dass ich auf der Interessentenliste die Poleposition hätte und den Zuschlag erhielte. Ich bestellte noch am selben Tag den Notar und bekam für die erste Juniwoche einen Termin. Meine Freude war riesig.

Vor Vertragsunterzeichnung wollte ich aber noch mal in die Wohnung, um sie bei anderem Licht zu sehen, den Keller anzuschauen und noch einige Fragen loszuwerden.

Mein Handwerker machte einen zufriedenen Eindruck, als er so durch die Wohnung spazierte. Er öffnete Fenster und Türen, inspizierte Abflüsse, drehte Wasserhähne auf und scannte die Wände nach Auffälligkeiten. Tatsächlich fand er zwei Kleinigkeiten, deren Reparatur mich um die 1000 Euro kosten würde – eine verstopfte

Regenrinne und einen Riss im Bad. Das wollte ich natürlich nicht selbst zahlen, sodass ich der Maklerin schrieb, sie möge den Kaufpreis nach Rücksprache mit dem Verkäufer bitte um 1000 Euro reduzieren, was sie auch tat.

August

05.08.2022

Bezahlung Kaufpreis

30.08.2022

Übergabe Nutzen/Lasten: Hurra, ab heute Eigentümerin!

September

01.09.2022

Start Renovierung

Oktober

November

25.11.2022

Ende Renovierung

Dezember

01.12.2022

Vermietung

Gestaltungsfreiraum bei modernsten Standards:

Warum Neubau sich lohnt

Ich liebe Bestandswohnungen. Sie haben Geschichte und Charakter, und ich mag die Herausforderung, daraus etwas zu entwickeln. Klar, das bringt Arbeit und auch Risiken mit sich. Denn im Grunde sind Altbauten wie Oldtimer: wunderschön anzusehen, aber man weiß nie, wann die nächste Reparatur kommt. Zudem ist es ungewiss, welche energetischen Anforderungen die Bundesregierung kurz-, mittel- und langfristig ausrufen wird, um Klimaziele zu erreichen – und welche Folgen dies für Immobilienbesitzer*innen hat.

Ich verstehe darum, dass manche Menschen sich mit Neubauprojekten wohler fühlen. Sie sind zwar oft teurer, haben aber unschlagbare Vorteile: Dort gibt es keine Altlasten, alles ist ungenutzt und nach modernsten Standards gebaut. Man hat oft sogar die Möglichkeit, Raumaufteilung und Ausstattung selbst mitzugestalten. Es gibt visionäre Bauträger, die schon jetzt die Klimaziele von morgen erfüllen.

Was bauphysikalisch heutzutage möglich ist und wie sehr die Macher*innen mitdenken und Probleme lösen, versetzt mich regelmäßig in helle Begeisterung. Neben einer standardmäßigen kompakten Baustruktur, Top-Wärmeschutz und mehrfach verglasten Fenstern bieten diese Neubauten modernste und energiesparende Anlagentechnik durch Fernwärme, die ressourcenschonend und sicher aus der Umgebung bezogen wird.

Solche Gebäude – sogenannte KfW-Effizienzhäuser 55 – benötigen 45 Prozent weniger Primärenergie im Jahr als ein vergleichbarer Neubau. E-Ladestationen in den Tiefgaragen unterstützen die Mobilität von heute und morgen. Dachbegrünungen werden als natürliche Klimaanlage genutzt und filtern sogar Schadstoffe und Feinstaub aus der Luft.

Du siehst schon, so sehr ich Altbaucharme mag, so sehr begeistern mich auch bautechnische Innovationen von Neubauten. Mit einem Neubau hat man in der Regel für viele Jahre Ruhe vor größeren Baustellen. Und sollte doch mal etwas kaputtgehen, gibt es eine fünfjährige Gewährleistung. Dennoch sollte man auch hier nicht blind kaufen, sondern auf einige Dinge achten – zumal Neubauobjekte um einiges teurer sind als Bestandsimmobilien.

Checkliste Neubau kaufen – darauf solltest du achten

Referenzen Projektentwickler

Wer baut, und wem vertraut man sein Geld an? Check die Referenzen, recherchiere Presseartikel und mach dir von bereits gebauten Projekten ein Bild der Qualität des Bauträgers (Architektur, Wertigkeit, Fassade, Bepflanzung).

Pre-Sale-Phase

Bevor Neubauprojekte online gehen, gibt es in der Regel eine Family-and-Friends-Phase. Hier hat man oft die komplette Auswahl an Wohnungen und kauft vor einer möglichen ersten Preiserhöhung. Deshalb am besten bei den Projektentwicklern oder Vertriebsunternehmen für neue Vertriebsstarts registrieren lassen und eng an den persönlichen Berater:innen dranbleiben.

Marktübersicht

Den besten Überblick für fast alle Neubauprojekte (Wohnungen und Häuser) in Deutschland bietet der Neubaukompass.[20] So bekommst du pro Stadt auch ein Gefühl für Namen von Projektentwicklern und Vertrieben. Hier gibt es auch für verschiedene Städte Newsletter sowie Instagram-Accounts.

Besichtigung

Wenn man Wohnungen im Rohbaustatus besichtigt, wirkt alles grau, eng und sehr klein. Hier brauchst du viel Vorstellungskraft! Frag unbedingt, ob es schon eine fertige Musterwohnung gibt.

Kaufunterlagen

Die Teilungserklärung ist das Herzstück, welche gründlich geprüft werden sollte, da sie alles regelt, etwa ob ein Restaurant in der Gewerbeeinheit des Hauses erlaubt ist oder welche Regelungen es zum Gemeinschafts- und Sondereigentum gibt. Und überprüfe auch die Kaufverträge. Diese sind bei Neubauten oft umfangreicher als für Bestandsimmobilien. Wenn du kein*e Spezialist*in bist, lass den Vertrag unbedingt von Expert*innen, etwa Jurist*innen mit Spezialisierung auf Immobilienrecht, prüfen.

Gut zu wissen: Anders als bei Bestandsimmobilien erfolgt die Kaufvertragsbestellung in der Regel beim Notar, der die Teilungserklärung entwickelt hat.

Zahlung nur nach Baufortschritt

Bauträger möchten vorab einen Nachweis, dass du den Kaufpreis der Immobilie bezahlen kannst. Das ist normal und rechtens. Aber Aufforderungen, den Kaufpreis im Voraus zu zahlen, sind unseriös – und nach der Makler- und Bauträgerverordnung (MaBV) auch gar nicht zulässig. Gezahlt wird etappenweise je nach Fortschritt der einzelnen Bauabschnitte.

Und sonst? Eine*n Gutachter*in zur Abnahme der Wohnung würde ich immer empfehlen. Das ist gut investiertes Geld in Relation zum Kaufpreis.

KAPITEL 7

Abwicklung und Übergabe

Krönender Abschluss:

*Endlich Eigentümer*in!*

Nun hatte ich ihn: Den Schlüssel zu meinem Plattenpenthouse. Endlich! Vorausgegangen war diesem Moment ein kurzer, aber intensiver Wohnungskauf-Thriller mit immer weiter steigenden Zinsen, dem plötzlichen Last-Minute-Wunsch der Bank, ins Grundbuch meiner anderen Wohnung eingetragen zu werden, und Verkäufern, die in Portugal lebten und nur an genau den zwei Tagen nach Berlin kommen konnten, an denen ich selbst gerade verreist war.

Unglaublich aufregende sechs Wochen lagen hinter mir. Aber nun hatte ich ihn, den Schlüssel zu meiner vierten Immobilie. Die Schlüsselübergabe ist der krönende Abschluss des Immobilienkaufs, obwohl sie alles andere als glamourös ist. Wer den Schlüssel seiner neuen Immobilie in den Händen hält, tut dies meist mit Stolz, denn hinter einem liegt eine intensive Zeit: die oft aufwendige Suche, hemmungslose Bieterverfahren, das Schachern um gute Konditionen bei der Finanzierung und schließlich der Kaufprozess, der aus so vielen Zwischenschritten besteht, dass ich sie dir hier gern einmal auflisten will.

Notarbestellung

Nachdem ich Mitte Mai die definitive Zusage von der Maklerin hatte, rief ich meinen Notar an, der mir auch schon bei meinen letzten Immobilienkäufen mit Rat und Tat zur Seite gestanden hatte. Da ich als Käuferin den Notar bezahlen muss, darf ich ihn mir auch aussuchen.

Ich weiß, dass manche Makler*innen ganz gerne ihren Haus-und-Hof-Notar in die Spur schicken, um den Kauf zügig über die Bühne zu bringen. Ich würde aber immer darauf bestehen, meinen Notar des Vertrauens zu beauftragen. Zwar muss auch dieser beide

Seiten neutral beraten, aber ich fühle mich einfach wohler und sicherer, wenn ich selbst jemanden wählen kann.

Terminfindung

Normalerweise muss der Kaufvertragsentwurf dem Käufer der Immobilie spätestens vierzehn Tage vor dem Beurkundungstermin vorliegen – jedenfalls dann, wenn mindestens eine der Parteien gewerblich handelt. Da dies bei mir nicht der Fall war und von privat an privat verkauft wurde, entfiel die Vierzehntagefrist. Wir hätten also ab dem Zeitpunkt jederzeit einen Termin für die Beurkundung vereinbaren können.

Doch das passende Datum zu finden, war alles andere als einfach. Die Besitzer der Wohnung lebten in Portugal und waren nur selten in Deutschland. Ende Mai war es ihnen möglich, für zwei Tage nach Berlin zu kommen – genau da, wo ich auf Reisen war. Aber gut, dachte ich mir, der Notar wird dafür schon eine Lösung finden. Ich rief ihn an, erklärte ihm die Situation und bat darum, schon mal einen Kaufvertrag aufzusetzen.

Kaufvertragsentwurf

Die Infos, die er dazu brauchte – unter anderem persönliche Angaben zu Käufer und Verkäufer, Kaufpreis, Bankverbindung, Teilungserklärung, Grundriss, Auszug aus dem Grundbuch und Energieausweis –, mailte ich ihm.

Mein Notar ist glücklicherweise von der schnellen Sorte. Den Vertrag hatte ich als Entwurf kurze Zeit später zur Prüfung in meinem E-Mail-Fach. Für mich sind diese Dokumente immer etwas ganz Besonderes, gehören sie doch zu den wichtigsten meines Lebens. Mit einem Kaufvertrag für eine Immobilie wirst du nämlich Grundbesitzer*in. Für mich war das beim ersten Mal ein erhabenes Gefühl – und ist es immer noch.

Ich las das elfseitige Dokument gründlich. Da ich schon etwas Routine darin habe, waren mir die vielen Fremdwörter und komplizierten Floskeln einigermaßen vertraut, und ich hatte auch keine Anmerkungen oder Änderungswünsche mehr. Aber ich kann mich noch gut erinnern, wie lange ich gebraucht habe, den Kaufvertragsentwurf meiner ersten Immobilie zu studieren. Mit zwei Fachbüchern und geöffnetem Google-Suchfenster arbeitete ich mich durch das Dokument, schrieb fleißig Fragen auf und rief am nächsten Tag den Notar an mit der Bitte, mir noch mal alles in Ruhe zu erklären.

Ohne Scheu Fragen zu stellen, ist in diesem Fall sehr wichtig. Denn der Kaufvertrag enthält alles, was für die Übertragung der Immobilie relevant ist: wer an wen verkauft, um welche Immobilie es sich genau handelt (Anschrift, Grundbuchbezirk, Grundbuchblatt et cetera), wie teuer das Objekt ist, wann genau der Kaufpreis bezahlt werden muss, wann du die Immobilie beziehen darfst, Fragen zu Haftung, Gewährleistung und Rücktrittsrechten und auch die Auflassungsvormerkung.

Einer der wichtigsten Punkte, die du prüfen solltest, ist, ob der Grundbucheintrag zu der Immobilie passt, die du besichtigt hast. Auch ob und welche Lasten im Grundbuch eingetragen sind, solltest du checken. So kann beispielsweise ein Geh-, Fahr- und Leitungsrecht dafür sorgen, dass du einen Teil des Grundstücks im Grunde nicht nutzen kannst. Zudem würde ich immer alles schriftlich im Vertrag festhalten, was mündlich zugesagt wurde, zum Beispiel wenn Möbel überlassen werden.

Übrigens: Für überlassene Möbel und die Einbauküche müssen Käufer*innen keine Grunderwerbsteuer zahlen. Deswegen sollte man im Notarvertrag nicht nur den eigentlichen Kaufpreis nennen, sondern auch auflisten, wie viel davon für die Möbel und die Küche bezahlt wird.

Vertragsunterzeichnung

Nachdem ich meinem Notar mitgeteilt hatte, dass der Kaufvertrag für mich so passt, vereinbarten wir den Beurkundungstermin. Tatsächlich war es möglich, die Beurkundung zeitlich versetzt zu machen, sprich: Die Verkäufer und ich mussten gar nicht zusammen beim Notar sitzen. So hatten die Verkäufer ihren Termin am 31. Mai. Ich vereinbarte meinen für den 3. Juni und dachte mir, was für ein gutes Omen. Zwei meiner bisher drei Wohnungen habe ich am 1. Juni – also am Kindertag – gekauft. Und jetzt ist es immerhin die gleiche Woche.

Dem großen Moment, den der Kauf einer Immobilie für die meisten Menschen in ihrem Leben bedeutet, wird so ein Notartermin nicht gerecht, denn er ist enttäuschend unspektakulär. Man sitzt ein bisschen aufgeregt in einem meist recht eintönigen Büro, und der Notar liest Seite für Seite des Kaufvertrags vor. Je nach Umfang kann das dauern. Dann unterzeichnen die Parteien den Vertrag und gehen ihrer Wege.

Bei mir ging alles etwas schneller. Der Termin dauert nur zehn Minuten, da nur die Bestellung der Grundschuld vorgelesen wurde und die Genehmigungserklärung, die ich unterzeichnen musste. Darunter versteht man eine nachträgliche notarielle Genehmigung des Kaufvertrags. Denn der eigentliche Notartermin mit Verkäufern und Maklerin hatte ja bereits drei Tage zuvor stattgefunden. Vom unterzeichneten Dokument bekam ich einen Scan, um alles zu prüfen.

Auflassungsvormerkung

Ist alles unterschrieben und beurkundet, verschickt der Notar versiegelte Kopien davon an das Finanzamt, das Grundbuchamt beziehungsweise das Amtsgericht sowie die Bank des Käufers. Als Erstes muss das Amtsgericht beziehungsweise das Grundbuchamt die sogenannte Auflassungsvormerkung im Grundbuch eintragen. Diese hat den Zweck, dir die Rechte an der gekauften Immobilie zu sichern und zu verhindern, dass der Verkäufer sie zeitgleich noch an jemand anderen verkauft. Es ist ein bisschen wie eine Reservierung – niemand anderes kann nun in das Grundbuch eingetragen werden.

Ist die Auflassungsvormerkung eingetragen, wirst du von deinem Notar informiert, dass du nun den Kaufpreis überweisen beziehungsweise von der Bank auslösen kannst. So sind beide Seiten auf der sicheren Seite. Du kannst gewiss sein, dass niemand anderes plötzlich im Grundbuch steht, und der Verkäufer wiederum weiß, dass seine Immobilie erst dann übertragen wird, wenn das Geld bei ihm angekommen ist.

Grunderwerbsteuer

Meldet der Verkäufer dem Notar, dass das Geld bei ihm angekommen ist, informiert der Notar das Grundbuchamt, das dann die Auflassung in das Grundbuch einträgt – vorausgesetzt, das Finanzamt gibt sein Go. An dieses hatte der Notar ja ebenfalls den Kauf gemeldet, und es dauert meistens nicht lange, bis der Steuerbescheid für die Grunderwerbsteuer beim Käufer eintrudelt. Erst wenn diese bezahlt ist, wird die Auflassung ins Grundbuch eingetragen, und du bist Eigentümer*in deiner Immobilie.

Genehmigungen

Manchmal sind weitere Genehmigungen einzuholen. So muss in einigen Fällen eine Bescheinigung vorgelegt werden, dass die Gemeinde auf ihr möglicherweise vorhandenes Vorkaufsrecht verzichtet. Bei dieser Eigentumswohnung musste auch der Verwalter zustimmen. Den Fall hatte ich noch nicht, und dieser Punkt hat mich bei meinem letzten Immobilienkauf tatsächlich etwas verunsichert, da der Vorgang erst nach dem Notartermin stattfindet.

Ist es also theoretisch möglich, dass man einen Notar beauftragt, einen Vertrag aufsetzt und unterzeichnet und dieser dann im Nachgang von irgendeinem Verwalter über den Haufen geworfen wird? Theoretisch ja, sagte mein Notar auf Nachfrage, aber die Wahrscheinlichkeit sei zu gering, um sich darüber Gedanken zu machen. Na gut, ich vertraute mal wieder. Und der Verwalter der Wohnung hat ohne Murren zugestimmt – eine Formalie.

Bäumchen, wechsel dich!

Übergang von Besitz, Lasten und Nutzen

Mit dem Kauf einer Immobilie wechselt nicht nur ein physisches Objekt die Besitzer, sondern es werden auch alle Lasten und Nutzen, die mit diesem Objekt einhergehen, von einer Partei auf die andere übertragen, also Mietverträge, Grundsteuerverpflichtungen oder Versicherungsverträge. Aber die Frage ist: Wann genau passiert das – bereits bei der Beurkundung, bei der Bezahlung des Kaufpreises, beim Eintrag ins Grundbuch oder erst bei der Schlüsselübergabe?

In den meisten Fällen kommt es darauf an, was diesbezüglich im Kaufvertrag geregelt wurde. In der Praxis findet der wirtschaftliche Übergang mit der Bezahlung des Kaufpreises statt. Ab diesem Moment stehen dir beispielsweise die Mietzahlungen beziehungsweise die Nutzung der Immobilie zu. Gleichzeitig musst du aber auch für den Unterhalt der Immobilie aufkommen.

Ein paar Dinge sind jedoch an die Eintragung ins Grundbuch geknüpft. So kannst du ein bestehendes Mietverhältnis erst dann kündigen, wenn du im Grundbuch eingetragen bist. Das Gleiche gilt fürs Hausgeld: auch das wird erst fällig ab dem Zeitpunkt, da du als neue*r Eigentümer*in der Immobilie im Grundbuch stehst.

Kalte Füße?

Wenn der Notartermin platzt

Manchmal kommt alles anders, als man denkt. Da steht man kurz vorm Immobilienkauf, und dann verliert man den Job, die Partnerschaft geht in die Brüche, die Lebensumstände ändern sich von einem Moment auf den anderen. Oder man bekommt einfach nur kalte Füße. »Was passiert, wenn man deswegen den Notartermin platzen lassen muss?«, habe ich meinen Berliner Notar gefragt. Der Experte erklärt vier verschiedene Szenarien.

1. Wurde ein Entwurf erstellt, aber noch nicht durch den Notar versandt, erhält der Notar grundsätzlich nur 20 Euro zuzüglich Mehrwertsteuer.
2. Hat der Notar im Fall auch beraten, erhält er statt der 20 Euro eine Beratungsgebühr. Beratungsgebühren sind sogenannte Rahmengebühren. Das heißt, es ist der Geschäftswert der Beurkundung zu ermitteln. Anhand des Geschäftswertes kann man in Anlage 2 zum Gerichts- und Notarkostengesetz den Wert einer einfachen Gebühr ermitteln.
3. Wurde der Entwurf durch den Notar bereits versandt, erhält dieser ebenfalls eine Rahmengebühr. Die Höhe der Gebühr ist dann abhängig vom Grad der Vollständigkeit des Entwurfs. Je nach dem Grad der Vollständigkeit des Entwurfs darf der Notar zwischen einer 0,5- und einer zweifachen Gebühr berechnen. Dazu muss man wissen, dass die zweifache Gebühr der Gebühr für die Beurkundung entspricht. War der Entwurf also vollständig, werden Gebühren wie für eine Beurkundung fällig. War der Entwurf noch nicht vollständig, erhält der Notar weniger.

4. In jedem Fall fallen bei einer abgesagten Beurkundung etwaige Kosten für den Vollzug (zum Beispiel für die Einholung von Genehmigungen) und die Betreuung (zum Beispiel Prüfung und Bescheinigung von Fälligkeitsvoraussetzungen) nicht an. Diese Kosten spart man also auch dann, wenn schon ein vollständiger Entwurf versandt worden ist.

I unlocked it:

Die Schlüsselübergabe

Die Schlüssel werden in der Regel dann übergeben, wenn der Kaufpreis bezahlt wurde. Hier kommt es im Zweifel aber auf die Regelung an, die im Kaufvertrag getroffen wurde.

Bei der Übergabe treffen sich beide Parteien in der Wohnung oder im Haus. Auch hier hast du das Recht, einen Sachverständigen mitzubringen, wenn dir das lieber ist. Bei der Übergabe eines Neubaus ist das auf jeden Fall sinnvoll, bei der Übergabe einer Bestandsimmobilie sollten Gutachter*innen bereits vor Vertragsabschluss die Immobilie auf Herz und Nieren geprüft haben. Daher entfällt bei einer Bestandsimmobilie zumeist die nochmalige Begehung mit Sachverständigen zur Schlüsselübergabe.

Im Falle der Übergabe eines Neubaus geht man aber auf jeden Fall gemeinsam durch die Immobilie, um:

⟶ den Zustand der Immobilie festzuhalten,
⟶ technische Geräte oder Einbauten zu erklären und gegebenenfalls die dazugehörigen Unterlagen zu übergeben,
⟶ Zählerstände abzulesen und festzuhalten und
⟶ alle Schlüssel zu übergeben.

Wichtig ist es, ein Protokoll anzufertigen. Darin wird der Zustand der Immobilie sowie der gegebenenfalls mitverkauften Möbel und Einbauten erfasst. Auch Mängel werden festgehalten, und es wird festgelegt, wer sie zu beseitigen hat. Ein detailliertes und korrekt erfasstes Übergabeprotokoll ist wichtig, falls es später zu Streitigkeiten kommt, da es vor Gericht ein wichtiges Beweismittel darstellt.

Es ist durchaus hilfreich, wenn eine dritte neutrale Person das Protokoll verfasst. Dies kann beispielsweise der/die Makler*in sein. Das Protokoll geht im Anschluss auch an die Hausverwaltung, was wichtig ist, um die Zählerstände genau festzuhalten.

In dieser Grube soll ich wohnen?

Besonderheiten bei Neubauimmobilien

Der Kauf einer Neubauimmobilie unterscheidet sich in der Abwicklung kaum von dem einer Bestandsimmobilie. Weil man die Wohnung oder das Haus in der Regel direkt vom Bauträger kauft, ist eine gewerbliche Partei im Spiel. Das heißt, für den Kaufvertrag gilt die zuvor bereits angesprochene Vierzehntagefrist. Der Kaufvertrag muss also mindestens zwei Wochen vor Beurkundung vorliegen.

Insgesamt ist das Vertragswerk rund um den Kauf einer Neubauimmobilie um einiges umfangreicher als bei einer Bestandsimmobilie, was vor allem daran liegt, dass die Immobilie in der Regel noch nicht gebaut wurde, sondern man quasi vom Plan kauft. Darum sind hier viele Punkte enthalten, die bei einer Bestandsimmobilie entfallen, etwa Baubeschreibung, Teilungserklärung, Gemeinschaftsordnung oder Kaufpreisfälligkeiten.

Letztere sind von der Fertigstellung der einzelnen Bauabschnitte abhängig und in einem Zahlplan festgeschrieben, um die Käufer*innen zu schützen. Es soll verhindert werden, dass diese den Kaufpreis bereits voll bezahlen, ohne dass die Immobilie fertiggestellt wurde. Wie so ein Zahlungsplan ausgestaltet sein muss, regelt die Makler- und Bauträgerverordnung (MaBV).

Hier ist vor allem wichtig, dass nicht der Käufer, sondern der Bauträger in Vorleistung geht. Erst nach Beendigung des Bauabschnitts wird die jeweilige Zahlung fällig. So müssen beispielsweise nach Beginn der Erdarbeiten 30 Prozent, nach Rohbaufertigstellung 28 Prozent und nach Herstellung der Dachflächen und -rinnen 5,6 Prozent des Kaufpreises überwiesen werden. Insgesamt gibt es dreizehn Raten, wobei es möglich ist, Teilraten zu maximal sieben Teilzahlungen zusammenzufassen.

Kaufst du eine Immobilie, deren Bau bereits begonnen hat, sind die Raten für alle bis dato beendeten Bauabschnitte auf einmal fällig. Die letzte der dreizehn Raten zahlst du, wenn alles fertiggestellt ist. Hier solltest du unbedingt eine*n Gutachter*in mit ins Boot holen und mit ihm oder ihr gemeinsam die Endabnahme machen. Der Gutachter liest sich die Baubeschreibung durch und prüft dann vor Ort, ob die Beschreibung zum fertigen Produkt passt.

Expert*innen finden oft Mängel, die du nie entdeckt hättest. Vielleicht kannst du noch erkennen, ob das Parkett tatsächlich Eiche geölt ist, aber ob der Innenputz nun C3- oder C4-verspachtelt ist, würde zumindest ich niemals feststellen können. Sind Mängel vorhanden, müssen diese ausgebessert werden. Erst wenn alles passt, wird die letzte Rate bezahlt.

Doros Tipps

Zeitlichen Puffer einplanen

Im Kaufvertrag wird auch immer ein Fertigstellungsmonat festgeschrieben. In Zeiten von Materialmangel, Lieferkettenengpässen und Corona gehören Verzögerungen am Bau fast schon zur Normalität. Du solltest darum nicht auf Kante planen und zum Beispiel lieber einen zeitlichen Puffer einbauen, wenn es um die Kündigung deiner alten Wohnung geht. Denn dass ein pünktlicher Umzug tatsächlich möglich ist, dafür gibt es keine Garantie.

Das rate ich dir vor allem, um dir unnötigen Stress durch doppeltes Umziehen oder Hotel-Hopping zu ersparen. Der Bauträger muss allerdings Schadenersatz leisten – etwa für entgangene Mieteinnahmen oder Hotelrechnungen –, wenn die Immobilie nicht pünktlich übergeben werden kann.

KAPITEL 8

Modernisieren, Renovieren & Sanieren

Upgrade für deine Immobilie

Sanierung und andere Herausforderungen

Die Sanierung eines Altbaus oder einer Bestandsimmobilie kann Freude bereiten, denn nichts ist schöner, als das Vorher/Nachher zu sehen und vielleicht auch selbst Hand angelegt zu haben. Aber es gibt auch Situationen, in denen einen die Instandsetzung von schnuckeligen 38 Quadratmetern schier um den Verstand bringen kann. Ich spreche hier von meiner zweiten Immobilie, einem kleinen Apartment im Berliner Westen, das ich mittlerweile gut vermietet habe. Bis es so weit war, musste ich allerdings einige Sanierungstäler durchschreiten.

Ich hatte die Wohnung (aus heutiger Sicht) günstig gekauft, um sie dann zu sanieren und danach eine gute Mietrendite erzielen zu können. Ich beauftragte keine Baufirma, sondern entschied mich, alle Gewerke – also Elektriker, Schreiner, Fliesenleger – selbst zu koordinieren. Bei 38 Quadratmetern kann das ja nicht so schwierig sein, dachte ich mir damals.

Weit gefehlt. Die Baufirmen hatten die Gesamtkosten auf rund 23.000 Euro und die Sanierungszeit auf drei Monate angesetzt. Klang gut – ich sagte zu, und los ging's. Hochmotiviert stand ich gleich am ersten Tag morgens um 6.30 Uhr auf der Baustelle to be, kochte Kaffee für alle und wartete auf die Handwerker. Die erschienen allerdings nicht wie verabredet um 7 Uhr, sondern erst um kurz vor 10 Uhr – mit der lapidaren Erklärung, es hätte auf einer anderen Baustelle länger gedauert.

Natürlich hatte ich während des Wartens gefühlte hundert Mal angerufen, aber niemanden erreicht. Ich zweifelte bereits an mir selbst und überlegte, ob ich mir ein falsches Startdatum notiert hatte. Nun gut, letztlich waren sie ja da und ich sehr erleichtert, denn schließlich war ich auf die Handwerker angewiesen. Darum wollte ich mich auch nicht gleich beschweren.

Doch bereits am folgenden Tag kam der nächste Downer: Der Holzboden konnte nicht erhalten werden. Von oben sahen die Dielen zwar toll aus, doch von unten waren sie stark angegriffen und brüchig. Ich war todtraurig, denn mit ihnen ging viel Altbaucharme verloren, auf den ich gesetzt hatte. Zudem entstanden weitere Kosten für einen neuen Bodenbelag.

Am Ende der Sanierung war ich bei 33.000 Euro, rund 870 Euro pro Quadratmeter und 10.000 Euro über dem ursprünglichen Budget. Mein Learning: Plane bei Sanierungen immer einen Puffer von mindestens 20 Prozent ein.

Doch mit den höheren Kosten war der Ärger leider noch nicht ausgestanden. Auch die Ausbauzeit verzögerte sich. Ich hätte es natürlich gleich am ersten Tag ahnen können, als die Arbeiter drei Stunden zu spät kamen: Meine Wohnung war einfach ein zu kleines Projekt und dadurch nicht besonders lukrativ. Es kamen immer nur Handwerker, wenn sie auf einer Großbaustelle, auf der die Firma hauptsächlich tätig war, mal einen Tag wenig oder nichts zu tun hatten. Oft wartete ich vergebens zu verabredeten Zeiten; niemand tauchte auf.

Das war sehr frustrierend und kostete mich neben meiner Zeit auch Geld. Denn insgesamt dauerten die Arbeiten anstatt der eingeplanten drei letztlich sechs Monate – also drei weitere ohne Mieteinnahmen. Auch hier habe ich gelernt, dass man immer einen großzügigen Zeitpuffer einrechnen muss. Übrigens: Der letzte Lichtschalter wurde nie eingesetzt, die Handwerker und Elektriker sind nicht mehr erreichbar.

Ich bin sehr froh, dass ich nicht schon bei meiner ersten Wohnung, die über 90 Quadratmeter groß ist, auf die Idee gekommen bin, selbst zu sanieren, denn das hätte mich vermutlich an den Rand des Wahnsinns gebracht. Anstatt günstig(er) zu kaufen und mir die Wohnung dann selbst schön zu machen, zahlte ich damals knapp 1000 Euro mehr pro Quadratmeter im Vergleich zu einem unsanierten Altbau – und nahm das gerne in Kauf, um direkt in mein kernsaniertes Heim einzuziehen. Zu dem Zeitpunkt war das die absolut richtige Entscheidung, da ich durch meinen Job sehr eingespannt war und mir selbst der Einbau der Küche, den ich noch organisieren musste, fast zu viel war.

Grundsätzlich gilt: Wenn du zu knapp kalkulierst, während der Bauarbeiten etwas schiefgeht oder die Materialkosten steigen, kann es sehr nervenaufreibend und teuer werden. Eine Reparatur zieht manchmal gleich einen ganzen Rattenschwanz an weiteren nach sich. Hat man einmal die Wand geöffnet und die Leitungen freigelegt, wird oft klar, dass es nicht damit getan ist, ein paar Kabel zu tauschen, sondern die Elektrik oder auch die Wasserleitungen komplett erneuert werden müssen.

Es kann sehr teuer werden, die schönen, alten Kastenfenster aus Holz, die einem bei der Besichtigung so gut gefallen hatten, so reparieren zu lassen, dass sie wieder gut schließen und wetterfest sind. Manchmal ist es günstiger, sie direkt gegen moderne Fenster auszutauschen – auch weil man dadurch langfristig Energiekosten spart.

Auf der anderen Seite bekommt man eine Wohnung in unsaniertem Zustand meistens sehr viel günstiger. Wer – wie mein Nachbar, von dem ich bereits in Kapitel 2 erzählt habe – selbst saniert und sich ein Zimmer nach dem anderen vornimmt, kann bares Geld sparen und am Ende in einer tollen, individuell gestalteten Wohnung leben, deren Wert sich durch die Maßnahmen auch noch gesteigert hat. Dafür muss man aber Zeit und handwerkliche Fähigkeiten mitbringen sowie Spaß am Renovieren haben, ansonsten können die Baumaßnahmen schnell zur Zerreißprobe werden.

Mich schockt gar nichts mehr

Mein neues Renovierungsprojekt

Nun wirst du vielleicht denken, dass ich verrückt geworden bin. Denn trotz meiner vorherigen Sanierungs- und Renovierungserfahrungen habe ich mich ganz aktuell, beim Kauf meiner vierten Immobilie, wieder dazu entschieden, eine gebrauchte Wohnung zu kaufen und zu renovieren. Vielleicht ist es ja wirklich ein bisschen crazy. Aber im Grunde habe ich mittlerweile so viel Erfahrung, dass mich so leicht nichts mehr schocken oder auch nur aus der Ruhe bringen kann.

Die Wohnung, mit der ich zuvor Erfahrungen auf diesem Gebiet gemacht habe, ist heute sehr gut vermietet und im Wert stark gestiegen. Ich habe sie günstig gekauft, noch etwas Geld und Nerven investiert und kann nun die Früchte meiner Arbeit ernten.

Bei meiner neuen Wohnung ist das hoffentlich auch der Fall. Auch hier lief nicht alles glatt, Gewerke mussten ausgetauscht werden, und Deadlines wurden gerissen. Aber hey, mittlerweile bin ich schon routiniert im Umplanen. Und am Ende ist noch immer alles richtig gut geworden.

Die Wohnung war ziemlich verwohnt, als ich sie kaufte. Der Laminatfußboden hatte seine besten Tage hinter sich, und auch die zusammengestückelte Küche war gewöhnungsbedürftig und lud nicht zum Kochen ein. Weil ich einen coolen, strapazierfähigen Bodenbelag wollte, entschied ich mich für einen grauen Gussboden, der nachhaltig und langlebig zugleich ist. Die olle Tapete – insgesamt vier Schichten – wurde abgeschabt, die Wände frisch gespachtelt und gestrichen. Easy! Ein paar Kleinigkeiten wie zum

Beispiel die Regenrinne mussten repariert werden. Eine neue kleine Küchenzeile musste her, und Elektriker Harald überprüfte alle Leitungen und organisierte einen neuen Stromkasten. Zudem ließ ich eine gestreifte Markise auf dem großen Südbalkon anbringen. Done!

Nun kann ich – nach einer relativ günstigen Renovierung – eine individuelle Immobilie auf den Mietmarkt werfen, von den Mieteinnahmen meinen Kredit abzahlen und langfristig ein Zusatzeinkommen fürs Alter generieren.

Renovieren heißt verschönern.

Eine Renovierung zielt also klar auf eine optische Verbesserung ab. Kleinere Mängel, wie sie etwa durch Abnutzung entstehen, werden dabei beseitigt. Es handelt sich also um Schönheitsreparaturen, die nicht unbedingt nötig sind, das Wohngefühl aber verbessern. Renovierungsarbeiten kannst du in der Regel selber machen und musst sie nicht genehmigen lassen, denn es geht um Dinge wie Streichen, Tapezieren oder Laminat verlegen. Deine Immobilie wird durch eine Renovierung zwar optisch verschönert, erfährt aber keine extreme Wertsteigerung.

Sanieren heißt reparieren. Der Grund für die Sanierung ist also immer ein Schaden, der behoben werden muss. Die Arbeiten sind meist aufwendiger und erfordern fachliche Kenntnisse. Darum kannst du eine Sanierung oder Teile davon nur durchführen, wenn du handwerklich begabt bist. Zudem brauchst du für einige Sanierungsarbeiten – insbesondere bei einer Immobilie im Milieuschutzgebiet – eine Baugenehmigung. Typische Beispiele für Sanierungsmaßnahmen wären ein undichtes Dach reparieren oder eine Wand trockenlegen. In jedem Fall können Sanierungen den Wert deiner Immobilie steigern.

Modernisieren bedeutet verbessern. Darum soll bei Modernisierungsarbeiten eine Immobilie auch auf den neuesten Stand gebracht werden. Ihr Wert wird durch eine Modernisierung meist stark gesteigert, da zum Beispiel durch den Einbau einer modernen Heizung oder die Dämmung von Dach und Wänden Energiekosten gespart werden können. Einige Modernisierungsmaßnahmen sind sogar gesetzlich vorgeschrieben – zum Beispiel beim Brandschutz. Diese Arbeiten kannst du in der Regel nur von Fachkräften und nicht ohne Zustimmung der gesamten Eigentümergemeinschaft durchführen lassen, da es hier meist um Arbeiten am Gemeinschaftseigentum geht, zu dem auch Außenwände oder die Heizungsanlage zählen. Prüfe, ob eine Baugenehmigung notwendig ist.

Achtung –

To do's, bevor du eine unsanierte Immobilie kaufst

Bevor du einfach blind in eine unsanierte Wohnung investierst, weil sie so günstig ist, schau dir genau an, welche deiner Bauideen tatsächlich umgesetzt werden können und dürfen. Abgesehen davon, dass du Zeit, handwerkliches Talent und oft auch Hilfe von Profis brauchst, sind nicht alle Sanierungsvorhaben erlaubt. Folgende Dinge musst du darum unbedingt beachten:

Doros DO's

Bevor du die Bauplanung startest

Teilungserklärung und WEG-Protokolle lesen!

Studiere die Teilungserklärung und vor allem die Protokolle der letzten drei Wohnungseigentümerversammlungen gut. Sie sind Teil der Kaufunterlagen. Dort hatte ich wie gesagt entdeckt, dass ich den Markisenanbau bei der Hausverwaltung anzeigen muss, denn hier wird die Fassade verändert, die zum Gemeinschaftseigentum zählt.
Du findest darin auch Informationen über geplante Sanierungen oder Modernisierungen am Gemeinschaftseigentum. Diese Maßnahmen werden meist von langer Hand geplant und sind den Eigentümer*innen lange bekannt, da sie es sind, die für die Kosten aufkommen müssen.

Falls also Arbeiten am Haus geplant sind, kalkuliere dies unbedingt in deine Kaufentscheidung mit ein. Auch bei mir im Haus wurde in den vergangenen drei Jahren in jeder Eigentümerversammlung besprochen, dass wir in ein paar Jahren eine neue Heizung anschaffen müssen. Ein sechsstelliger Betrag kommt auf uns zu, und so viel haben wir nicht in der Kasse. Noch funktioniert alles, doch in zwei bis drei Jahren rechnen wir mit einem Austausch.
Egal ob ich dann noch hier wohne oder die Wohnung vermiete: Die Kosten werden kommen. Ich rechne für mich mit einem mittleren vierstelligen Betrag, auf den ich mich schon jetzt vorbereite, indem ich Geld zurücklege.

Milieuschutz beachten!

Wenn Gebiete oder Bezirke unter Milieuschutz stehen, auch Erhaltungsschutz genannt, dürfen einige Modernisierungen und Umbauten nicht einfach von dir durchgeführt werden, sondern müssen genehmigt werden. Ist nämlich der Bezirk oder die Gemeinde der Ansicht, dass durch bestimmte Baumaßnahmen die vorhandene Bevölkerungsstruktur gefährdet wird, bekommt man keine Genehmigung für ein Sanierungsvorhaben. Damit sollen sogenannte Luxussanierungen verhindert werden, die den Wert und auch die Miete einer Wohnung steigern würden.
Was Luxus und was Standard ist, listet die Gemeinde oder der Bezirk in der sogenannten Erhaltungsverordnung auf. Dort kannst du einsehen, welche Sanierungsmaßnahmen du ohne Genehmigung durchführen darfst und welche deiner Vorhaben gar nicht erst genehmigt werden. Dazu zählen zum Beispiel Grundrissänderungen, der Einbau eines Kamins, einer Fußbodenheizung, eines zweiten WCs oder eines Doppelwaschbeckens im Bad.
Milieuschutz besteht vor allem in Teilen von Großstädten wie Berlin, Hamburg oder München, wo sich die Miet- und

Quadratmeterpreise in den vergangenen Jahren schnell nach oben geschraubt haben. Ob der Erhaltungsschutz etwas bringt, man ihn gut oder unnötig findet, ein Gäste-WC oder ein zweites Waschbecken nun Luxus ist, sei dahingestellt. Fest steht: Man muss sich als Eigentümer*in einer Wohnung in Milieuschutzlage an die gegebenen Regeln halten und sich informieren, bevor man in eine unsanierte Immobilie investiert.

Fachleute bestellen!

Den Aufwand einer Sanierung, einer Renovierung oder auch Modernisierung solltest du als Erstkäufer*in mit der Hilfe von Profis (Gutachter*innen, Handwerker*innen) einschätzen, bevor du die Wohnung kaufst. Ein Gutachten gibt dir klar Auskunft darüber, welche Mängel umgehend behoben werden müssen und welche zwar ästhetisch nicht so schön sind, aber erst mal so bleiben können.
Nachdem die Wohnung oder auch das gesamte Haus einmal gescannt wurde und du aus professioneller Sicht weißt, welche Arbeiten anfallen würden, kannst du einschätzen, welche davon du selbst erledigen könntest und für welche die Handwerker anrücken müssen. Lass dir immer einen Kostenvoranschlag erstellen, bevor du den Auftrag erteilst, sonst kann es teure Überraschungen geben.

Die Elektrik ist total veraltet

Was kostet eine Sanierung?

Während die Kosten für eine Renovierung, zum Beispiel tapezieren, streichen oder Fußboden abschleifen, meist recht überschaubar sind und du sie selbst leicht berechnen kannst, brauchst du bei einer Sanierung oft einen Profi, der die entstehenden Kosten für dich einschätzt – insbesondere, wenn neben Handwerkerleistungen auch Materialkosten einbezogen werden müssen und die Sanierung mehrere Räume betrifft. Dennoch lohnt es sich, verschiedene Angebote einzuholen und zu vergleichen und benötigte Materialien wie Farben, Laminat oder Fliesen gegebenenfalls auch selbst zu besorgen.

Ganz grundsätzlich liegen die Kosten für eine Grundsanierung bei mindestens 500 Euro pro Quadratmeter Wohnfläche. Hast du eine Wohnfläche von rund 65 Quadratmetern, musst du bei einer Grundsanierung also mit Kosten von mindestens 32.500 Euro rechnen. Für eine hochwertige Sanierung mit schickem Bad solltest du eher mit Kosten von 750 bis 1000 Euro pro Quadratmeter rechnen. Und Luxussanierungen starten bei etwa 1000 Euro pro Quadratmeter. Nach oben gibt es natürlich keine Grenzen.

Durch ständig steigende Preise für Baumaterial und Handwerkerleistungen plane – egal ob Grund- oder Luxussanierung – unbedingt einen großzügigen Puffer ein. Immerhin sind die Preise für Neubauten nach Angaben des Statistischen Bundesamtes alleine zwischen August 2021 und August 2022 um 16,5 Prozent gestiegen.[21]

Für die Sanierung meiner Berliner Platte bestellte ich vor Beginn der Arbeiten den Generalunternehmer, den ich beauftragen wollte, in die Wohnung. Zu dem Termin nahm ich auch einen befreundeten Interior-Designer mit, der sich anschauen sollte, ob meine Gestaltungsideen umsetzbar waren.

Das finale Angebot, das mein Handwerker mir nach zwei weiteren Inspektionen zuschickte, lag bei 17.000 Euro. Ich war schockiert. Bei einer ersten Begehung war er noch von 7000 bis 8000 Euro ausgegangen. Wie konnte es sein, dass zwischen der ersten Schätzung und dem finalen Angebot rund 10.000 Euro lagen? »Die Elektrik ist total veraltet«, versuchte er sich zu erklären. Allein das koste mindestens 5000 Euro.

Mein Gefühl wurde schlechter. Warum war ihm das nicht bei der ersten Begehung schon aufgefallen? 17.000 Euro waren mir eindeutig zu viel. Ich musste es irgendwie günstiger hinbekommen – und zwar schnell.

Gemeinsam mit meinem Werkstudenten machte ich einen Schlachtplan. Wir scannten Handwerkerportale und fragten in unserem Netzwerk herum. Fündig wurden wir erst, als wir überlegten, wer kürzlich saniert oder renoviert hatte. Zwei Generalunternehmen wurden uns empfohlen, die uns nach einer zügigen Begehung Angebote zuschickten – eines davon lag bei knapp 9000 Euro. Jawoll, geht doch! Ich bestätigte das Angebot.

Hinzu kamen noch mal 3000 Euro für eine schwarze No-name-Küche aus einem Musterverkauf. Damit war ich bei 260 Euro pro Quadratmeter für eine Renovierung plus Elektrik-Upgrade und Miniküche. Ich war rundum happy.

Ups, war das eine tragende Wand?

Warum sich eine Sanierung lohnen kann

Ja, es stimmt, eine Sanierung kann Probleme mit sich bringen. Darüber musst du dir im Klaren sein und mögliche Fallstricke im Blick behalten. Wenn du aber vorausschauend planst und gut kalkulierst, wird sich eine Sanierung langfristig mit Sicherheit auszahlen. Ich beschreibe dir hier die für mich ausschlaggebenden Faktoren, die für den Kauf einer unsanierten Immobilie sprechen.

Individuelle Gestaltung

Wenn du eine unsanierte Wohnung kaufst, bietet sich dir die Möglichkeit, sie ganz und gar nach deinen Vorstellungen und deinem Geschmack zu gestalten. In den meisten Fällen kannst du sogar den Grundriss ändern. Aber Achtung: Immer einen Profi zu Rate ziehen, wenn du Wanddurchbrüche planst oder ganze Wände entfernen möchtest, denn dies könnte die Statik des Hauses beeinträchtigen.

Abgesehen davon, dass du die Raumaufteilung deinen individuellen Bedürfnissen anpassen, eine große Wohnküche schaffen oder auch ein zusätzliches Arbeitszimmer einplanen kannst, sind deiner Kreativität in den meisten Fällen keine Grenzen gesetzt. Du entscheidest über Fußbodenbeläge, Fliesen, Fenster, Türen und Co.

Günstigerer Kaufpreis

Eine unsanierte Wohnung ist in der Regel rund 20 Prozent günstiger als eine vergleichbare kernsanierte Wohnung. Dadurch sind auch die Kaufnebenkosten – Maklergebühren, Grundsteuer, Notarkosten – geringer. Wenn du einen Teil der Sanierung dann noch selbst durchführst und dich handwerklich betätigst, kannst du auf diese Weise günstig an eine tolle, individuell gestaltete Wohnung kommen, die du dir im sanierten Zustand vielleicht nicht hättest leisten können.

Auf der anderen Seite hättest du beim Kauf einer unsanierten Wohnung durch die geringeren Kosten vielleicht Geld übrig, das du in eine Sanierung investieren könntest. Zudem sind unsanierte Immobilien oft einfacher zu bekommen.

Die Konkurrenz ist meist nicht so groß, da sich viele Käufer*innen vom unfertigen Zustand der Wohnung abschrecken lassen.

Wertsteigerung

Kaufst du eine unsanierte Wohnung in einer guten Lage für einen guten Preis und sanierst danach selbst, hast du ihren Wert sehr wahrscheinlich gesteigert.

Im besten Fall sind Wohnungen, in denen man einen neuen Fußboden verlegt, die Wände streicht oder ein paar Tausend Euro in die Sanierung der Bäder gesteckt hat, danach direkt mehr wert und sehr attraktiv für potenzielle Mieter*innen und für den Mietmarkt.

Staatliche Zuschüsse

Besonders für Sanierungen, die für mehr Energieeffizienz sorgen, gibt es verschiedene Fördermöglichkeiten. Bei der Förderbank KfW kannst du zum Beispiel für bestimmte Maßnahmen günstige Kredite oder auch Zuschüsse bekommen. Das Bundesamt für Wirtschaft und Ausfuhrkontrolle (BAFA) bietet Förderungen für

Arbeiten, die für energieeffizientere Gebäude sorgen. Auch bei der Sanierung und Modernisierung von denkmalgeschützten Häusern bekommt man häufig finanzielle Unterstützung vom Staat.

In vielen Fällen erhalten Eigentümer*innen bei einer Sanierung auch Steuererleichterungen. Lass dich hier im Einzelfall aber unbedingt steuerlich beraten, da verschiedene Bedingungen an die Steuerentlastung geknüpft sind.

Wenn du eine Wohnung vermieten willst, ist eine Investition in eine unsanierte Wohnung auch interessant, da nach einer »umfassenden Sanierung« die Mietpreisbremse nicht gilt. Es kann sich also lohnen, die beim Kauf eingesparten Kosten in die Sanierung zu investieren, um danach eine höhere Miete verlangen zu können.
Gesetzlich gilt eine Wohnung als »umfassend saniert«, wenn sie nach Abschluss der Arbeiten mit einem Neubau vergleichbar erscheint. Dabei zählen sowohl der Investitionsaufwand als auch die qualitative Bewertung der Sanierungsmaßnahme. Auch hier gilt: Informiere dich genau, und hole ein individuelles Gutachten für deine Sanierungsmaßnahmen ein, um sicherzugehen, dass du die entsprechenden Auflagen auch wirklich erfüllst.

Checkliste Selbst sanieren vs. kernsaniert kaufen

Vorteile	Nachteile
geringere Kaufkosten	hoher Zeitaufwand zur Koordination der Handwerker oder Umsetzung eigener Arbeiten
geringere Kaufnebenkosten	unvorhergesehene Herausforderungen können die Ausbauzeit verlängern oder die Kosten erhöhen
direkte Umsetzung der eigenen Ideen	bei kleinen Wohnungen hat man zwar weniger Aufwand, aber es ist schwieriger, zuverlässige Handwerker zu engagieren, da sich kleine Projekte für sie oft finanziell nicht lohnen
Wertsteigerung nach Fertigstellung	mangelndes Fachwissen kann bei selbst durchgeführten Arbeiten zu Fehlern führen

Architekt*innen, Designer*innen und Co.

Diese Profis brauchst du

Ich kann mich noch sehr gut an den Umzug meiner Freundin Laura erinnern, den wir komplett alleine mit Freund*innen organisiert haben. Damals war ich Mitte zwanzig, und Laura zog von Hamburg nach Berlin. Zwei Freundinnen halfen ihr beim Kistenpacken. Ein Kumpel schliff vor ihrem Einzug die alten Dielen in der neuen Wohnung ab. Er muss über beide Ohren in sie verliebt gewesen sein. Kein Mensch würde sonst freiwillig und kostenlos tagelang ochsenblutroten, gummiartigen Lack vom Boden kratzen und danach drei Tage lang schwitzend bei ohrenbetäubendem Lärm in einer Holzstaubwolke verbringen. Aber danach sah der Boden einfach toll aus. Ich selbst habe ihr noch geholfen, die Wände zu streichen.

Am Tag des Umzugs mieteten wir einen Kleintransporter, fuhren ihr Hab und Gut von einer in die andere Wohnung, schleppten es gemeinsam in den dritten Stock, bauten Kleiderschrank und Bett auf und hockten dann auf den schönen Holzdielen, aßen Pizza aus der Pappschachtel und tranken Rotkäppchen-Sekt direkt aus der Flasche.

Damals hatten wir alle wenig Geld und viel Zeit. Auch wenn es Spaß gemacht hat, muss ich heute ehrlich zugeben, dass ich froh bin, mir sowohl fürs Kistenschleppen als auch für Handwerksarbeiten Profis leisten zu können. Natürlich muss man nicht gleich den Malertrupp anrücken lassen, wenn man eine farbige Wand im Wohnzimmer will. Viele Dinge wie Laminat oder Parkett verlegen, eine Wand verspachteln oder Fliesen legen kann man in Wochenendkursen lernen oder sich mit YouTube-Videos selbst beibringen.

Alles, was man dazu braucht, ist ein wenig handwerkliches Geschick, Spaß an der Arbeit und etwas Zeit.

Bei größeren Bauvorhaben, etwa einem Wanddurchbruch oder gar der kompletten Entfernung einer Wand, brauchst du aber unbedingt Architekt*innen, Statiker*innen und die entsprechenden Handwerker*innen, die die Arbeiten fachgerecht durchführen können.

Ein Architekt oder eine Architektin kann dir auch sehr helfen, wenn du deine gesamte Immobilie umgestalten möchtest, weitere Bäder, eine offene Küche oder mehr Stauraum willst und jemanden brauchst, der deine Ideen und Vorstellungen in einen umsetzbaren neuen Grundriss gießt.

Mir hat es zudem sehr geholfen, eine befreundete Interior-Designerin zu Rate zu ziehen. Zwar habe ich ein ganz gutes Händchen für Wohnungseinrichtung, aber ich habe die Erfahrung gemacht, dass jemand, der sich tagtäglich mit Farben, Stoffen, Möbeln, Lampen und Dekoration beschäftigt, ganz andere Ergebnisse erzielt und Ideen hat, auf die man selbst nie gekommen wäre.

Ich habe darum bei einer Wohnung, die ich vermiete, rund 2500 Euro in ein gutes Designkonzept investiert. Und es hat sich total gelohnt, denn das Konzept sorgt nach Umsetzung für eine sehr gute Mietrendite. Immerhin schauen sich Interior-Designer*innen nicht nur die Räumlichkeiten an, sondern auch das Umfeld, und überlegen, wer sich von der Wohnung angesprochen fühlen und wer hier leben soll. Wir haben gemeinsam die Wohnung letztlich so gestaltet, dass sich die Mieter*innen, aber auch ich selbst mich wohlfühlen würde. Denn wer weiß, vielleicht lebe ja auch ich eines Tages in einer dieser Immobilien.

Morgens halb zehn in Deutschland …

Gewerke online suchen

In Zeiten von Fachkräftemangel ist es oft eine Herausforderung, Elektriker*innen, Maler*innen und Co. zu finden. Vor allem für umfangreiche Sanierungsarbeiten brauchst du Gewerke für verschiedene Arbeiten – vom Abriss über Dämmung bis hin zu Sanitärinstallation. Es empfiehlt sich, pro Gewerk eine*n Spezialist*in zu engagieren. Generalist*innen können zwar günstiger sein, sind unter Umständen aber nicht so gründlich und versiert. Diese Erfahrung musste ich selbst leider auch schon machen.

Wenn ich spezielle Handwerker*innen nicht sowieso schon in meinem Netzwerk habe, suche ich auf Portalen wie blauarbeit.de oder my-hammer.de. Der Vorteil dieser Portale ist, dass Kund*innen Bewertungen zu den jeweiligen Dienstleistungen abgeben können. Das Portal blauarbeit.de hat zudem alle gelisteten Handwerker deutschlandweit geprüft. Firmen findet man auch direkt bei der Handwerkskammer unter hwk-berlin.de.

Checkliste

Suche nach Gewerken

- [ ] Für eine Sanierung brauchst du verschiedene Gewerke: Abriss, Trockenbau, Dämmung, Elektro, Sanitär, Böden, Tischler*in, Malerarbeiten, Fliesenleger*in, Glaser*in. Bei Grundrissänderungen: Architekt*in, Statiker*in.

- [ ] Liste präzise auf, welche Handwerkerleistungen du benötigst.
- [ ] Hole dir zu jedem Gewerk zwei oder drei Kostenvoranschläge ein.
- [ ] Bei der Auswahl des Angebots sollte nicht der Preis das alleinige Kriterium sein, sondern zum Beispiel auch besondere Referenzen oder Erfolge des Handwerkers. Achte auf die Qualifikation, zum Beispiel einen Meisterbrief.
- [ ] Den Auftrag unbedingt schriftlich erteilen und Termine sowohl für den Beginn als auch das geplante Ende der Arbeiten festlegen.
- [ ] Handwerker brauchen Ansprechpartner: Zeit einplanen oder einen Bauleiter beauftragen (je nach Aufwand).
- [ ] Die Handwerkerleistungen sollte man begutachten und abnehmen und eventuelle Mängel gleich beanstanden.

Meine liebsten Instagram-Accounts zu den Themen Bauen, Umbauen, Renovieren und Interior-Design:

@blauarbeit.de

@bauglueck

@liebestuck

@maison.journelles

@fabianfreytag

@die_dielenschmiede

KAPITEL 9

Handling

Das ist doch total stressig!

So kümmerst du dich um deine Immobilien

Wenn ich erzähle, dass ich mehrere Wohnungen besitze und auch Vermieterin bin, reißen viele erstaunt die Augen auf – vor allem die Vermietung sorgt bei vielen für Respekt. Sich um eine Wohnung zu kümmern, Mieter*innen auszusuchen, mit ihnen zu kommunizieren und alles Finanzielle rund um die Wohnung zu regeln, ist noch mal eine andere Hausnummer, als die eigene Immobilie selbst zu bewohnen. Wenn ich erkläre, dass mit guter Vorbereitung und ein bisschen Organisationsgeschick alles halb so wild ist, kommt direkt die nächste Frage: »Du hattest dann wohl noch keine Mietnomaden, oder?« Nein, hatte ich noch nicht, muss ich dann sagen. Und blicke regelmäßig in enttäuschte Gesichter.

Dafür hatte ich einen fetten Madenbefall nach einem Leichenfund – schlimmer als jeder Messie. Aber dazu später.

Die erste wichtige Erkenntnis ist, dass eine Wohnung kein klassisches passives Investment ist wie eine Aktie oder ein Fonds, bei dem man sich nach dem Kauf quasi um nichts mehr kümmern muss. Wer eine Wohnung vermietet, weiß, dass es genug zu tun gibt: von der Erstellung der jährlichen Nebenkostenabrechnung über die Teilnahme an Eigentümerversammlungen bis hin zur Organisation von Handwerksbetrieben. Das ist ein kleines Immo-Business, bei dem du immer am Ball bleiben musst, denn du willst ja auch in zehn oder zwanzig Jahren deine Wohnung oder dein Haus noch gut vermieten.

Jetzt zu behaupten, ich hätte keine Berührungsängste mit dem Thema Vermietung gehabt, wäre glatt gelogen. Ich hatte richtigen

Respekt – und habe mich der ganzen Sache langsam genähert, viel gelesen und mit anderen Vermieter*innen gesprochen. In die Rolle als Vermieterin bin ich langsam hineingewachsen und mag sie mittlerweile sehr, auch wenn dazu eine ganze Reihe von Aufgaben und Pflichten gehört – gegenüber meinen Mieter*innen, aber auch gegenüber Dritten.

Let's talk

Kommunikation & Organisation

Wie ich schon in Kapitel 3 erzählt habe, pflege ich mit meinen Mieter*innen ein freundlich-neutrales Verhältnis. Ich sehe uns als Geschäftspartner*innen – ich biete etwas und erhalte dafür Geld, sie bekommen etwas und zahlen dafür.

Arbeit kommt auch dann auf Vermieter*innen zu, wenn Mieter*innen – aus welchen Gründen auch immer – ausziehen. Zum einen musst du dich darum kümmern, dass das Mietverhältnis ordentlich abgewickelt wird, beispielsweise eine Kündigungsbestätigung versenden und eine Wohnungsübergabe durchführen. Zum anderen musst du jemand Neues suchen, der in die Wohnung einzieht.

Dazwischen ist es sinnvoll, einige Arbeiten und Reparaturen in der Wohnung machen zu lassen. Mir selbst blieben Mieter*innenwechsel bislang erspart. Nichtsdestotrotz ist der Aufwand dafür recht hoch. Auch darum ist es ratsam, bei der Auswahl der Mieter*innen darauf zu achten, dass die Menschen zur Wohnung und zur Gegend passen, um das Risiko eines schnellen Auszugs zu reduzieren.

Ordnung ist das halbe Leben –

Strukturen schaffen

Als sehr praktisch hat es sich für mich erwiesen, Ordnung zu halten. Ich bin zwar ohnehin ein recht ordentlicher und gut strukturierter Mensch, aber für die Organisation meiner Wohnungen bin ich sogar davon abgewichen, alles digital aufzubewahren. Ich habe mir dicke gelbe Leitz-Ordner gekauft, in die ich fein säuberlich jedes Dokument einhefte: Teilungserklärung, Kaufvertrag, Mietvertrag und wichtige Kommunikation mit meinen Mieter*innen.

So habe ich schnell den Überblick, wenn ich etwas suche, und muss nicht stundenlang in Kisten kramen, wie ich es schon bei anderen Vermieter*innen gesehen habe. Das spart Zeit und Nerven, und außerdem geben mir die Ordner das gleiche angenehme Gefühl wie die Immobilie selbst – das Gefühl, einen Sachwert zu besitzen.

Dennoch empfehle ich unbedingt, alle Unterlagen auch zu digitalisieren. Sicher ist sicher. Ich habe in meine Ordner darum jeweils noch einen USB-Stick geklebt, auf dem alle Unterlagen gespeichert sind, und Kopien davon liegen bei mir auf dem Rechner.

Das ist doch (k)ein Hexenwerk:

Betriebs- und Nebenkosten im Blick

In den Ordnern sammle ich auch alle Betriebskostenabrechnungen, die ich einmal im Jahr für meine Mieter*innen erstellen muss. Diese umfassen all jene laufenden Kosten, die mir als Eigentümerin einer Mietwohnung entstehen und die ich auf meine Mieter*innen umlegen darf.

Wichtig: Betriebskosten sind nicht gleich Nebenkosten, auch wenn beide Begriffe oft synonym genutzt werden. Betriebskosten sind immer Nebenkosten, aber Nebenkosten sind nicht immer Betriebskosten. Kosten für die Wasser- und Abwasserversorgung, die Müllabfuhr oder den Schornsteinfeger sind beispielsweise umlagefähige Betriebskosten, da sie ja laufend anfallen. Weil sie Betriebskosten sind, sind sie automatisch auch Nebenkosten. Zu Nebenkosten, die keine Betriebskosten sind, gehören alle Kosten, die dir als Eigentümer*in im Zusammenhang mit der Immobilie entstehen. Diese sind nicht umlagefähig, und du musst sie selbst tragen, beispielsweise Kosten für Instandhaltung und Verwaltung.

Im Grunde bezahle ich mit meinem Hausgeld alle Nebenkosten, und meine Mieter*innen leisten ihre Nebenkostenvorauszahlung. Im Schnitt kann man damit rechnen, dass 60 Prozent des Hausgeldes umlagefähig ist. Über die Betriebskostenabrechnung wird dann geprüft, wie hoch die Kosten tatsächlich waren und wie viel davon ich bereits über die monatlichen Mietzahlungen erhalten habe. War es mehr, überweise ich meinen Mieter*innen das zu viel gezahlte Geld zurück. Liegen die Betriebskosten über dem bisher Gezahlten, gibt es für meine*n Mieter*in eine Nachzahlungsaufforderung.

So weit, so klar. Doch laut Deutschem Mieterbund ist jede zweite Betriebskostenabrechnung in Deutschland fehlerhaft. Gerade Vermieter*innen, die nur eine oder zwei Wohnungen vermieten, sind oft nicht so gut mit dem Thema vertraut, sodass der eine oder andere Fauxpas sich schnell in der Betriebskostenabrechnung einschleicht.

Checkliste

Diese Dinge müssen aus der Betriebskostenabrechnung hervorgehen

- → um welche Wohnung handelt es sich
- → Abrechnungszeitraum
- → Aufstellung der Gesamthöhe der Betriebskosten sowie anteilige Kosten für die Mieter*innen und deren Erläuterung
- → Höhe der möglichen Rückforderung beziehungsweise des möglichen Guthabens

Ich kenne viele Vermieter*innen, die ihre Betriebskostenabrechnung selbst machen, und einige tun das sogar gern. Ich bin ehrlich: Ich lasse sie machen. Ich habe ein Steuerbüro, das mir diese Arbeit abnimmt, und dafür bin ich sehr dankbar. Dann weiß ich, dass Profis am Werk waren, die Abrechnung korrekt ist und ich immer die Möglichkeit für Rückfragen habe.

So eine Betriebskostenabrechnung ist kein Hexenwerk, und ich bekäme sie hin, wenn ich mich reinfuchste. Aber mein Credo ist: Hol dir Hilfe bei Dingen, die du nicht machen kannst oder willst. Für Steuern und Bürokratie engagiere ich die Profis, in anderen Bereichen, etwa Design und Einrichtung, kann ich fürs Erste auch selbst Hand anlegen und habe Freude daran.

Finanzen-Fan

Klarheit durch ein Mietkonto

Ich würde Vermieter*innen immer raten, ein separates Konto zu eröffnen, über das ausschließlich Transaktionen rund um deine Immobilien abgewickelt werden, etwa Miete oder das Hausgeld. Alles andere ist aus meiner Sicht unprofessionell, zumal es Risiken birgt, etwa dass Zahlungen durchrutschen. Ich nehme mir einmal am Anfang jeden Monats zwanzig Minuten Zeit und checke die Kontoauszüge des Vormonats: Sind alle Mieten eingegangen? Wurden Fehlbeträge ausgeglichen? Oder muss ich vielleicht noch Guthaben überweisen? Passt alles, kann ich mich schnell wieder anderen Themen zuwenden.

Messies und Maden

Ausnahmesituationen im Griff

Ich habe es schon erzählt: Die Frage nach Messies und Mietnomaden bekomme ich immer wieder gestellt. Beides ist mir zum Glück noch nicht passiert, und ich bin guter Dinge, dass ich dank meiner Menschenkenntnis und der sorgsamen Prüfung aller Unterlagen auch davon verschont bleibe. Aber auch jenseits von Messies und Co. bleiben Szenarien, die man sich als Vermieterin nicht wünscht – Wasserrohrbrüche, Schädlingsbefall oder Leichen in der Wohnung. Im Sommer 2021 erlebte ich alles zusammen.

Berlin war fest im Griff einer starken Hitzewelle, als meine Mieterin nach drei Wochen Urlaub anrief: »Doro, hier sind überall

Maden und Fliegen in der Wohnung!« Sie berichtete mir, dass sie sich vor Ekel übergeben musste, es aber dennoch irgendwie schaffte, die Fenster aufzureißen, die pechschwarz und voller sich entpuppender Fliegen waren. Dann klingelte sie bei einer Nachbarin und erfuhr, dass in der Wohnung über ihr eine Leiche gefunden worden sei.

Man hatte die ältere Dame seit Wochen nicht mehr gesehen. Jede Minute, berichtete die Nachbarin, müsse die Kripo eintreffen. Die stellte schließlich den natürlichen Tod der Rentnerin in ihrer Badewanne fest. Seit Wochen verweste die Leiche, weil keiner die Frau zu vermissen schien. Eine tragische und traurige Geschichte, an der niemanden die Schuld trifft, für die man als Vermieter*in aber dennoch die Verantwortung übernehmen muss.

In meinem Fall hieß das, dass ich meiner Mieterin für drei Monate eine Ersatzwohnung stellen und die Zusatzkosten tragen musste. Denn in der Not half so schnell nur die Unterbringung in einer Airbnb-Ferienwohnung, die ich von Woche zu Woche verlängerte. Ich war sehr dankbar, dass die Wohnung in Berlin war, wo ich lebte und mich um alles kümmern konnte: Kammerjäger, Reinigungsteam und ich mittendrin.

Ich habe ob des ganzen Aufwands nicht selten laut geflucht und war gleichzeitig heilfroh, dass alles gut voranging und auch die Wohnung der verstorbenen Frau saniert wurde – bis es plötzlich im Flur und im Bad von der Decke tropfte. Wasserrohrbruch – was will man mehr? Und wieder hieß es: Gutachter bestellen, Versicherungsthemen und Handwerker. Und auch ganz kurz Tränen der Überforderung.

Solche Geschichten sind Gott sei Dank alles andere als Vermieter*innen-Alltag, aber sie passieren eben. Und dann muss man handeln. Eigentum verpflichtet. Für so eine Ausnahmesituation, wie ich sie erlebt habe, braucht man gute Nerven. Die hatte ich nicht immer, aber man wächst mit seinen Aufgaben.

KAPITEL 10

Verkauf

Fix & Flip

Verkaufen mit Gewinn

Mein Motto lautet: »If you don't have to – never sell.« Immobilien kaufen, halten und irgendwann von ihren Erträgen leben – das ist meine Immobilienphilosophie. Und dennoch juckt es mich manchmal in den Fingern, einen Schritt weiter zu gehen und Immobilien nicht nur als langfristige Geldanlage zu betrachten, sondern eher für ein Geschäftsmodell zu nutzen.

Fix & Flip nennt sich das, was mir da vorschwebt. Also: kaufen, durch Sanierung und Renovierung aufwerten und dann gewinnbringend verkaufen. Mich reizt dieses Konzept ehrlich gesagt sehr. Herangetraut habe ich mich bislang noch nicht, wohl aber oft darüber nachgedacht. Sogar mit einer Investorin habe ich darüber Ende 2021 gesprochen. Ich sollte ihr helfen, zwei bis drei Wohnungen günstig zu kaufen, da ich einen guten Überblick über den Markt hatte, und der Gewinn bei Fix & Flip liegt immer im Einkauf.

Mit meinen mittlerweile etablierten Kontakten zu Handwerker*innen wollten wir die Wohnungen dann sanieren und schließlich teurer verkaufen. Am Gewinn sollte ich beteiligt werden. Es wäre eine tolle Gelegenheit gewesen, mich diesem ganzen Thema zu nähern, ohne direkt ins finanzielle Risiko zu gehen. Aber am Markt wurde es spürbar rauer, die Unsicherheit wurde größer, und wir beschlossen, das Thema on hold zu setzen, weil der Faktor Wertsteigerung nicht mehr kalkulierbar war.

Als ich über meinen Geburtstag mit Familie und Freund*innen in Nizza war, kribbelte es mir erneut in den Fingern. Wir hatten ein supercooles Airbnb und einfach die beste Zeit. Jeder verliebte sich in die Stadt, und wir blieben ganz automatisch an jedem Immobilienladen stehen und checkten die Angebote in den Aushängen. Da kommt wieder mein Interior-Freund Jörg (der so gern Wodka Tonic trinkt) ins Spiel, denn er säuselte mir seinen Fix

& Flip-Traum für Nizza ins Ohr: »Doro, wir haben mit Abstand das schönste Airbnb, und sonst gibt es nur Schrott. Ich habe den guten Geschmack und du den Zugang zu Immobilien, da du den Geschäftsführer von Knight Frank der Côte d'Azur kennst. Wir könnten etwas Kleines kaufen, schick machen und dann an unser eigenes Netzwerk verkaufen. Das machen wir so lange, bis wir uns selbst eine Ferienwohnung hier leisten können!«

Ich liebe Herzensideen, die Euphorie sprang aber noch nicht auf mich über. Die Frage, die ich mir immer stelle, ist: Wie viel Angebot gibt es am Markt? Und die Antwort auf diese Frage war: zu viel. Leider. Egal ob in Nizza oder auch auf Mallorca. Wenn so viele Immobilien zum Verkauf stehen, hat man zwar als Käufer*in eine tolle Auswahl. Im oberen Preissegment dann aber selbst Käufer*innen zu finden, wird schwierig. Das wird zu einem Spiel, auf das ich keine Lust habe – also lasse ich es sein. Erst mal zumindest.

Ein weiterer Grund, warum ich mich selbst noch nicht an das Thema herangetraut habe, ist, dass es aus meiner Sicht etwas für echte Profis ist, mindestens aber so etwas wie ein Nebenjob für Menschen mit guten Nerven und viel Verständnis für das Seelenleben von Handwerker*innen. Wer das hat: nichts wie ran, es lässt sich damit gutes Geld verdienen.

Und es ist genau genommen simpel. Unter Marktwert kaufen, ein gutes Sanierungskonzept passend zur Zielgruppe entwickeln, die Kosten zum »Fixen« der Immobilie gut planen und dann selbstbewusst weiterverkaufen. Klingt nach überschaubarem Aufwand.

Oder doch nicht? Denn natürlich gibt es auch hier verschiedene Vorstellungen, was genau man unter Fix & Flip versteht. Für die einen bedeutet der Begriff schnelle Gewinne. Billig kaufen, das Notwendigste fixen, also alles in einem reizarmen Weiß oder Hellgrau streichen, und dann möglichst schnell wieder losschlagen – natürlich für einen möglichst hohen Preis.

Und dann gibt es die zweite Variante, bei der man eine Immobilie kauft – ebenfalls natürlich möglichst günstig – und damit einen Ort schafft, der nicht zweckmäßig ist, sondern schön. Einen Ort, an dem man sich geborgen fühlt und einfach gerne zu Hause ist. Das klappt selten, wenn man nur das Notwendigste in der Wohnung macht. Das klappt auch nicht, wenn man etwas besonders Neckisches realisieren will, was irgendjemand mal auf Instagram gepostet hat. Das klappt nur, wenn man zielgruppengerecht saniert, renoviert und möbliert.

Sich also zu überlegen, was das für Menschen sind, die in diese Gegend ziehen und zu denen diese Wohnung passen soll, ist im ersten Schritt sehr wichtig. Im zweiten Schritt geht es dann ans Eingemachte: sanieren, renovieren, möblieren – sich hier von Profis helfen zu lassen, vor allem was ein stimmiges und ansprechendes Interior-Design angeht, ist die Zeit und jeden Euro wert.

Denn bei dieser Variante von Fix & Flip liegt genau hier der Gewinn: Will jemand eine Immobilie unbedingt kaufen (oder auch mieten – dort gilt das Gleiche), weil sie einfach nur hammergeil ist, spielt der letzte Euro beim Verkauf keine Rolle. Es entscheiden die Emotionen. Guter Stil wirkt automatisch meist sehr wertig – aber er muss gar nicht teuer sein, wenn man es geschickt anstellt. Luxus-Wandfarben können nachgemischt werden, und die schicke schwarze Küche mit matten Fronten kann auch von Ikea kommen, wenn sie ins Konzept passt.

Ich verstehe, wenn Fix & Flip völlig emotionslos und als reines Geschäft gesehen wird. Aber ich werde immer zu Typ 2 gehören. Ich glaube daran, dass Wohnungen berühren und dass ein Zuhause für alle der wichtigste Platz auf der Welt ist. Also darf es auch schön sein.

Ein befreundeter Geschäftspartner hat das Ganze mal perfektioniert: Er hat sich vor acht Jahren, als er Ende zwanzig war, eine 50-Quadratmeter-Wohnung zur Selbstnutzung im schicken Berliner Scheunenviertel gekauft. Er hat die Wohnung unsaniert gekauft, aufgepimpt und rund zwei Jahre darin gewohnt. Es war ein Traum von einer Wohnung, sie hatte sogar eine kleine Terrasse mit Blick auf den Fernsehturm, auf der wir den einen oder anderen After-Work-Drink genossen. Ich habe es geliebt!

Nicht so geliebt habe ich es darum, dass er dieses Schmuckstück irgendwann verkaufte – auch wenn ich es aus finanzieller

Sicht gut verstehen konnte. Weil er die Wohnung selbst bewohnt hatte, konnte er sie steuerfrei mit einer Wertsteigerung von rund 20 Prozent verkaufen. Das frei gewordene Kapital investierte er direkt in die nächste Wohnung – wieder in guter Berliner Innenstadtlage, aber größer. Wieder konnte er durch die Sanierung einen Uplift erzielen und mit Gewinn verkaufen, um die nächstgrößere Wohnung zu kaufen. Diese Wertsteigerungen sind seit 2022 in Berlin nicht mehr so möglich, aber es war die richtige Strategie für diese Zeit, und das Beispiel zeigt, wie vielfältig man Fix & Flip auslegen kann.

Gehupe, Gebrüll und Gerumpel

Gute Gründe zu verkaufen

Eine Immobilie mit ordentlichem Gewinn zu verkaufen, ist natürlich immer schön. Manchmal ist das aber gar nicht (mehr) das Ziel, sondern man verkauft, weil die Immobilie einfach nicht passt – so wie bei meinem Freund Martin, der richtig Pech hatte. Er hat hart für seine Traumwohnung gearbeitet und sich in ein schickes Neubauprojekt eingekauft. Es war sein erster Immobilienkauf.

Leider beachtete er eins der wichtigsten Dinge beim Wohnungskauf nicht, nämlich die Teilungserklärung genau zu studieren, die ihm einen Vorgeschmack auf das gegeben hätte, was ihn schließlich nach dem Einzug erwartete. Martins Wohnung lag im ersten Stock, darunter gab es zahlreiche Gewerbeeinheiten, unter anderem einen Supermarkt – direkt unter Martins Schlafzimmer.

Täglich um 6 Uhr morgens ging es los: Unzählige Lkws donnerten mit ihren frischen Waren an die Laderampen, bremsten, quietschten, entluden und polterten leer wieder los. Gehupe, Gebrüll und Gerumpel – den ganzen Tag. Martin konnte (und wollte) sich nicht daran gewöhnen – und er kämpfte dennoch jeden Tag mit sich. Er liebte seine Wohnung, hatte so viel Liebe reingesteckt und gern Freunde zu Gast. Aber er arbeitete auch zu Hause, und der Lärm schlug schließlich auf seine mentale Gesundheit. Er fasste den Entschluss, auszuziehen und die Wohnung zu verkaufen. Natürlich hätte er sie auch behalten und vermieten können, aber Martin wollte einfach nichts mehr damit zu tun haben.

Makler*in oder Privatverkauf

Egal ob du verkaufen willst oder musst – auch dieser Prozess sollte gut vorbereitet werden, damit alles reibungslos funktioniert und du einen guten und fairen Preis für deine Immobilie bekommst. Ich werde immer wieder gefragt, ob es denn einen Makler oder eine Maklerin braucht, um die Immobilie anzubieten.

Grundsätzlich ist es schon ein Vorteil, sich professionelle Hilfe zu holen. Seit Dezember 2020 gilt die geteilte Maklerprovision, das heißt, Käufer*in und Verkäufer*in teilen sich die Provision, wobei der Anteil auf der Käuferseite nicht höher sein darf als auf der Verkäuferseite.

Mein Tipp: Such dir eine Person, die erfahren und dir sympathisch ist. Es muss nicht immer das große Maklerhaus sein, denn oft geben selbstständige Makler*innen oder kleinere Vertriebsunternehmen viel mehr Gas im Verkaufsprozess und haben mehr Zeit für dich. Idealerweise seid ihr ein Team, das gemeinsam deine Immobilie zu einem Top-Preis und ohne großen Stress verkauft. Bei der Suche nach einer geeigneten Person beachte folgende Punkte, von denen du möglichst viele mit Ja beantworten solltest:

Checkliste
Verkauf durch Makler*innen

- ☐ Hat der/die Makler*in ein festes Büro?
- ☐ Verfügt er/sie über eine seriös gestaltete Website?
- ☐ Verfügt er/sie über eine gültige Gewerbeberechtigung?
- ☐ Antwortet er/sie zeitnah auf Anfragen per Mail und hält er/sie Telefon- und Besichtigungstermine ein?
- ☐ Erklärt er/sie transparent die Vorgehensweise, um deine Wohnung zu verkaufen?
- ☐ Vertraust du der Person grundsätzlich?
- ☐ Wie lange ist der/die Makler*in schon am Markt, und welche Referenzen gibt es?
- ☐ Hat der/die Makler*in aktive Suchkunden, die zu deiner Wohnung passen?
- ☐ Werden Exposés und Grundrisse zeitgemäß und verkaufsfördernd gestaltet?

Es ist aus meiner Sicht aber auch möglich, eine Wohnung auf eigene Faust und ohne professionelle Unterstützung zu verkaufen. Allerdings sollte dir bewusst sein, dass dies mit viel zeitlichem und organisatorischem Aufwand verbunden ist.

Wenn du unsicher bist, ob dieser sich lohnt, schätze anhand von Vergleichsimmobilien in gleicher Lage erst mal grob den Wert des zu verkaufenden Objekts, und berechne die für dich dann anfallende maximale Maklercourtage in Höhe von meistens 3,57 Prozent des Verkaufspreises. Hat die Wohnung beispielsweise einen Wert von 250.000 Euro, müsstest du mit einer Courtage von knapp 9000 Euro rechnen.

Vergiss aber nicht, dass du handeln kannst! Vielleicht ist der oder die Makler*in ja bereit, auf einen Teil seiner/ihrer Courtage zu verzichten, sodass es für dich attraktiver ist, einen Profi für den Verkauf an Bord zu holen.

Doch auch wenn du das tust, würde ich dir immer raten, dich selbst in den Verkaufsprozess mit einzubringen. Das heißt, sei bei Besichtigungen dabei, sorge für hochwertige Fotos und checke die Daten zur Wohnung. Denn niemand kennt deine Wohnung besser als du selbst – und dieses Wissen ist Gold wert.

Checkliste

Makler*in versus Privatverkauf

Vorteile Verkauf **via privat**	Vorteile Verkauf **via Makler**
Ersparnis der Maklerkosten	geringerer Zeitaufwand
Handlungsfreiheit bei Verkauf und Interessentenauswahl	realistischere Einschätzung des Kaufpreises und mehr Verhandlungserfahrung
Bewertung über kostenlose Portale	größeres Netzwerk mit Suchkunden
erhöhte Diskretion am Markt	Zusammenstellung von Exposé sowie aller verkaufsrelevanten Unterlagen
Authentizität – man selbst kennt die Immobilie am besten	Hilfe bei der Bonitätsprüfung des Käufers

Vom Preis bis zur Übergabe

Anleitung für Privatverkäufer:innen

Bewertung

Ohne zu wissen, was deine Immobilie wert ist, wird es schwierig, sie zu einem angemessenen Preis zu verkaufen. Im Grunde gehst du bei der Bewertung deiner Verkaufsimmobilie genauso vor, als wolltest du die Immobilie selbst kaufen *(siehe Kapitel 6)*.

Verkaufspreis bestimmen

Wenn du deine Immobilie bewertet hast, legst du einen Verkaufspreis fest. Dieser muss nicht zwingend mit der Bewertung übereinstimmen, sondern kann darunter oder auch darüber liegen. Willst du den Verkauf schnell über die Bühne bringen, ist es sinnvoll, den Preis etwas tiefer anzusetzen. Hast du Zeit und bist bereit, Energie in die Suche nach passenden Käufer*innen zu investieren, kannst du den Preis auch ambitionierter stecken.

Viele Immobilienbesitzer*innen – gerade diejenigen, die selbst in ihrer Immobilie leben – neigen dazu, aus ideellen Gründen den Preis zu hoch anzusetzen. Bleibe realistisch! Ein Puffer nach oben ist trotzdem durchaus klug, denn viele Käufer*innen wollen handeln. Und nutze gezielt einen altbekannten Trick bei der Preisgestaltung: 199.000 Euro wirken attraktiver als 200.000 Euro.

Aufhübschen

Der erste Eindruck muss stimmen, auch bei Immobilien. Darum hau ruhig auf den Putz – im wahrsten Sinne des Wortes. Schönheitsreparaturen, Grundreinigung und – falls die Wohnung noch möbliert ist – aufräumen und ansprechend herrichten haben noch nie geschadet. Je nachdem, wie sehr die Immobilie in die Jahre gekommen ist, kommt eventuell auch eine Renovierung oder gar Sanierung infrage, wenn du dadurch den Kaufpreis deutlich erhöhen könntest und das Investment wieder drin hast.

In den USA ist das mittlerweile ein richtiger Trend. »Pimp up your home«, heißt es dort. Denn so manche*r Käufer*in ist gerne bereit, einen Aufpreis zu zahlen, um sich dafür mühsame und zeitfressende Renovierungs-, Sanierungs- und Modernisierungsarbeiten zu ersparen und direkt einziehen zu können.

Mein persönlicher Geheimtipp: Pflanzen in der Wohnung verteilen! Das erhöht den Wohlfühlfaktor enorm. Und unbedingt die Fenster putzen. Einfallendes Licht macht die Wohnung heller und suggeriert, dass sie gepflegt wird.

Ich würde meine Wohnung übrigens nur zwischen April und Oktober verkaufen, da sie ansonsten viel dunkler ist. Der Mai wäre der perfekte Monat, wenn ich flexibel wäre, denn Licht, Frühlingsknospen des Baumes vor dem Erker und Temperatur sind einfach am besten.

Fotos

Um deine Immobilie erfolgreich zu vermarkten, brauchst du richtig gutes Bildmaterial. Es lohnt sich aus meiner Sicht sogar, einen Fotografen zu engagieren, der auf Immobilienfotografie spezialisiert ist. Das kostet zwischen 250 und 500 Euro. Schließlich kommt es darauf an, deine Wohnung oder dein Haus im wahrsten Sinne des Wortes im besten Licht erscheinen zu lassen – und das geht mit der richtigen Technik um einiges besser als mit deinem Smartphone – gerade bei kleinen Wohnungen.

Solltest du die Fotos dennoch selbst machen wollen, nimm dir ausreichend Zeit dafür. Fotografiere nicht einfach in den Raum hinein, sondern achte auf Winkel und Perspektive, schaue, wie das Licht fällt, und zeige auch kleine Details, um deiner Immobilie einen gewissen Charakter, ja eine Nähe zu geben. Dinge wie Wäscheständer, Reisekoffer oder verwelkte Blumen gehören nicht aufs Bild.

Wichtig ist auch, alle Kanäle mitzudenken. Die Vermarktung über die sozialen Medien wird immer relevanter, sodass es nützlich sein kann, nicht nur Fotos, sondern auch kurze Videos zu machen.

Erstellung eines Exposés

Das Exposé ist so etwas wie die Visitenkarte einer Immobilie. Es enthält alle relevanten Infos, sorgt aber im besten Fall auch direkt für einen guten Eindruck. Darum sollte es perfekt daherkommen – in ansprechendem Layout, seriöser und gut verständlicher Sprache, natürlich ohne Rechtschreib- oder Grammatikfehler.

Ein Exposé sollte folgende Punkte enthalten:

- → eine detaillierte Beschreibung der Immobilie mit Angaben zu Lage, Größe, Grundriss, Zustand und Ausstattung,
- → aussagekräftige Fotos,
- → Energieausweis,
- → Kaufpreis, gegebenfalls zuzüglich Provision,
- → Kontaktdaten von dir und/oder dem Maklerbüro.

Vermarktung

Nun hast du alles, was du brauchst, um deine Immobilie an den Mann oder die Frau zu bringen. Die Wege sind vielfältig – von Online-Inseraten auf den einschlägigen Immobilienportalen bis hin zur Nutzung der sozialen Medien. Alles hat Vor- und Nachteile, und wo du deine Immobilie anbietest, hängt von deinen Präferenzen, aber auch von der Immobilie selbst ab.

Überlege, wo du potenzielle Käufer*innen für deine Immobilie findest, und biete sie dort an. Nutze mehrere Vermarktungswege parallel, um die Chancen zu erhöhen, schnell jemanden zu finden. Und denke unbedingt auch offline: Vielleicht hat ja jemand aus der Nachbarschaft Interesse, die Wohnung zu kaufen? Sprich also ruhig darüber, dass du mit einem Verkauf der Immobilie liebäugelst. Details zu Immobilienplattformen findest du in Kapitel 5.

Auch bei der Vermarktung gilt wie so oft im Leben: Sich von der Masse abzuheben lohnt sich. Schon der Titel der Anzeige sollte Interesse wecken und erste Infos über das Objekt liefern. Nutze dein Wissen über die Immobilie, und beschreibe sie mit all ihren Vorzügen. Was zeichnet das Objekt aus? Wieso ist die Gegend so besonders? Gerade bei Online-Immobilienportalen gibt es die Möglichkeit – manchmal gegen geringen Aufpreis –, Unterlagen hochzuladen, beispielsweise den Energieausweis oder einen Grundriss.

Besichtigung

Sind die ersten Interessenbekundungen da, geht es an die Kommunikation: Erste Fragen werden vielleicht schon telefonisch oder per Mail kommen. Zügige und kompetente Auskünfte hinterlassen einen seriösen Eindruck.

Beim Besichtigungstermin selbst kommt es darauf an, wie du als Verkäufer*in deine Wohnung oder dein Haus präsentierst – und vor allem wie du auf potenzielle Käufer*innen und ihre Fragen eingehst. Denn egal ob die Immobilie selbst bewohnt oder als Kapitalanlage genutzt werden soll, die Interessent*innen werden sie auf Herz und Nieren prüfen und alles Mögliche wissen wollen.

Bereite dich vor! Überlege, welche kritischen Fragen kommen könnten, und halte eine passende Antwort darauf parat. Und klar, die Vorzüge deines Hauses oder deiner Wohnung preist du natürlich an. Hilfreich ist es, vorher einige Informationen über die Interessent*innen einzuholen. Vielleicht haben sie bereits beim Erstkontakt Interesse an der Dachterrasse oder der Küche geäußert – dann kannst du das Gespräch geschickt dorthin lenken.

Außerdem solltest du alle relevanten Unterlagen zur Immobilie bereit haben – ruhig auch in Kopie, sodass die Interessent*innen sie sich direkt mitnehmen können. Dazu gehören zum Beispiel Baupläne, Unterlagen zu Sanierungsmaßnahmen oder die Protokolle der Eigentümerversammlungen.

Käufer*in finden

Manchmal erhält man noch während einer Besichtigung eine Zusage. Weitere trudeln in den folgenden Tagen ein. Nun heißt es, den oder die Käufer*in zu finden. Das ist manchmal gar nicht so einfach. Selbst wenn sich Leute zum Kauf bereit erklären, dauert es bis zum nächsten Schritt, weil noch die Finanzierung geprüft oder ein Gutachter durchs Haus geschickt werden soll.

Das ist auch alles in Ordnung, aber ich würde immer klare Deadlines setzen, sodass eine Verbindlichkeit entsteht. Halten sich die Interessent*innen nicht daran, werden sie depriorisiert. Wer von den übrigen die/der Glückliche ist, kannst du entscheiden.

Natürlich ist es sinnvoll, sich für eine Person zu entscheiden, bei der möglichst wenig Stress und eine rasche, angenehme Abwicklung zu erwarten ist. Und die vor allem den von dir verlangten Preis zahlt. Aber das muss aus meiner Sicht nicht zwingend das einzige Argument sein. Ich würde zum Beispiel auch drauf achten, ob die Person in die Nachbarschaft passt oder ob sie mir sympathisch ist.

Die wichtigste Voraussetzung vor dem Notarvertrag ist die Sicherstellung zur Bezahlung des Kaufpreises. Prüfe, ob der/die Käufer*in deiner Wahl die liquiden Mittel hat, zum Beispiel eine bestätigte Finanzierung und/oder Eigenkapital, um sich die Wohnung auch wirklich leisten zu können.

Vertragsunterzeichnung

Wenn du jemanden gefunden hast, der die Immobilie kaufen will, steht der Gang zum Notar an. Oft sagen Leute, die eigentlich in den Kauf eingewilligt haben, noch in letzter Minute aus den verschiedensten Gründen ab. Oder sie wollen den Preis nachverhandeln. Setze klare Grenzen, und lass den oder die potenzielle*n Interessent*in wissen, dass du weitere Käufer*innen in der Hinterhand hast, die das Objekt mit Kusshand nehmen würden.

Ist ein Notar beauftragt, folgt ab hier alles vorgeschriebenen Regeln. Der Notar, den der oder die Käufer*in bestimmen kann, erstellt einen Kaufvertrag und sendet diesen an beide Parteien. Dort ist alles geregelt – vom Preis über Angaben zur Immobilie bis hin zu Haftung und Rücktrittsrechten. In der Regel hat man mindestens eine Woche Zeit, um den Vertrag zu prüfen und Fragen loszuwerden oder Änderungen durchzusetzen.

Diese Zeit solltest du dir unbedingt nehmen. Kommt der Vertrag erst kurz vor dem Notartermin, kannst du diesen auch verschieben – gerade dann, wenn der Notar nicht von dir beauftragt wurde. Passt der Vertrag für alle Seiten, trefft ihr euch in den Büroräumen des Notars, und dann wird erst mal gelesen und zwar der gesamte Vertrag. Auch hier gilt: Stelle unbedingt Fragen, wenn dir noch irgendwas unklar ist. Sind alle zufrieden, wird unterzeichnet.

Geldwäschegesetz

Seit 1993 gilt das Geldwäschegesetz (GwG). Es soll dem Aufspüren und der Prävention von Geldwäsche dienen. Beim Immobilienkauf sind involvierte Profis, wie Banken, Notare, Rechtsanwälte oder Makler darum verpflichtet, Käufer und Verkäufer zu überprüfen und Verdachtsfälle zu melden.

Vertragsparteien müssen beispielsweise nachweisen, dass der Kaufpreis nicht in bar geleistet wurde – zum Beispiel durch die Vorlage eines Kontoauszugs oder die Abwicklung über ein Notaranderkonto. Kann dies nicht nachgewiesen werden, darf der Notar grundsätzlich keinen Antrag auf Umschreibung des Eigentums stellen. Du solltest darum niemals Barzahlungen akzeptieren!

Abwicklung und Zahlung

Der Notar erstellt nicht nur den Kaufvertrag und begleitet die Unterzeichnung, er ist auch derjenige, der die Zahlung und alle daran geknüpften vertraglichen Bedingungen überwacht. Die Details des Prozesses habe ich in Kapitel 7 ausführlich erläutert.

Die Schlüsselübergabe

Die Schlüsselübergabe (siehe auch Kapitel 7) erfolgt in der Regel, nachdem der Kaufpreis vollständig eingegangen ist. Jetzt ist der stressigste Teil vorbei, dennoch gibt es ganz am Schluss noch ein paar Dinge zu beachten. Bei der Übergabe ist es sehr nützlich, den Zustand der Immobilie gemeinsam schriftlich zu protokollieren. Es gilt, ehrlich und transparent zu sein. Verschweigst du Mängel vorsätzlich und kann man dir das nachweisen, haftest du womöglich dafür.

Trau dich!

Deine Immobilienreise

Ganz ehrlich: Ich hätte nie gedacht, mit welcher Leichtigkeit ich mal über das Thema Immobilieninvestments sprechen, und noch weniger, dass ich mal ein Buch darüber schreiben würde. Rückblickend war mein erster Wohnungskauf ein Sprung ins kalte Wasser, der sich für mich auf so vielen Ebenen gelohnt hat. Aber eigentlich begann die Reise schon viel früher.

Bereits während meines ersten Jobs – auch dank des Rats meines Papas – fing ich an, Eigenkapital anzusparen. Damals wusste ich noch nicht so richtig, wofür, aber es fühlte sich gut an. Ich vermisste den Konsumrausch, in den ich zuvor manchmal verfallen war und bei dem ich viel Geld versenkt hatte, überhaupt nicht. Taschen, Klamotten und Schmuck sind toll fürs Hier und Jetzt – aber selten fürs Morgen. Ich habe irgendwann realisiert, dass ich auch ohne den ganzen Schnickschnack sehr glücklich leben kann und der Gedanke an meine finanzielle Unabhängigkeit und das persönliche Wachstum, das ich durch meine Immobilieninvestments erfahre, mich viel mehr erfüllt.

Nur eines hätte ich gerne anders gemacht – ich hätte früher mit dem Investieren in Immobilien beginnen sollen. Meinem zwanzigjährigen Ich würde ich heute raten: Fang schon mal an, dich zu informieren, beschäftige dich mit dem Thema, bau Glaubenssätze ab und Vermögen auf.

Das Gleiche möchte ich auch dir sagen. Trau dich und steige noch tiefer in das Thema ein! Ich weiß, dass die Summen, mit denen man bei einem Immobilienkauf plötzlich jonglieren muss, schwindelerregend sind. Das ging mir ganz genauso. Ich komme nicht aus einem reichen Elternhaus, wo das Investieren an der Tagesordnung war. Auch ich musste mir Step by Step alles beibringen, was es braucht, um kluge Finanzentscheidungen zu treffen und sich finanziell unabhängig zu machen. Darum weiß ich, dass auch du das kannst und schaffen wirst.

Mir hat anfangs vor allem der Austausch mit anderen geholfen. Ich habe mir Menschen gesucht, mit denen ich Immobilienpreise und Quadratmeter hoch- und runterdiskutieren konnte. Sechsstellige Summen bekamen dadurch eine Art von Normalität – ebenso wie die Tatsache, dass es gar nicht so ungewöhnlich ist, eine Wohnung oder ein Haus zu kaufen. Ich war erstaunt, wie viele Menschen das tatsächlich machen und dass die allermeisten von ihnen damit sehr glücklich sind.

Denn Immobilien geben – ähnlich wie auch andere Vermögensgüter – Sicherheit. Als Eigentümerin von mehreren Wohnungen genieße ich dieses Gefühl gleich im doppelten Sinne. Einerseits habe ich mir mit der von mir selbst bewohnten Immobilie ein Zuhause geschaffen, das mir Halt und Geborgenheit gibt. Aus meiner Sicht ist es eine der besten Eigenschaften von Immobilien, dass sie neben einem Top-Investment ein schönes Zuhause sein können – für einen selbst oder für andere Menschen, die die Immobilie mieten. Aktien, Fonds und Co. können das nicht bieten.

Andererseits generiere ich durch die Vermietung meiner anderen Wohnungen Einnahmen, die später einmal mein Leben in der Rente finanzieren werden. Auch wenn es noch einige Jahrzehnte bis dahin ist, lässt das Wissen, dass ich hoffentlich nie von Altersarmut betroffen sein werde, mich schon heute ruhiger schlafen.

Ich erinnere mich noch sehr gut daran, wie ich völlig ahnungslos meine Immobilienreise startete. Ich las alles, was mir zu dem Thema in die Hände fiel, tauschte mich aus und schämte mich nicht, einfach jede Frage zu stellen, die mir in den Sinn kam. Heute ist es für mich oft kaum zu glauben, was daraus entstanden ist.

Ich habe mit 26 Homes mein eigenes Unternehmen gegründet. Ich habe ein eigenes Zuhause. Ich bin Vermieterin. Und ich denke über weitere Immobilieninvestments nach – egal, ob es eine weitere Wohnung in Berlin oder die eigene Ferienwohnung im Süden wird. Ich halte solche Ideen heute nicht mehr für größenwahnsinnige Träumereien, sondern für absolut realistische Ziele. Und das kannst du auch tun!

Meine Immobilien sind für mich heute mehr als eine reine Altersvorsorge. Sie sind mein Wachstumsmotor, mit dem ich lerne und mich entwickle, der mich mit den spannendsten Menschen verbindet und über den ich meine kreative Ader und meine Liebe zu Interior-Design ausleben kann.

Rückblickend klingt das alles recht einfach. Aber jeder Kauf kostet extrem viel Zeit, und ich muss zugeben, dass der Weg auch manchmal holprig war. Doch selbst viele der Stolpersteine entpuppten sich im Nachhinein als hilfreich, weil sie mir die Augen für neue Ideen und Szenarien öffneten und ich erfuhr, was es wirklich heißt, für jede Herausforderung eine Lösung zu finden, und wie gut es sich anfühlt, mit seinen Aufgaben zu wachsen.

Natürlich ist mir bewusst, dass der Weg zu Wohneigentum nicht nur uneben sein kann, sondern in einigen Situationen und Lebenslagen auch unerreichbar erscheint. Ich zeige dir darum in diesem Buch, wie man vorgeht, um die erste eigene Immobilie zu kaufen – auch mit kleinem Startkapital.

Das bedeutet nicht, dass es sofort beim ersten Anlauf klappen muss und der Wunsch nach einer eigenen Wohnung für alle sofort in Erfüllung geht. Manchmal fehlt das entsprechende Einkommen, das Eigenkapital reicht nicht, oder die Finanzierung scheitert an einem blöden Schufa-Eintrag. Das alles kommt vor, heißt aber nicht, dass man das Handtuch werfen muss.

Ich bin überzeugt davon, dass der Weg in die eigene Immobilie zwar ein Kraftakt sein kann, für die meisten Menschen aber kein Ding der Unmöglichkeit ist. Ich weiß, dass einiges an Aufwand nötig ist, um das nötige Eigenkapital zu sparen, höhere Einnahmen zu erzielen und für die Bank kreditwürdig zu sein. Denke darum auch über Maßnahmen wie regelmäßige Gehaltsverhandlungen, Jobwechsel oder neue Konsumgewohnheiten nach, um dein Sparpotenzial zu erhöhen.

In jedem Fall ist es wichtig, jetzt anzufangen und den ersten Schritt in Richtung finanzielle Unabhängigkeit zu machen. Die Generation Z macht es beeindruckend gut und mit beispiellosem Selbstbewusstsein vor. Sie richten Fondssparpläne ein, sammeln Kryptokunst und bereiten schon in jungen Jahren den Kauf von Immobilien vor. Selfcare bedeutet eben auch, für finanzielle Absicherung zu sorgen.

Aus eigener Erfahrung kann ich dir sagen: sich auf ungewohntes Terrain zu begeben, lohnt sich. Entscheidend ist dabei nicht, möglichst schnell zu sein, sondern loszulaufen. Ganz zum Schluss möchte ich dir darum noch die Geschichte von zwei Menschen ans Herz legen, die genau das getan haben und die mich bei meinen Immobilienentscheidungen wahnsinnig inspirieren – Jeremy Möller und Indra Schormann.

Jeremy Möller

»Nach dem Abi kaufte ich meine erste Wohnung«

Jeremy ist Fotograf, viel unterwegs und vor allem: Freiberufler. Einen Teil seiner Honorare hat er konsequent gespart, sodass er sich schon mit Anfang zwanzig seine erste Wohnung kaufen konnte – und kurz darauf die zweite. So früh das Thema Altersvorsorge im Blick zu haben, hat mich sehr beeindruckt. Darum habe ich mit ihm darüber gesprochen, wie er bei seinen Immobilieninvestments vorgegangen ist und was wir von ihm lernen können.

Wann hast du begonnen, in Immobilien zu investieren?
Ich habe mich direkt nach dem Abitur 2017 selbstständig gemacht. Mir kam recht schnell der Gedanke, dass ich mich finanziell absichern und auch mit meinem Geld etwas Schlaues machen sollte. Ich habe zunächst angefangen, in Aktien zu investieren. Die Idee, Immobilien zu kaufen, kam mir erst später, als ich ein bisschen mehr Geld angespart und auch das Gefühl hatte, ich sollte mich breiter aufstellen, um noch besser fürs Alter abgesichert zu sein – also nicht nur Aktien haben.

Was schätzt du an Immobilien?
Für mich ist es einfach die wertstabilste Anlageklasse. Das war der Grund, weshalb ich mich für Immobilien entschieden habe.

Wie hast du dich in das Thema eingearbeitet?
Ich habe viele YouTube-Videos geschaut, sehr viele Podcasts zu dem Thema gehört und zwei Bücher gelesen. Außerdem hatte ich einen Finanzberater, der mir beim Kauf meiner ersten Immobilie zur Seite stand – das hat mir auch sehr geholfen.

Wie viele Immobilien hast du mittlerweile – und wo?
Ich besitze zwei Immobilien als Kapitalanlage. Die erste habe ich 2020 in Berlin in zentraler Lage gekauft. Diese Wohnung hat 45 Quadratmeter. In Leipzig habe ich dann zwei Jahre später meine zweite Wohnung gekauft, die 67 Quadratmeter groß ist und ebenfalls relativ zentral liegt.

Warum diese beiden Standorte?
Die Wohnung in Berlin habe ich gekauft, weil ich selbst in der Stadt lebe und mich mit dem Standort wohlfühle. Ich habe auch in Göttingen geschaut, weil ich dort aufgewachsen bin, und in Hamburg, weil dort meine Familie wohnt. Aber in Berlin habe ich einfach das beste Angebot für mich gefunden.

Und Leipzig?
Leipzig war tatsächlich noch mal etwas günstiger. Dort habe ich für das Geld, das ich zur Verfügung hatte, einfach mehr Quadratmeter bekommen. Außerdem habe ich immer wieder gelesen, dass Leipzig noch mehr Entwicklungspotenzial hat als Berlin.

Viele Menschen haben Scheu, Schulden zu machen – wie ist das bei dir?
Ich hatte auf jeden Fall Respekt davor, weil ich alles alleine stemmen musste und keine zweite Person oder meine Eltern dabeihatte. Die Schulden und auch die Verantwortung liegen also alleine bei mir. Ich habe mir darum trotz meiner Immobilieninvestments noch Geld zur Seite gelegt und auch mein Aktiendepot nicht angetastet. Mittlerweile fühle ich mich sehr gut damit und habe jetzt keine Angst mehr vor dem Schuldenthema.

Versuchst du, die Schulden dennoch rasch loszuwerden?
Ich habe aktuell recht hohe Raten, was Vor- und Nachteile hat. Aber dadurch habe ich das dann auch relativ schnell abgezahlt. Die Wohnung in Leipzig in zehn Jahren, die in Berlin in fünfzehn Jahren. Und da fühle ich mich auch noch mal sicherer, als wenn ich mir einen Kredit über dreißig Jahre ans Bein binde und dafür die Verantwortung trage.

Wie hast du die Wohnungen finanziert?
Ich habe für beide Wohnungen Kredite aufgenommen – ganz normal über eine Bank. Ich habe alle Kaufnebenkosten direkt bezahlt sowie jeweils 20 Prozent des Kaufpreises als Eigenkapital eingebracht. Den Rest habe ich finanzieren lassen.

War es schwierig, als Selbstständiger eine Finanzierung zu erhalten?
Eine Bank zu finden, war zunächst eine Herausforderung, hat aber dank meines Finanzberaters geklappt. Allerdings habe ich nicht die allerbesten Konditionen bekommen, weil ich zum Zeitpunkt des Kaufes noch nicht einmal drei Jahre selbstständig war. Aber ich denke, dafür sind die Konditionen sehr gut. Der Zinssatz der Berliner Wohnung liegt bei 1,4 Prozent.

Ich konnte sehr offen mit der Bank reden. Danach hatten alle ein gutes Verständnis dafür, was ich beruflich mache. Und Fotografie ist ja ein Beruf, der auch in der Zukunft recht sicher ist. Außerdem konnte ich mit guten Immobilien zu guten Preisen punkten, sodass ich einen Kredit dafür bekommen habe.

Worauf achtest du beim Immobilienkauf?
Wichtigster Punkt ist bei mir der Preis. Bei der ersten Wohnung in Berlin habe ich nach Immobilien bis zu einem Preis von 250.000 Euro geschaut, in Leipzig bis 175.000 Euro. Bei jeweils beiden war ich gerade so unter dem Preis ohne Kaufnebenkosten.

Ich habe insgesamt sehr hohe Anforderungen an die Wohnung: Ich will dort zwar nie selber einziehen, aber dennoch sollte sie meinen Ansprüchen gerecht werden, was Größe und Schnitt angeht. Die Lage ist mir wichtig – ruhig und dennoch zentral. Auch auf die Aussicht habe ich geachtet. Die Berliner Wohnung hat Blick auf den Fernsehturm, in Leipzig schaut man ins Grüne. Beide Wohnungen haben zudem tolle Balkone.

Wie war es um den Zustand bestellt – konnte man sofort einziehen?
Die erste Wohnung war renovierungsbedürftig, aber das hat die Wohnungsverwaltung übernommen, und das war auch im Preis inkludiert. Ich habe also eine topsanierte Wohnung bekommen. Die Wohnung in Leipzig wurde 2009 saniert. Die war nicht mehr im Top-Zustand, hatte aber auch keinen Sanierungsstau.

Wie war deine Erfahrung mit der Sanierung der Berliner Wohnung?
Das war recht entspannt, da ja alles durch die Wohnungsverwaltung organisiert wurde und sogar notariell festgelegt war, wann was fertig ist. Aber ich durfte mitentscheiden. Tatsächlich hab ich dann auch etwas zuzahlen müssen, weil ich mich an manchen Stellen für höherpreisige Produkte entschieden habe, etwa bodengleiche Dusche oder hochwertigeren Boden.

Wie lange hast du vor, die Wohnungen zu halten?
Ich will sie eigentlich für immer halten. Also auf jeden Fall für den Zeitraum, in dem ich sie abbezahle, aber auch darüber hinaus, so lange es geht. Vielleicht verkaufe ich sie im Ruhestand und mache etwas Schönes mit dem Geld. Wer weiß …

Wie bist du das ganze Thema Vermietung angegangen?
Für meine Berlin-Wohnung habe ich über meinen Instagram-Kanal gesucht. Dort hatte ich über den Kauf berichtet und direkt sehr viele Anfragen von Einzugswilligen bekommen. Es ist darüber eine Bekannte auf die Wohnung aufmerksam geworden, die dann in die Wohnung gezogen ist, sodass das recht entspannt war – auch wenn

ich mir natürlich Gehaltsbelege und andere Unterlagen habe zeigen lassen. Bei der Leipziger Wohnung war es noch einfacher. Die war schon vermietet, und ich habe den Mieter einfach übernommen.

Wie aufwendig ist die Vermietung grundsätzlich?
Ich fand das Vermieten recht einfach. Klar, in Berlin musste ich jemanden finden, aber das lief ich meinem Fall ja unproblematisch. Und ich musste einen Mietvertrag aufsetzen, was auch etwas Aufwand war. Aber seitdem hatte ich keinerlei Arbeit oder Probleme.

Was war für dich rückblickend die größte Herausforderung beim Kauf der Immobilien?
Ich habe mich durch die Bücher schon sehr gut mit dem Thema befasst, aber unterschätzt, wie viel Zeit der Kaufprozess in Anspruch nimmt – gerade wenn diese ganzen Zahlungsaufforderungen vom Notar und so weiter kommen, dann wird es plötzlich doch ziemlich viel, was auf einen zukommt.

Es hat sich in meinem Fall sehr lange gezogen: von der Entscheidung im Dezember über die Sanierung im Frühling bis hin zu den Zahlungen dann im Mai und Juni. Dieses Warten war eine Herausforderung. Bei der zweiten Wohnung ging alles schneller, und ich kannte das Prozedere dann ja schon.

Indra Schormann

»Als Vermieterin hast du einen Impact«

Indra habe ich dir bereits weiter oben vorgestellt. Sie ist die Gründerin von Project Treehouse und Vermieterin aus Leidenschaft. Hier berichtet sie darüber, wie man als Vermieterin einen Unterschied machen kann.

In Immobilien zu investieren, ist mit dem richtigen Wissen eine gute Altersvorsorge. Es macht Spaß und bringt gute Renditen. Aber für mich gibt es noch einen weiteren, nicht monetären Grund, Vermieterin zu sein: Ich habe einen gesellschaftlichen Impact! Als Vermieterin kann ich einen echten Unterschied machen.

Ja, es stimmt schon, insgesamt haben Vermieter*innen hierzulande leider einen eher schlechten Ruf. Wir Deutschen sehen sie meistens als die bösen Immobilienhaie, die uns Mieter*innen ausquetschen und sich auf unsere Kosten eine goldene Nase verdienen.

Zusätzlich gilt in Deutschland nach wie vor die Überzeugung, dass Eigentum nur etwas für Reiche ist. Leider führt dieses Vorurteil dazu, dass es auf eine gewisse Art und Weise auch wahr wird. Denn wir sprechen so wenig über das Investieren in Immobilien, dass häufig nur die Menschen sich trauen, Wohnungen oder auch ein Haus zu kaufen, die schon von zu Hause aus mit Wohneigentum in Berührung gekommen sind oder viel Eigenkapital mitbringen.

Ich habe sehr viele Kund*innen, die niemandem erzählen, dass sie Immobilien besitzen, weil sie Angst vor den Reaktionen ihres Umfelds haben. Auch ich habe jahrelang nicht darüber gesprochen, wie viele Wohnungen ich wirklich habe. Zusätzlich herrscht eine große Unwissenheit über die tatsächlichen Chancen und Risiken, die Immobilien mit sich bringen. Da ist die meist unbegründete Angst vor Mietnomaden, vor Messies oder auch einer Immobilienblase. Diese Ängste basieren zumeist nicht auf Fakten, sondern auf Gerüchten und vor allem Unkenntnis. Daher ist es mir so wichtig, dass man sich vor einem Immobilieninvestment das notwendige Wissen aneignet, um sich selbst eine Meinung bilden zu können.

Ganz real führen allerdings die hierzulande im internationalen Vergleich relativ hohen Kaufnebenkosten oft dazu, dass nur Menschen Immobilien kaufen, die bereits viel Eigenkapital angespart haben. Da helfen natürlich die aktuell gestiegenen Zinsen nicht. Dennoch möchte ich alle ermutigen, in Immobilien zu investieren – insbesondere, um sie zu vermieten.

Ich selbst habe meine erste Wohnung mit Ende zwanzig gekauft. Nur weil mein Bruder mit mir zusammen investiert hat und circa 10.000 Euro Eigenkapital mitgebracht hat, konnte ich loslegen. Seither kaufe ich Wohnungen, um sie zu vermieten – zumeist mit sehr wenig Eigenkapital. Ich nutze lieber den Fremdkapitalhebel und habe mir so über die Jahre Kapital und eine sichere Altersvorsorge aufgebaut. Zudem liebe ich es einfach, Vermieterin zu sein.

Ich habe die Möglichkeit, selbst gesellschaftlich zu agieren und etwas gegen den Mietenwahnsinn zu unternehmen. Das heißt nicht, dass ich meine Wohnungen allesamt superbillig vermiete. Aber man kann sich als Vermieterin an die rechtlichen Gegebenheiten halten und muss keine absurd hohen Mieten verlangen, die sich kaum noch jemand leisten kann.

Ich kaufe zum Beispiel fast ausschließlich Wohnungen, die bereits vermietet sind – und zwar meistens schon sehr lange, weil ich sie dadurch oft deutlich günstiger bekomme. Gleichzeitig freue ich mich, wenn verlässliche Mieter*innen auch weiterhin in der Wohnung bleiben. Natürlich ist es finanziell gut für mich, wenn irgendwann eine Kündigung kommt und die Mieter*innen ausziehen wollen, denn dann kann ich die Miete erhöhen. Aber bis dahin bin ich sehr zufrieden, wenn die Miete zuverlässig kommt und ich eine gute Kontinuität habe. Das sage ich den Mieter*innen auch immer gleich bei der Besichtigung, da viele bei einem Wechsel der Eigentümer*innen Angst haben, dass sie gezwungen sind, auszuziehen.

Grundsätzlich vergebe ich meine Wohnungen sehr gerne an Bewerber*innen, von denen ich weiß, dass sie an anderer Stelle immer den Kürzeren ziehen. Gerade in großen Städten werden Wohnungen zumeist an die Double-Income-No-Kids-Paare vergeben. Aber die alleinerziehende Mutter wird sicher genauso verlässlich die Miete zahlen und ist dabei noch dankbar, die Chance auf eine schöne Wohnung bekommen zu haben, die sie – so zumindest meine langjährige persönliche Erfahrung – sehr pfleglich behandeln wird.

Damit du verstehst, welchen Impact auch du als Vermieter*in haben kannst, möchte ich dir von zwei konkreten Erlebnissen erzählen.

1. Fall

Wohnung im Norden von Berlin, Mieter*innen: ein älteres Ehepaar, er Taxifahrer, sie Angestellte

Inmitten der Corona-Pandemie bekam ich einen Brief vom Sohn der beiden. Er schrieb, sein Vater sei plötzlich verstorben, und seine Mutter habe nun große Angst, dass der Mietvertrag, der nur auf den Mann lief, nicht auf sie umgeschrieben werden würde. Ich rief die Mieterin direkt an, um mit ihr zu sprechen. Bei dem Telefonat spürte ich deutlich ihre krassen Existenzängste – und das in einer Zeit, wo sie ihren Mann aufgrund der strengen Corona-Auflagen nicht einmal beerdigen durfte.

Mir tat das furchtbar leid. Ich konnte meine Mieterin beruhigen, denn ein Ehepartner, der nicht auch Mieter*in der Wohnung ist, tritt nach dem Tod des Partners oder der Partnerin ganz automatisch in das Mietverhältnis ein, wenn zuvor ein gemeinsamer Haushalt geführt wurde. Abgesehen davon wollte ich sie aber weitergehend unterstützen.

Die Wohnung rechnet sich schon seit Beginn sehr gut, sodass ich mich entschied, der Mieterin einen Monat Miete komplett zu erlassen. Natürlich hätte ich mehr Geld verdient, wenn ich das nicht getan hätte, und ich war dazu auch nicht verpflichtet. Aber ich hatte die finanziellen Möglichkeiten, und es fühlte sich gut an zu wissen, dass meine langjährige Mieterin so erst einmal all ihre Angelegenheiten ordnen konnte und sich weniger Sorgen um die Finanzen machen musste.

2. Fall

Wohnung in Leipzig, Mieterin: eine junge Frau, hochschwanger

Kurz nachdem ich die Wohnung gekauft hatte, kündigte die Mieterin, um mit ihrem Partner zusammenzuziehen. Ich freute mich ehrlich gesagt, denn finanziell war das super für mich. Sie zahlte sehr wenig Miete, und es war klar, dass ich die Wohnung deutlich teurer würde neu vermieten können. Vier Wochen später – ich war mit der Nachmieterin schon fast einig – rief sie wieder an. Ihr Partner habe sie verlassen, sie würde gerne weiter in der Wohnung wohnen bleiben. Mit der neuen Mieterin hätte ich 25 Prozent mehr Mieteinnahmen gehabt, die alte Mieterin hätte sich das aber nicht leisten können. Auf der anderen Seite hatte ich beim Kauf gar nicht damit gerechnet, denn so eine schnelle Kündigung ist äußerst ungewöhnlich.
Darum schlug ich ihr einen Kompromiss vor. Wir einigten uns, den Mietvertrag fortzuführen, und vereinbarten eine kleine Mieterhöhung, die sie ab dem Zeitpunkt zahlen muss, wenn sie aus der Elternzeit zurück ist und wieder arbeitet.

Natürlich habe ich auch Mieter*innen, bei denen ich härter vorgehe. Viele fordern Dinge, die ich aus meiner Sicht nicht leisten muss. Aber weil ich sehr nah an meinen Mieter*innen dran bin, die allermeisten auch persönlich kenne, weiß ich tatsächlich sehr genau, wer was braucht und wer sich mehr oder weniger Miete leisten kann.

Das ist auch aktuell bei den explodierenden Energiepreisen sehr hilfreich. Für viele meiner Mieter*innen ist das beängstigend. Aber es ist auch ein gutes Gefühl, dass man gemeinsam Lösungen finden und über die Probleme sprechen kann.

Ich finde, dass man nicht überall noch den letzten Cent rausquetschen muss. Viele meiner Kund*innen sehen das ganz ähnlich. Natürlich müssen alle ihren eigenen Weg finden, aber ich hoffe sehr, dass sich das Bild, das viele von Vermieter*innen haben, mit der Zeit ändern wird. Daran arbeite ich als Vermieterin aktiv mit und hoffe, dass es mir noch viele gleichtun werden.

Jetzt und später

Ein neues Lebensgefühl

Geschichten wie Indras, Jeremys und meine eigene zeigen, dass es möglich ist, auch mit kleinem Geld durchzustarten, sich nach und nach ein Vermögen aufzubauen, finanziell unabhängig zu werden und gleichzeitig einen gesellschaftlichen Impact zu haben. Es sind diese Menschen und Storys, die mir Mut machen und hoffentlich auch dich inspirieren, dich mit dem Immobilienthema zu beschäftigen und vielleicht schon bald deine erste Wohnung zu kaufen.

Mich lässt der Wohnungskauf mit Anfang dreißig mein jetziges Business entspannt(er) angehen, da sich der Wert meiner ersten drei Wohnungen über die Jahre so gut entwickelt hat, dass ich keine Existenzängste mehr habe. Und auch mein jüngstes Investment in die vierte Wohnung sieht vielversprechend aus.

Diese Gelassenheit ist ein neues Gefühl für mich und empowert mich jeden Tag, denn so kann ich mein Unternehmen 26 Homes genau nach meinen Vorstellungen aufbauen. Hinzu kommt, dass ich im eigenen Zuhause glücklicher bin. Da ich ein Mensch bin, der im Jetzt lebt, plane ich weniger für »in dreißig Jahren«, aber trotzdem ist es ein gutes Gefühl, dass mein Wohneigentum der wohl wichtigste Bestandteil meiner Altersvorsorge sein wird und ich sowohl jetzt als auch später finanziell unabhängig bin und sein werde.

Danksagung

Von Herzen möchte ich mich bei meinen Eltern bedanken! Ihr habt mich ab meinem ersten verdienten Euro zum Sparen animiert, so dass ich das Eigenkapital für meine erste Wohnung hatte. Ein ganz besonderer Dank geht auch an Daniela Meyer und Astrid Zehbe – mein Dreamteam. Ihr habt *Unlock it* mit viel Herzblut Realität werden lassen! Und natürlich ein Applaus an alle Interviewpartner*innen des Buches, an Zetha Asafu-Adjaye, die alle Fäden fest in Händen hielt, sowie an Lea-Sophie Cramer für den Titel des Buches.

Glossar

Annuitätendarlehen vs. Tilgungsdarlehen/ endfälliges Darlehen

Kauft jemand eine Immobilie, finanziert die Bank in der Regel den größten Teil des Kaufpreises mit einem Annuitätendarlehen. Das zahlt man in gleichbleibenden Raten (Annuitäten) zurück. Die setzen sich aus Tilgung und Kreditzinsen zusammen. Da die Schulden von Rate zu Rate weniger werden, schrumpft im Laufe der Jahre der Zinsanteil. Im Gegenzug steigt der Tilgungsanteil.
Bei einem sogenannten Tilgungsdarlehen bleibt der Tilgungsanteil dagegen gleich. Stattdessen verkleinert sich die Rate.
Eine weitere Variante stellt das endfällige Darlehen dar. Wer damit finanziert, zahlt während der Laufzeit nur die Zinsen und tilgt erst am Ende. Diese Darlehen koppelt man gerne an Kapitallebensversicherungen oder Bausparverträge. Dort wird das Geld parallel angespart.

Bestand(s)immobilie

Die Immobilie steht da und wird bereits genutzt. Der Bau wurde bereits vor einiger Zeit abgeschlossen. Du kannst das Gebäude also besichtigen und dir ein genaues Bild vom Zustand machen. Bestandsimmobilien sind in der Regel günstiger als Neubauimmobilien.

Bestellerprinzip

Beauftragst du einen Makler mit der Mietersuche für deine Immobilie, musst du am Ende die Provision zahlen. Bei Mietgeschäften lautet das Motto: Wer bestellt, der bezahlt. Anders verhält es sich beim Immobilienverkauf. Dort teilen sich Verkäufer und Käufer die Maklerprovision. Man spricht in dem Zusammenhang vom unechten Bestellerprinzip.

Bruttowarmmiete

Diesen Betrag überweist du in der Regel an den Vermieter oder die Vermieterin. Die Bruttomiete setzt sich aus der Kaltmiete und den Nebenkosten zusammen. Dazu gehören etwa die Grundsteuer sowie Kosten für bestimmte Versicherungen, Heizung, Wasser und Müllabfuhr. Auch die Kosten für die Treppenhausreinigung, die Instandhaltung des Fahrstuhls und den Hausmeister fließen dort ein.

Energieausweis

Der Energieausweis ist quasi ein Steckbrief fürs Wohngebäude. Damit kannst du dessen energetischen Zustand beurteilen. Dort steht etwa, welche Heizstoffe verwendet werden. Neuere Ausweise nennen zudem eine Energieeffizienzklasse und enthalten eine Registriernummer, die Behörden das Kontrollieren erleichtert. Die Ausweise sind in der Regel zehn Jahre lang gültig.

Erbpacht

Du kaufst eine Immobilie, aber nicht das Grundstück dazu. Den Boden pachtest du stattdessen vom Eigentümer und bist verpflichtet, dafür einen Erbpachtzins zu zahlen. Der beträgt üblicherweise drei bis fünf Prozent des Grundstückswertes. Der Pachtvertrag läuft meist zwischen 50 und 99 Jahren. Häufig verpachten Kommunen, Kirchen oder Stiftungen die Grundstücke.

Fix & Flip

Du hast günstig eine Immobilie gekauft, renovierst sie zügig und verkaufst sie danach mit Gewinn weiter. Diese Strategie nennt sich Fix & Flip und liegt besonders in den Vereinigten Staaten voll im Trend. Unter Umständen wird das Haus oder die Wohnung dabei auch nur aufgehübscht. Wenn das klappt, kannst du auf diese Weise schnell dein Eigenkapital für den nächsten Deal aufstocken.

Fristen – verschiedene Szenarien

Du hast eine passende Immobilie gefunden und wartest auf den Kaufvertrag. Wenn du die Immobilie einem Bauunternehmer abkaufst, muss dir der Vertrag 14 Tage vor der Beurkundung vorliegen. Diese Frist gilt auch, wenn du als Privatperson eine Immobilie an einen Unternehmer verkaufst. Anders sieht es aus, wenn Privatleute untereinander Immobiliengeschäfte tätigen. Dann fällt diese Frist weg.

Gebäudeversicherungsnachweis

Ohne Gebäudeversicherungsnachweis wird keine Bank eine Immobilie finanzieren. Eine Gebäudeversicherung ist für Immobilienbesitzer obligatorisch. Die Wohngebäudeversicherung deckt wichtige Risiken ab, nämlich mögliche Schäden durch Brand, Leitungswasser und Sturm. Die Unterlagen dazu kann dir der Verkäufer zur Verfügung stellen.

Generalunternehmen

Du hast ein Grundstück, möchtest dich aber nicht selbst um den Bau des Hauses kümmern. Dann kannst du einen Generalunternehmer damit beauftragen. Er ist für den kompletten Bau verantwortlich und beauftragt für die Fertigstellung Subunternehmer und Handwerker. Als Auftragnehmerin übernimmst du am Ende die fertige Immobilie.

Grundbuchauszug

Das Grundbuch ist ein öffentliches, amtliches Verzeichnis von Grundstücken. Ein Auszug aus dem Grundbuch ist die Abschrift aller Eintragungen, die ein bestimmtes Grundstück betreffen. Dort stehen etwa Informationen zu den Eigentumsverhältnissen, zur Lage und Größe sowie eingetragene Rechte und Lasten.

Grundschuld

Die Grundschuld dient der Bank als Sicherheit für den Kredit, den sie dir gegeben hat. Damit hat sie die Möglichkeit, die Immobilie zu verkaufen oder zwangsversteigern zu lassen, falls du deine Darlehensraten nicht mehr zahlst.

Grundschuldrang

Die Rangfolge im Grundbuch bestimmt, wer zum Beispiel bei einer Zwangsversteigerung zuerst Anspruch auf Auszahlung hat. Die finanzierenden Banken bevorzugen eine Eintragung mit dem Rang I und gewähren bei erstrangigen Darlehen auch günstigere Zinsen.

Gutachter / Sachverständiger

Gutachter und Sachverständige sind Experten, die Auskunft über den Wert oder den Zustand einer Immobilie geben können. Die Begriffe werden vielfach synonym verwendet, wobei vor Gericht oder bei Behörden in erster Linie von Sachverständigen gesprochen wird.

Hausgeld

Gehört dir eine Wohnung in einer Eigentümergemeinschaft, musst du dich an den Kosten für das Gemeinschaftseigentum beteiligen. Dafür überweist du monatlich das sogenannte Hausgeld. Damit werden zum Beispiel die Abfallentsorgung, Gartenpflege, Heiz- und Stromkosten für Gemeinschaftsräume und Versicherungen, die Verwaltung und Reparaturen bezahlt.

Instandhaltungsrücklage

Reparaturen und Renovierungen kosten Geld, sind aber wichtig für die Instandhaltung einer Immobilie. Damit Eigentümergemeinschaften anfallende Arbeiten finanziell stemmen können, müssen sie eine Instandhaltungsrücklage bilden. Bei Neubauten fällt die in der Regel niedriger aus als bei Altbauten.

Kaufnebenkosten

Kaufst du eine Wohnung, musst du bei der finanziellen Planung nicht nur den Kaufpreis einkalkulieren, sondern auch die Nebenkosten. Jeder Immobilienkauf in Deutschland muss notariell beglaubigt und ins Grundbuch eingetragen werden, wofür du Gebühren zahlen musst. Hinzu kommt die Grunderwerbsteuer, deren Höhe vom jeweiligen Bundesland abhängt. Sie wird beim Kauf von unbebauten ebenso wie von bebauten Grundstücken fällig. War ein Makler am Geschäft beteiligt, erhält der eine Provision.

Kaufpreis

Der Kaufpreis für eine Immobilie ist frei verhandelbar. Er hängt natürlich davon ab, wo eine Immobilie liegt und wie ihr baulicher Zustand ist. Der Markt spielt ebenfalls eine wichtige Rolle. Ist die Nachfrage nach Immobilien vor Ort groß, treibt das die Preise in die Höhe. Der Preis, der am Ende im Kaufvertrag steht, ist maßgeblich für die Höhe der Grunderwerbsteuer.

Kaufvertrag

Wenn du einen Kaufvertrag für eine Immobilie unterschreibst, verpflichtest du dich als Käufer*in, den vereinbarten Preis an den Besitzer zu bezahlen. Der ist wiederum verpflichtet, dir im Anschluss daran das Eigentum zu übertragen. Wenn Grundstücke, Eigentumswohnungen und Häuser verkauft werden, beurkundet ein Notar den Vertrag, damit er wirksam ist. Im Vertrag müssen das Grundstück, die Immobilie und die Zahlungsmodalitäten genau beschrieben sein.

MaBV

Kaufst du deinen Neubau vom Bauträger, kümmert der sich um den Grundstückskauf und den kompletten Bau. Damit du abgesichert bist, gibt es die Makler- und Bauträgerverordnung (MaBV). Dort wird zum Beispiel geregelt, ab welchem Zeitpunkt der Bauträger Geld von dir nehmen darf. Die Verordnung schreibt zudem vor, dass der Bauträger es nur für dein Projekt verwenden soll und der Zahlungsplan an den jeweiligen Baufortschritt gekoppelt ist.

Maklervertrag

Du kannst einen Immobilienmakler beauftragen, wenn du eine Immobilie verkaufen, kaufen, mieten oder vermieten möchtest. Der Maklervertrag sollte in Textform vorliegen und wichtige Details regeln, zum Beispiel den Vertragsgegenstand (das Haus oder die Wohnung), die Pflichten und Rechte des Maklers sowie des Auftraggebers, die Provision und die Laufzeit. Es existieren verschiedene Vertragsvarianten. Bei einem einfachen Maklervertrag bekommt der Makler die Erlaubnis, die Immobilie zu vermitteln, ist aber nicht verpflichtet. Bei einem Makleralleinauftrag entscheidest du bewusst, ausschließlich einem Makler die Vermarktung zu überlassen. Als Auftraggeber bist du aber weiterhin berechtigt, dich selbst nach einem passenden Interessenten umzusehen. Anders sieht es beim qualifizierten Alleinauftrag aus. Bei dieser Variante hat der Makler sogar Anspruch auf Schadenersatz, wenn du das Objekt zum Beispiel einem eigenen Interessenten verkaufst.

Makrolage

Anders als die Mikrolage bezieht sich die Makrolage auf die regionale Umgebung der Immobilie. Dabei liegt der Fokus vor allem auf ökonomischen Faktoren: Wie stark ist die Wirtschaftskraft, wie entwickelt sich die Bevölkerung und wie sieht es mit Jobs aus. All das hat einen Einfluss auf die Nachfrage nach Immobilien in einer Region und damit auch auf die Preise.

Mietendeckel & Mietpreisbremse

Mit dem Mietendeckel wollten die Politiker in Berlin die steigenden Mieten abbremsen. Das Bundesverfassungsgericht kippte den Berliner Mietendeckel im Frühjahr 2021 allerdings. Die Mietpreisbremse – ein Bundesgesetz – gibt es dagegen immer noch. Sie kommt in Gegenden zum Einsatz, wo der Wohnraum knapp ist, und schreibt vor, dass die Miete bei Wiedervermietungen höchstens zehn Prozent über der ortsüblichen Vergleichsmiete liegen darf.

Mikrolage

Die Mikrolage betrachtet das nähere Umfeld einer Immobilie, genauer gesagt das unmittelbare Wohnviertel. Eine wichtige Rolle spielt hier, wie viele Dinge des täglichen Bedarfs da sind, etwa wie viele Kindertagesstätten und Schulen es im näheren Umkreis gibt, wie die medizinische Versorgung ist und wie gut man Supermärkte erreichen kann.

Milieuschutz

Wollen Städte und Gemeinden in einem Gebiet den Wohnungsbestand besonders erhalten, können sie den Milieuschutz dazu nutzen. Bauliche Veränderungen benötigen dann eine behördliche Genehmigung. So lassen sich zum Beispiel Luxusmodernisierungen, die Mieten stark hochtreiben, verhindern.

Nachträge

Unter einem Nachtrag versteht man im Vertragsrecht eine Änderung, die nach dem ursprünglichen Vertragsschluss vorgenommen wurde. Das Ganze muss einvernehmlich erfolgen. Wenn es also um einen Nachtrag für einen Mietvertrag geht, unterschreiben sowohl Mieter als auch Vermieter den Zusatz. Auch für Teilungserklärungen kann es Nachträge geben. Diese erfordern die Zustimmung aller Miteigentümer sowie die Beurkundung durch einen Notar.

Nettokaltmiete

Die Nettokaltmiete zahlst du dafür, dass du die Räume der Wohnung nutzen darfst. Sie wird auch Grundmiete genannt und enthält normalerweise keine Betriebs- oder Nebenkosten.

Notaranderkonto

Dabei handelt es sich um ein vom Notar treuhänderisch geführtes Konto. Dort kann der Käufer oder die Käuferin den vereinbarten Preis für eine Immobilie einzahlen. Ist der Käufer dann als Eigentümer im Grundbuch eingetragen, überweist der Notar das Geld an den Verkäufer.

Nutzen/Lasten

Wenn du den Kaufpreis für deine Immobilie überwiesen hast, geht der Besitz – also auch Nutzen und Lasten – an dich über. Zu den Lasten gehören zum Beispiel Zahlungsverpflichtungen. Du musst nun für die Grundsteuer, Versicherungskosten oder Kanalisationsgebühren aufkommen. Dafür darfst du die Immobilien nutzen, entweder selbst oder du vermietest sie.

Objektunterlagen

Die Objektunterlagen umfassen sämtliche Dokumente zu einer Immobilie. Darunter fallen beispielsweise Grundriss, Angaben zur Wohnfläche, Baujahr et cetera, ein aktueller Grundbuchauszug oder der Energieverbrauch. Kurzum: Alle Unterlagen, die du brauchst, um die Immobilie zu prüfen und welche zudem die Bank verlangt, um über einen Kredit zu entscheiden.

Passives Einkommen

Musst du nicht oder nur wenig dafür arbeiten, um Geld zu verdienen, wird dies als passives Einkommen bezeichnet, etwa durch das Vermieten von Immobilien. Einmal gekauft hält sich der Arbeitsaufwand in Grenzen, und du erhältst mit den monatlichen Mietzahlungen ein Einkommen, ohne dass du viel dafür tun musst.

Rendite

Als Rendite bezeichnet man den Ertrag einer Geldanlage, den du innerhalb eines Jahres damit erzielen kannst. Die Rendite bezieht sich dabei immer auf das eingesetzte Kapital.

Sanierungsrückstau

Wenn du deine Immobilie nicht in Schuss hältst, rächt sich das irgendwann. Sie verliert an Wert, und der Wohnkomfort sinkt. Ist die Technik veraltet und das verbaute Material marode, liegt ein Sanierungsstau vor. Die Immobilie weist also ernsthafte Mängel auf.

Selbstauskunft / Vermögensaufstellung

Möchtest du eine Wohnung mieten, wird der potenzielle Vermieter vermutlich eine Selbstauskunft haben wollen. Dabei handelt es sich um Informationen über deine persönlichen und wirtschaftlichen Verhältnisse. Die kannst du selbst geben. Um deine grundsätzliche Zahlungsfähigkeit zu beweisen, kannst du zum Beispiel eine Schufa-Auskunft nutzen. Die Schufa Holding AG ist größte Auskunftei in Deutschland und hat über nahezu jede Person im kreditfähigen Alter Daten gespeichert.

Sondertilgung

Eine unerwartete kleine Erbschaft oder ein Geldgewinn – so etwas würde man natürlich gerne nutzen, um das Immobiliendarlehen schneller abzuzahlen. Das geht durchaus. Zahlreiche Kreditgeber erlauben pro Jahr eine Sondertilgung von fünf bis zehn Prozent der Nettodarlehenssumme und zwar ohne Aufpreis. Wenn du diese Möglichkeit nutzt, sinkt die Restschuld des Immobilienkredits schneller. Dadurch verkürzt sich die Laufzeit, und du musst insgesamt weniger Zinsen zahlen.

Teilungserklärung

Eine Teilungserklärung ist nötig, wenn eine Immobilie in einzelne Wohneinheiten aufgegliedert wird. Sie stellt quasi das Grundgesetz der Eigentümergemeinschaft dar. Dort steht zum Beispiel, wie sich die Wohnanlage aufteilt. Die Abgrenzung von Sonder- und Gemeinschaftseigentum ist enorm wichtig. Schließlich geht es um die Pflicht zur Instandhaltung und Instandsetzung, was Kosten verursacht. Die Erklärung regelt zudem die Rechte und Pflichten der jeweiligen Eigentümer.

Tilgung

Zahlst du dein Darlehen an die Bank zurück, tilgst du. Der Begriff Tilgung steht also für die regelmäßige Rückzahlung des geliehenen Geldes. Übrigens: Bleibt deine Rate an die Bank über die Jahre konstant, verschieben sich die Gewichte: Der Tilgungsanteil steigt, während der Zinsanteil sinkt.

Verwaltervertrag

Einen größeren Immobilienbestand sollten Profis verwalten. Das geht nicht ohne Vertrag. Der sollte nicht nur einzelne Pflichten der Verwaltung, sondern auch die genauen Kosten und die Vertragsdauer nennen. Verwaltungen bevorzugen Verträge mit längerer Laufzeit – zum Beispiel fünf Jahre. Bei der Bestellung einer neuen Verwaltung empfehlen Fachleute zwei Jahre.

Vorfälligkeitsentgelt (oder Vorfälligkeitsentschädigung)

Kündigst du deine Immobilienfinanzierung vorzeitig, verlangt deine Bank eine Art Schadenersatz. Das Vorfälligkeitsentgelt stellt einen Ausgleich für den entgangenen Zinsgewinn dar. Bei der Berechnung dieses Entgelts spielen der vereinbarte Kreditzins, die Restlaufzeit des Vertrages und das aktuelle Zinsniveau eine wichtige Rolle.

Vorkaufsrecht

Besteht ein Vorkaufsrecht für eine Immobilie, kannst du als Eigentümer*in nicht frei entscheiden, an wen du das Grundstück oder die Immobilie verkaufst. Beim Verkauf wird nämlich die Person, die ein Vorkaufsrecht besitzt, bevorzugt.

WEG-Protokolle

Die Eigner einer Wohneigentümergemeinschaft treffen sich mindestens einmal im Jahr. Um die Vorbereitung und Durchführung des Treffens und ums Protokoll kümmert sich in der Regel die Verwaltung. Layout und Aussehen der Protokolle variieren und sind nebensächlich. Wichtig ist dagegen, dass die Beschlussfähigkeit, die Genehmigung der Jahresabrechnung sowie des Wirtschaftsplans und die Entlastung der Hausverwaltung dokumentiert sind.

Wertsteigerung

Wenn deine Immobilie beim Verkauf mehr wert ist als beim Kauf, kannst du dich über die Wertsteigerung freuen. Ob deine Immobilie im Wert steigt, hängt von verschiedenen Faktoren ab. Wichtig dabei sind vor allem die Lage, das Grundstück, die Infrastruktur vor Ort, die Bausubstanz, die Ausstattung sowie Angebot und Nachfrage. Für die konkrete Ermittlung des Wertes gibt es verschiedene Verfahren.

Wirtschaftsplan

Eine Wohneigentümergemeinschaft (WEG) muss die voraussichtlichen Einnahmen und Ausgaben für das kommende Wirtschaftsjahr auflisten. Zu den Kosten gehören zum Beispiel Abwasser- und Müllgebühren, zu den Einnahmen Zinserträge von Konten der Eigentümergemeinschaft. Die Verwaltung erstellt dafür den Wirtschaftsplan, der als Grundlage für das monatliche Hausgeld dient. Miteigentümer sind verpflichtet, diese Zahlungen zu leisten.

Wohnflächenberechnung

Die Wohnfläche ist nicht nur beim Kauf oder beim Abschluss eines Mietvertrages wichtig, sondern auch bei manchen Versicherungen. Was genau zur Wohnfläche gehört, ist in der Wohnflächenverordnung geregelt. Zur Wohnfläche gehören alle Räume wie Wohnzimmer, Küche, Bad, Schlafzimmer und Nebenräume. Allerdings werden nur Räume mit einer Höhe von zwei Metern voll berechnet. Raumteile zwischen einem und zwei Metern zählen zur Hälfte. Wintergärten und Balkone müssen ebenfalls berücksichtigt werden, aber meist nur zu 25–50 Prozent. Waschräume, Keller und Garagen spielen keine Rolle.

Wohngeldabrechnung/ Hausgeldabrechnung

Die Hausverwaltung einer Eigentümergemeinschaft erstellt einmal pro Jahr eine Hausgeldabrechnung. Dort werden sämtliche Einnahmen und Ausgaben für das gemeinschaftliche Eigentum aufgeschlüsselt. Siehe auch Hausgeld!

Zins

Die Bank leiht dir Geld, damit du deine Immobilie bezahlen kannst. Dafür möchte sie natürlich eine Gegenleistung. Der Zins ist der Preis für das befristet zur Verfügung gestellte Geld. Die Höhe der Zinsen hängt im Wesentlichen von Angebot und Nachfrage an den Finanzmärkten ab sowie von der Bonität des Darlehensnehmers. Generell gilt: Je weniger Eigenkapital eingebracht wird, desto höher ist das Risiko und damit der Zinssatz für den Kunden. Entscheidend ist übrigens der Effektivzins, denn er enthält noch die Kreditnebenkosten.

Zinseszinseffekt

Werden eingenommene Zinsen nicht ausgegeben, sondern neu investiert, spricht man von Zinseszinseffekt, da Zinsen auf Zinserträge gezahlt werden. Dein investiertes Kapital steigt dadurch exponentiell an. Das heißt, je mehr Zeit man für den Vermögensaufbau hat, desto stärker kommt der Zinseszinseffekt zum Tragen: Auch aus kleinen Sparbeträgen entsteht so über die Jahre eine große Summe.

Anmerkungen

1 https://www.immobilienscout24.de/wissen/verkaufen/haus-verkaufen-nach-2-jahren.html
2 https://www.tip-berlin.de/bezirk/neukoelln/
3 https://www.hausundgrund-verband.de/aktuelles/einzelansicht/immobilienpreise-steigen-weiter-aber-langsamer-als-bisher-6263/
4 https://de.statista.com/statistik/daten/studie/258439/umfrage/leerstandsquote-von-wohnungen-in-berlin
5 https://entwicklungsstadt.de/bevoelkerungsentwicklung-berlin-wuchs-2021-um-16-241-einwohner
6 https://www.stadtentwicklung.berlin.de/planen/stadtentwicklungsplanung/de/wohnen/download/StEPWohnen2030-Langfassung.pdf
7 https://www.destatis.de/DE/Presse/Pressemitteilungen/2020/03/PD20_069_122.html
8 Studio Eurostat
9 Institut für Finanzen und Steuern
10 https://www.capital.de/immobilien/niederlande-fuer-jede-lebensphase-das-passende-haus
11 https://www.welt.de/finanzen/immobilien/article166932958/Die-Deutschen-machen-sich-das-Bauen-viel-zu-kompliziert.html
12 Die Spekulationssteuer ist in § 23 Einkommensteuergesetz (EStG) geregelt. Der Paragraf behandelt die Besteuerung von Gewinnen, die aus privaten Veräußerungsgeschäften verwirklicht werden.
13 https://komm.uni-hohenheim.de/112943?tx_ttnews%5Btt_news%5D=27588&cHash=ba2bb31e5341dc80d157d1bf653cdebf
14 https://www.allianz-realestate.com/de/newsroom/press-releases/22-03-14-allianz-real-estate-studie-analyse-von-daten-aus-40-jahren-belegt-sicherheit-von-immobilien-vor-inflation
15 https://www.mieterbund.de/index.php?id=627
16 https://www.immoverkauf24.de/services/vermietung/vermietung-a-z/grundsteuer-auf-mieter-umlegen/
17 https://www.gesetze-im-internet.de/erbstg_1974/__16.html

18 https://www.verbraucherzentrale.de/wissen/geld-versicherungen/bau-und-immobilienfinanzierung/immobilienfinanzierung-so-berechnen-sie-was-sie-sich-leisten-koennen-5822

19 § 7 ImmoWertV

20 https://www.neubaukompass.de/?gclid=Cj0KCQiA1ZGcBhCoARIsAGQ0kkoKwGo8aFnB6k-xt097DNEIyk-HeJMlqlxQIsqoClr69j9v6nUTGWfQaAgpNEALw_wcB

21 https://www.destatis.de/DE/Themen/Wirtschaft/Preise/Baupreise-Immobilienpreisindex/_inhalt.html